国家出版基金项目
NATIONAL PUBLICATION FOUNDATION

〔唐〕李延壽 撰

點校本二十四史修訂本

南史

第一冊

卷一至卷一〇

中華書局

圖書在版編目(CIP)數據

南史/(唐)李延壽撰. —北京:中華書局,2023.10
(2025.5 重印)
(點校本二十四史修訂本)
ISBN 978-7-101-16353-7

Ⅰ.南…　Ⅱ.李…　Ⅲ.中國歷史-南朝時代-紀傳體
Ⅳ.K239.104.2

中國國家版本館 CIP 數據核字(2023)第 176568 號

責任編輯:劉　學　孫文穎
責任校對:劉　方　宋梅鵬
責任印製:管　斌

點校本二十四史修訂本
南　史
(全六册)
〔唐〕李延壽 撰
*
中 華 書 局 出 版 發 行
(北京市豐臺區太平橋西里 38 號　100073)
http://www.zhbc.com.cn
E-mail:zhbc@zhbc.com.cn
北京盛通印刷股份有限公司印刷
*
880×1230 毫米 1/32・72⅝印張・1400 千字
2023 年 10 月第 1 版　　2025 年 5 月第 2 次印刷
印數:10001-13000 册　　定價:420.00 元

ISBN 978-7-101-16353-7

列傳第十三　南史二十三

王誕 兄子偃 偃子藻 藻弟子瑩 瑩從弟亮

王華 從弟瑒　王惠 從弟球

王彧 子絢 絢弟續 續孫克 彧兄子蘊 奐 奐弟份 份孫銓 錫 僉 通 勱 質 固

王誕字茂世太保弘從祖兄也祖恬晉中軍將軍父混太常卿誕少有才藻晉孝武帝崩從叔尚書令珣爲哀策出本示誕曰猶恨少序節物誕攬筆便益之接其秋冬代變後云霜繁廣除風回高殿珣歎美因而用之襲爵雉鄉侯爲會

一　南宋前期刊本（中國國家圖書館藏）

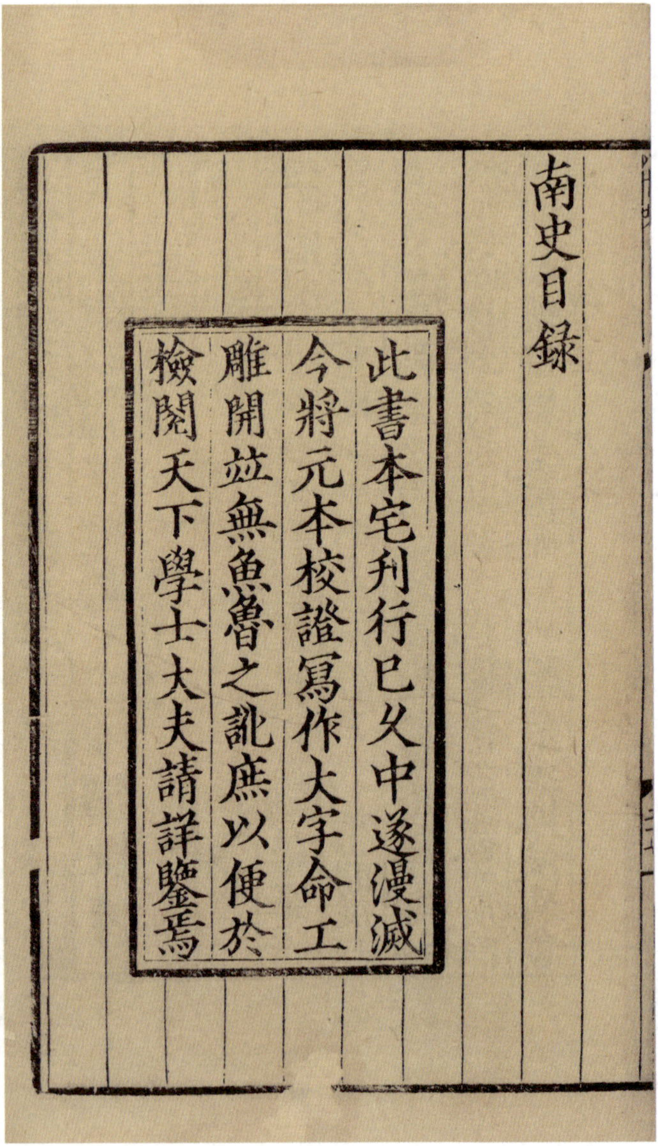
南史目録

此書本宅刋行已久中遂漫滅
今將元本校證寫作大字命工
雕開並無魚魯之訛庶以便於
檢閱天下學士大夫請詳鑒焉

二　南宋中期刊本之壹（中國國家圖書館藏）

列傳第六十　　　　南史七十

循吏

吉翰　杜驥　申恬

杜慧慶　阮長之　甄法崇 孫彬

傅琰 孫岐　虞愿　王洪軌 李珪之

沈瑀　范述曾　孫謙 從子廉

何遠　郭祖深

昔漢宣帝以爲政平訟理其惟良二千石乎前史亦云今之郡守古之諸侯也故長吏之職號曰親人至於道德齊禮移風易俗未有不由之

南宋中期刊本之貳（遼寧省圖書館藏）

列傳第三　　南史十三

李　延壽　撰

宋宗室及諸王上

長沙景王道憐　臨川烈武王道規（鮑照）

營浦侯遵考（綽子 季連）　武帝諸子

長沙景王道憐宋武帝中弟也謝琰爲徐州命爲從事史武帝尅京城及平建鄴道憐常留侍太后後以軍功封新渝縣男從武帝征廣固所部獲慕容超以功改封竟陵縣公及討司馬休

萬曆十八年刊　一

明萬曆十七至十九年南京國子監刊清順治補修本（北京中華書局圖書館藏）

南史卷五十七

唐 李延壽 撰

列傳第四十七

沈約 子旋 孫衆 范雲 從兄縝

沈約字休文吳興武康人也昔金天氏有裔子曰昧爲玄冥師生子允格臺駘臺駘能業其官宣汾洮障大澤以處太原帝顓頊嘉之封諸汾川其後四國沈姒蓐黄沈子國今汝南平輿沈亭是也春秋之時列於盟會魯昭四年晉使蔡滅沈其後因國爲氏自兹以降譜諜罔存秦末有沈逞徵丞相不就漢初逞曾孫保封竹邑侯

五 清乾隆四年武英殿刊本（北京中華書局圖書館藏）

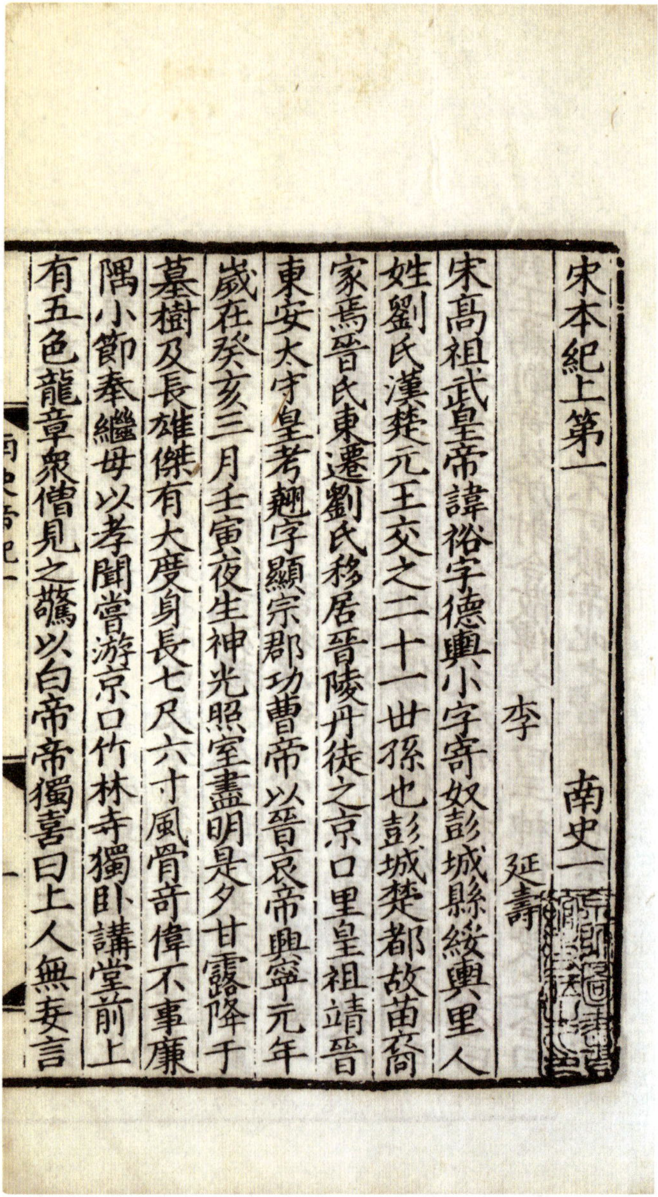

宋本紀上第一　南史一

李　延壽

宋高祖武皇帝諱裕字德輿小字寄奴彭城縣綏輿里人姓劉氏漢楚元王交之二十一世孫也彭城楚都故苗裔家焉晉氏東遷劉氏移居晉陵丹徒之京口里皇祖靖晉東安太守皇考翹字顯宗郡功曹帝以晉哀帝興寧元年歲在癸亥三月壬寅夜生神光照室盡明是夕甘露降于墓樹及長雄傑有大度身長七尺六寸風骨奇偉不事廉隅小節奉繼母以孝聞嘗游京口竹林寺獨卧講堂前上有五色龍章衆僧見之驚以白帝帝獨喜曰上人無妄言

六　上海商務印書館百衲本二十四史影印本（北京中華書局圖書館藏）

南史整理人員名録

原點校者　盧振華　王仲犖
　　　　　趙守儼　魏連科

修訂主持人　張金龍

修訂承擔單位　首都師範大學

修訂組成員　張金龍　王　蕊　熊昕童　張　鋭

編輯組成員　孫文穎　劉　學　王　勔　張文强

點校本二十四史及清史稿修訂緣起

以「二十四史」及清史稿爲代表的紀傳體史書，記載了中國古代從傳説中的黄帝到辛亥革命結束清朝統治前各個朝代的歷史概貌，以歷代王朝的興亡更替爲先後，反映了中國的歷史進程，構成了關於中國古代政治、經濟、軍事、科技、思想文化、社會風俗等各個方面最爲重要的基本史料，使中國和中華民族成爲世界上惟一擁有數千年連貫、完整歷史記載的國家和民族。這是中華民族引以爲榮並值得進一步發揚光大的寶貴歷史文化遺産。

爲了更好地傳承與保護這份珍貴的歷史文化遺産，二十世紀五十至七十年代，在毛澤東主席、周恩來總理的親自部署和國家有關部門的直接領導下，由中華書局承擔組織落實和編輯出版工作，集中全國學術界、出版界的力量，完成了「二十四史」及清史稿的點校整理和出版。從一九五八年九月標點「前四史」及改繪楊守敬地圖工作會議召開，次年九月點校本史記問世，到一九七八年點校本宋史完成出版，整理工作歷時二十年，其間不斷完善點校體例，逐史加以標點、分段、校勘、正誤、補闕，所積累的科學整理方法和豐富的實踐經驗，爲傳統文獻的整理做出了寶貴的探索，確立了現代古籍整理的基本範式和標準。點校本出版之後，以其優秀的學術品質和適宜閱讀的現代形式，逐漸取代了此前的各種舊本，爲學術界和廣大讀者普遍採用，成爲使用最廣泛的權威性通行本。

點校本「二十四史」及清史稿從開始出版，至今已超過半個世紀，上距一九七八年宋史出版，點校工作完成，也已經過去了三十多年。點校本「二十四史」及清史稿的整理出版工作，由於受到當時種種客觀條件的制約，加之整理出版過程歷時綿長，時間跨度大，參與點校者時有變動，點校體例未能統一，或底本選擇不够精當，或校勘過於簡略，或標點間有失誤，各史都存在着不同程度的缺憾。爲適應新時代學術發展和讀者使用的需求，亟需予以全面修訂。

中華書局於二〇〇五年開始籌備「二十四史」及清史稿的修訂工作，梳理學術界關於點校本的意見建議，清理點校工作原始檔案，進一步明確修訂工作重點。二〇〇六年四月召開專家論證會，得到了學術界的積極響應。其後，在新聞出版總署、中國出版集團公司和社會各界學術力量的支持下，正式組建了點校本「二十四史」及清史稿修訂工程組織機構，擬定了修訂工作的各項具體規定，包括修訂工作總則、修訂工作流程，以及標點分段辨法舉例、校勘記寫法細則舉例等一系列規範性文件，並在全國範圍内通過廣泛調研，遴選確定了各史修訂承擔單位和主持人。

點校本「二十四史」及清史稿，是二十世紀中國古籍整理的標誌性成果，修訂本是原點校本在新的歷史時期的延續。修訂工作在原有點校本基礎上展開，嚴格遵守在點校本基礎上進行適度、適當修訂和完善的原則，通過全面系統的版本覆核、文本校訂，解決原點校本存在的問題，彌補不足，力求在原有基礎上，形成一個體例統一、標點準確、校勘精審、閲讀方便的新的升級版本。

修訂工作的總體目標，主要包括兩個方面：一，保持點校本已取得的整理成果和學術優勢，通過各個修訂環節，消弭點校本存在的缺憾，並認真吸收前人與時賢的研究成果，包括當代學術研究的新發現（文物、文獻資料）、新結論（學術定論），使修訂本成爲符合現代古籍整理規範、代表當代學術水準、能够體現二十一世紀新的時代特點的典範之作。二，解決原點校本各史體例不一的問題，做到體例基本統一，包括：規範取校範圍、校勘取捨標準、分段及校勘記、標點方式；撰寫各史修訂本前言、凡例；編製主要參考文獻目録及其他附録、索引。

早在一九六〇年，時任國務院古籍整理出版規劃小組組長的齊燕銘同志，就曾對點校本「二十四史」提出過兩點明確的要求，其一是在學術成果上「超越前人」；其二是經過重版修訂使之「成爲定本」。點校本的學術業績，獲得了學術界和廣大讀者的高度評價和廣泛採用，經過全面修訂，希望能在保持原有學術優勢的基礎上完善提高，進一步確立並鞏固點校本「二十四史」及清史稿的現代通行本地位，「成爲定本」還需要廣大讀者的檢驗和今後不斷的努力。

點校本「二十四史」及清史稿整理工作自二十世紀五十年代起始，至本世紀全面修訂再版，五十餘年間，一代又一代學者如同接力賽跑，前赴後繼，爲之默默奉獻，傾盡心力。點校本的學術成就和首創之功，以及其間展現的幾代人鍥而不捨的爲學精神，將澤被學林，彪炳史册！值此修訂本出版之際，我們向所有參加過點校工作的前輩學者和出版工作者，表示崇高的敬意，對已故前輩表達深切的懷念，向承擔本次修訂的各位學者專家表示誠摯的謝意，向國家出版基金管理委員會及其辦公室、各史點校和修訂承擔單位、各相關圖書收藏機構，以及關注和支持本次修訂工作的社會各界人士，謹致由衷的謝忱。

中華書局編輯部　二〇一三年七月

點校本南史修訂前言

一

南史，唐李延壽撰。全書八十卷，分爲本紀十卷、列傳七十卷，記載了南朝宋、齊、梁、陳（四二〇—五八九）共一百七十年的歷史。

宋、齊、梁、陳是繼東晉之後在建康定都、統治中國南方地區的四個朝代，歷史上統稱南朝。宋武帝劉裕於晉恭帝元熙二年（四二〇）受禪稱帝，建立劉宋；劉宋經八帝六十年，順帝昇明三年（四七九）禪位於蕭道成，南齊建立；南齊經七帝二十四年，和帝中興二年（五〇二）蕭衍受禪稱帝，建立梁朝；梁朝經四帝五十六年，敬帝太平二年（五五七）被陳霸先建立的陳朝取代；陳朝經五帝三十三年，後主禎明三年（五八九）爲隋所滅。

南朝初年，中國北方正處於北魏逐步終結十六國時代（三〇四—四三九）的過渡期，除北魏外尚有夏、西秦、北燕、北涼等政權。宋元嘉十六年（魏太延五年，四三九），北魏完成了北方的統一，先後與宋、齊、梁對峙。梁朝中期，北魏分裂爲東魏（五三四—五五〇）和西魏（五三五—五五六），不久又分別被北齊（五五〇—五七七）和北周（五五七—五八一）取代。陳朝先與周、齊三足鼎立，繼而齊亡於周，周禪於隋。陳隋短暫對峙，至隋滅陳統一全國，南北朝時代正式告終。

二

南史雖是李延壽獨撰，但初始於其父李大師。

李大師（五七〇—六二八），字君威，曾在隋朝任官。隋唐易代之際，在竇建德政權擔任尚書禮部侍郎，於武德三年（六二〇）出使長安，返回途中因竇建德違約，被唐朝扣留，徙配西會州，武德九年遇赦回到長安。貞觀二年（六二八），終於鄭州滎陽縣野舍，時年五十九。北史卷一〇〇序傳稱：「大師少有著述之志，常以宋、齊、梁、陳、魏、齊、周、隋南北分隔，南書謂北爲『索虜』，北書指南爲『島夷』。又各以其本國周悉，書別國並不能備，亦往往失實。常欲改正，將擬吴越春秋，編年以備南北。」李大師曾計劃修撰一部類似吴越春秋的編年體史書，將南北朝歷史融入一部書中記述，但未能撰成。

李延壽，相州人，西涼國君李暠七世孫，傳附舊唐書卷七三、新唐書卷一〇二令狐德棻傳。舊唐書載：「貞觀中，累補太子典膳丞、崇賢館學士。嘗受詔與著作佐郎敬播同修五代史志，又預撰晉書。」據延壽自述，其任東宮典膳丞已是貞觀十五年，而早在貞觀五年前，他已開始承擔修撰梁、陳、北齊、北周、隋五代史之任，並爲編撰南北史作準備：「延壽與敬播俱在中書侍郎顏師古、給事中孔穎達下删削。既家有舊本，思欲追終先志，其齊、梁、陳五代舊事所未見，因於編緝之暇，晝夜抄録之。」

五代史的完成在貞觀十年及其後的一段時間，不過自貞觀五年因「内憂去職」以後，延壽便未參與其事。這次爲編纂南北朝史事而準備的資料比較有限，遠未達到完成二史之所需。據北史序傳，貞觀十五年，李延壽又得令狐德棻推薦，參與晉書修撰，「因茲復得勘究宋、齊、魏三代之事所未得者」。貞觀十七年，尚書右僕射褚遂良奉敕修五代史志，又召李延壽參與撰録，「因此遍得披尋。時五代史既未出，延壽不敢使人抄録，家素貧罄，又不辦雇人書寫。至於魏、齊、周、隋、宋、齊、梁、陳正史，並手自寫，本紀依司馬遷體，以次連綴之」。李延壽先後參與官修晉書和五代史志的修撰，既使修史能力得到充分鍛煉，也讓他接觸到更多可資利用的史料，爲獨自撰成南北史奠定基礎。李延壽在預撰晉書之後，「尋轉御史臺主簿，兼直國史。延壽嘗撰太宗政典三十卷，表上之。歷遷符璽郎，兼修國史」（舊唐書本傳），不久去世。

關於南北史修撰的具體時間，北史序傳及所載上表中雖無明確交代，但表文兩次提及貞觀年號，可知二史表上時間是在貞觀之後的高宗時期。唐會要卷六三史館上則載：「顯慶四年（六五九），「符璽郎李延壽撰近代諸史，南起自宋，終於陳，北始自魏，卒於隋，合一百八十篇，號爲南北史，上自製序」。延壽上表謂其「始末修撰，凡十六載」，若從顯慶四年前推，知其修撰南北史大體當始於貞觀十八年（六四四）。劉知幾亦謂：「皇家顯慶中，符璽郎隴西李延壽抄撮近代諸史，南起自宋，終於陳，北始自魏，卒於隋，合一百八十篇，號曰南北史。」（史通卷一六家）

李延壽在上書表中，自述其修史原委，説自己在修撰南北史時「連綴改定，止資一手」，「於披求所得，竊謂詳盡」。具體而言則是：「鳩聚遺逸，以廣異聞，編次别代，共爲部秩。除其冗長，捃其菁華。若文之所安，則因而不改，不敢苟以下愚，自申管見。」既可看作他對修史方法和撰史旨趣的自述，也可視爲他對南北史的自我評價。李延壽參與官修隋書及五代史志、晉書，修撰爲當朝所重的三十卷太宗政典，以一己之力編撰南北史一百八十卷，以這樣的成就而言，不愧爲唐朝最傑出的史家之一。

三

南北朝八代正史是李延壽編撰南北史的主要資料來源。八代正史以今本而言，共計五百六十卷，其中宋書一百卷、南齊書五十九卷和魏書一百二十四卷修成於南北朝時期，梁書五十六卷、陳書三十六卷和北齊書五十卷、周書五十卷、隋書八十五卷則是在唐太宗、高宗年間修成。如上所述，李延壽本人參與了隋書的修撰。唐初續修南北朝正史的工作爲他編撰南北史提供了良好條件，同時他還有機會見到八代正史之外的其他史書。北史序傳稱：「又從此八代正史外，更勘雜史於正史所無者一千餘卷，皆以編入。其煩冗者，即削去之。」自謂在正史之外，還勘對一千餘卷雜史，並「皆以編入」，似乎有較大程度的夸張。他在上書表中説：「就此八代，而梁、陳、齊、周、隋五書，是貞觀中敕撰，以十志未奏，本猶未出。然其書及志，始末是臣所修。臣既夙懷慕尚，又備得尋聞，私爲抄録，一十六年，凡所獵略，千有餘卷。」這無疑是一項高難度的工作。

趙翼云：「南北八朝史，宋書成於齊，齊書成於梁，魏書成於北齊，其餘各史皆唐初修成。然雖成於唐初，而天下實未嘗行也。」「可見各正史，在有唐一代並未行世。蓋卷帙繁多，唐時尚未有鏤板之法，必須抄録，自非有大力者不能備之。惟南北史卷帙稍簡，抄寫易成，故天下多有其書，世人所見八朝事跡惟恃此耳。若無鏤板之法，各正史蓋已一部不存矣。」（廿二史劄記卷九八朝史至宋始行條）四庫館臣説南齊書，謂「自李延壽之史盛行，此書誦習者尠，日就譌脱」（四庫全書總目卷四五）。其他各史訛脱者也存在類似原因。司馬光在給劉恕的信中有云：「光少時惟得高氏小史讀之，自宋迄隋正史并南、北史，或未嘗得見，或讀之不熟。」（温國文正公文集卷六二與劉道原書）司馬光少時各史尚無板刻本，故而流傳極爲有限。而在北宋時期南北朝七史鏤板印行後，局面似也並未改變。洪邁云：「今沈約以下八史雖存，而李氏之書獨行，是爲南北史。」（容齋四筆卷八歷代史本末）趙與旹云：「李延壽南北史成，惟隋書別行，餘七史幾廢。」（賓退録卷九）晁公武稱南北史：「删繁補闕，過本史遠甚，至今學者止觀其書，沈約、魏收等所撰皆不行。」（郡齋讀書志卷六）

南北史流傳較廣的原因還在於：一方面，其歷史觀符合唐代以後的政治需要；另一方面，所受到的評價高於八代正史。新唐書李延壽傳稱許：「其書頗有條理，删落釀辭，過本書遠甚。」謂二史簡潔易讀，遠超八代正史。又因二史以北朝爲正統，删削八代正史中南北相互攻訐之語，歷史觀更符合時代需要，唐宋時期南北史的傳播和影響力遠比八代正史爲大。大多數士子了解南北朝歷史是通過南北史而不是八代正史，正因如此，後者的流傳便受到一定影響，進而也導致某些篇卷的脱佚。通典卷一七所載趙匡奏舉人條例，已有建議：「其史書，……李延壽南史爲一史，北史爲一史。習南史者，兼通宋、齊志；習北史者，通後魏、隋書志。自宋以後，史書煩碎冗長，請但問政理成敗所因，及其人物損益關於當代者，其餘一切不問。」可見南北史在唐代已逐漸取代八代正史而成爲時人了解南北朝歷史的基本讀物。這種情況在宋代也没有變化，宋史卷一五六選舉志二：「時朱熹嘗欲罷詩賦，而分諸經、子、史、時務之年。其私議曰：『……諸史則左傳、國語、史記、兩漢爲一科，三國、晉書、南北史爲一科，新舊唐書、五代史爲一科。』」致使八代正史尤其是魏書、北齊書篇卷殘缺，賴二史補足。不過，從歷史研究的角度看，南北史所本的八代正史，仍是最爲原始的歷史文獻，不可替代。

古代史家關於南史的具體評價，主要圍繞南史删節四史、南史增補史事、南史不合史例史法、南史對世家大族的通貫性記載、南史内北而外南、尊周而抑齊、李延壽不諳官制等方面展開，對此廿二史考異、廿二史劄記、四庫全書總目等多有涉及。唐長孺對南史之删易增補評價道：「本書内容大體即本宋齊梁陳書而加以删補移易。關於移易者，主要是以子孫移於祖父之下，……其所删者以宋書爲最多。大體凡詔、表、奏、疏、文章皆從删削，或隱括數語成之。其他諸書，删削較少、增補較多，而梁書增補最多。……大抵所削有是有非，所增亦有是有非。其所增不獨在於事，並傳亦增於舊，其中有極有關係者，如倖臣傳之增陸驗、徐驎、施文慶、沈客卿等，趙翼以爲任忠傳後删後主倖臣沈客卿、施文慶弄權誤國之事，其實乃增而非删。循吏傳增郭祖深，其上疏敍梁代政治社會情況，甚有關係。南史臨川王宏傳，記梁武閱蕭宏府庫事，足見梁武之縱容貴戚，於史大有裨益。」（魏晉南北朝史籍舉要南史條）

四

宋會要輯稿崇儒四勘書條稱：「仁宗天聖二年六月，詔直史館張觀、集賢校理王質晁宗慤李淑、祕閣校理陳詁、館閣校勘彭乘、國子監直講公孫覺校勘南北史、隋書，及令知制誥宋綬、龍圖閣待制劉燁提舉之。綬等請就崇文内院校勘成，復徙外館。又奏國子監直講黄鑑預其事。」「四年十二月，南北史校畢以獻，各賜器幣有差。」南北史大中祥符中祕閣校理劉筠常請刻板，未成。」此爲歷史上關於南北史校勘和刊刻的最早記載，當時只完成校勘工作，未能刻板印行。玉海卷四三又記仁宗時覆校事：「景祐元年四月丙辰，命宋祁等覆校南北史。」其後，江寧府曾於嘉祐三年（一〇五八）十一月至嘉祐四年五月間刻建康實録時，對勘過南北史（嘉祐刻本建康實録書末題辭）。南北七史經過嘉祐年間曾鞏等校勘，於徽宗「政和中，始皆畢，頒之學官」（郡齋讀書志卷二上）。南宋初年四川漕井憲孟刊刻眉山七史，應該是以四川各州學官所藏政和刊本爲底本刊刻印行的。政和年間刊行南北七史時已是北宋末年，而南北史在北宋時期似乎只做了兩次校勘，未見其實際鏤板印行的相關記載。

現存南史宋代版本，有如下兩種：一、南宋前期浙刊本。該版本每半葉九行十八字。本次修訂中利用了今存於中國國家圖書館的殘本（宋甲本），存目録及卷二三至二六。二、南宋中期建刊本。該版本每半葉十行十八字。目録末有木記四行：「此書本宅刊行已久，中遂漫滅。今將元本校證，寫作大字，命工雕開，並無魚魯之訛，庶以便於檢閱。天下學士大夫請詳鑒焉。」實際該版本文字錯訛不少。本次修訂中分别利用了今存於中國國家圖書館和遼寧省圖書館的殘本（宋乙本壹、貳）。中國國家圖書館藏本與清人抄本配作一部，共四十五卷，宋刊部分現存三十九卷（卷一、二、六至一〇、一二、一三、二二至三一、三四至三六、六三至六九、七一至八〇），清人抄配六卷（卷一一、一五至一八、二一）。另卷七〇藏於遼寧省圖書館。

南北史在元代又有重刻。現存元刊本南史爲元成宗大德十年（一三〇六）刊本（簡稱大德本）。大德本南史蒯東寅序稱：「今江東幸甚，際遇繡衣部使者拜都廉使暨憲府諸公勉勵一道儒學，分刊十七史。桐川偶得南史，以學廪不敷，勸率諸儒募匠鋟梓。時重其事，荷郡侯呂公師皋提綱於先，繼蒙郡同知張公雲翼偕僚屬振領於後，遂成此書。江左後學感廉使幸惠之德不淺也。蜀人蒯東寅忝郡文學，黽勉與力，因喜書成，傳之永久，與天下覽者共之。故僭爲引筆，序其顛末云。大德丙午立夏拜手謹書。」（張元濟校史隨筆南史元刊序條）刊刻於大德十年春夏之際。其具體刊刻地點有不同説法，目前認爲是廣德路儒學所刻（尾崎康正史宋元版之研究）。現存著録爲大德本的多種南史，分别藏於中國國家圖書館、上海圖書館、四川省圖書館、湖北省圖書館、南京圖書館、北京師範大學圖書館及日本靜嘉堂文庫、東洋文庫等機構，幾乎都經明代重修補配，没有一部是元刻早印足本。

明嘉靖七年（一五二八），南京國子監奉命對所藏舊版進行修補並印行（南廱志卷一八經籍考下）。續文獻通考卷一四一載：「世宗嘉靖十一年七月，南京國子監刊修二十一史成。」明神宗萬曆年間，南京國子監再刊二十一史。丁丙善本書室藏書志卷六云：南監本二十一史「萬曆以來相隔又數十年，不得不重新鏤版，皆非舊監之遺矣」。此後南監本歷經修補、刷印，直到清代嘉慶十年（一八〇五）板毀於火。南監本雖曾多次刊行，流傳較廣，但完本之嘉靖或萬曆刊本今已難得一見。稍晚於萬曆重刊南監本，北京國子監也刊刻了二十一史，其中南史刻於萬曆三十、三十一年。康熙年間對北監本作過一次全面修補。明末崇禎年間，海虞毛晉汲古閣刊刻十七史，今存汲古閣本南史目録前有題記：「皇明崇禎十有三年歲在上章執徐十一月上弦，琴川毛氏開雕。」清乾隆四年（一七三九），武英殿開雕二十一史，至十一年完成。其中南史據明北監本校刊，每卷末附載考證若干條。

一九三五年，作爲百衲本二十四史系列之一，百衲本南史由上海商務印書館影印出版。百衲本南史由數種版本補配而成，據張元濟跋，該書乃借影北平圖書館所藏大德本並補以涵芬樓藏本，漫漶處則用常熟瞿氏鐵琴銅劍樓、江安傅氏藏園所藏之本加以抽換，仍有殘缺者則用他本挖補，故其不盡爲元刻大德本之原本，也雜入相當一部分明初翻刻大德本。百衲本二十四史影印時多有描潤修補，兼具影印本和校本雙重性質。張氏記百衲本二十四史影印描潤始末對其工作流程有詳細説明，從已整理出版的張氏南史校勘記可知，當時曾以北監本、汲古閣本、殿本三個版本與底本對校，共校出三一七四條，實際描潤修正八八八條，其中三十三條標有「誤修」字樣。

五

中華書局點校本南史，由盧振華先生點校，王仲犖先生覆閱，趙守儼、魏連科先生編輯整理，一九七五年出版。點校本以百衲本爲工作本，「以汲古閣本、武英殿本進行通校，以南、北監本和金陵書局本作爲參校，又查對了北京圖書館所藏宋本殘卷。版本異同，一般擇善而從，不作校記；但遇有一本獨是或可能引起誤解的地方，則仍寫校記説明」（南史北史出版説明）。同時參校宋書、南齊書、梁書、陳書和通志，吸收了錢大昕、張元濟、張森楷等人的校勘成果。點校本在標點、分段、校勘訂誤等方面都取得了令人矚目的成果，成爲目前通行的整理本。

此次修訂仍以百衲本爲底本，以兩種南宋刻本、元大德刻早印本及武英殿本爲通校本，以南監本、北監本、汲古閣本爲參校本。在南史的校勘中，修訂工作兼顧了「源」和「流」兩個方面，以版本對校爲基礎，充分運用本校、他校，審慎使用理校。凡底本有誤者，據校本改正，並出校説明；義可兩通者，保留底本文字，異文寫入校勘記；校本誤字，一般不予列出。修訂工作特别重視唐代以後尤其是宋、元文獻的參校，參考吸收清代以來學者在校勘、校讀南史時的重要發現。

修訂工作遵循點校本二十四史及清史稿修訂工程修訂工作總則和工作程序，以原點校本爲基礎，作適當修訂和完善，訂補錯漏，統一體例，彌補不足。在充分尊重原點校本成果的前提下，對其校勘成果進行覆核。原點校本對底本有重要改動而未出校處，補撰校勘記；原校勘記可補充新的文獻證據者，適當補充改寫；有誤者加以訂正並另擬校勘記；確實無必要者予以删除。同時參考點校本二十四史及清史稿修訂工程標點分段辦法舉例，規範標點體例。

點校本南史出版以來，學術界和廣大讀者提出了不少校勘或標點方面的意見，我們盡可能搜求參考，列於主要參考文獻。限於體例，不能於校勘記中一一標示，謹此一併致謝。疏誤和不足之處，恐在所難免，懇請學界同人和讀者批評指正。

點校本南史修訂組　二〇二三年八月

點校本南史修訂凡例

一　中華書局一九七五年點校本南史，以商務印書館百衲本爲工作本，版本異同一般擇善而從。此次修訂，以百衲本爲底本，重新進行校勘。

二　修訂所用通校本及簡稱如下：

（一）宋甲本：中國國家圖書館藏南宋前期浙刊本，存四卷（卷二三至二六）；

（二）宋乙本壹：中華再造善本影印中國國家圖書館藏南宋中期建刊本配清抄本：宋刊存三十九卷（卷一、二、六至一〇、一二、一三、二二至三一、三四至三六、六三至六九、七一至八〇，間有清人抄配葉），配清抄本六卷（卷一一、一五至一八、二二）。修訂時僅校其中宋刊部分；

（三）宋乙本貳：遼寧省圖書館藏南宋中期建刊本，存一卷（卷七〇）；

（四）大德本壹：元大德十年廣德路儒學刊早印本，存二十六卷（卷四至七、一一至一

五、三八至四〇、四四至五四、六八至七〇），今暫存臺北故宮博物院；

（五）大德本貳：元大德十年廣德路儒學刊早印本，存十七卷（卷二、三、六、七、一六至二〇、二二、二三、四四至四六、六五至六七、六八首葉），今暫存臺北故宮博物院；

（六）殿本：中華書局圖書館藏清乾隆四年武英殿刊本。

三　修訂所用參校本及簡稱如下：

（一）南監本：中華書局圖書館藏明萬曆十七至十九年南京國子監刊清順治補修本；

（二）北監本：中華書局圖書館藏明萬曆三十至三十一年北京國子監刊清康熙重修本；

（三）汲本：中華書局圖書館藏明崇禎十三年毛氏汲古閣刊本。

四　原點校本對工作本所作的校改，此次修訂重新覆核，對原點校本的校勘記，主要採取以下處理方式：根據修訂總則要求，調整格式，統一體例；補充新的版本和史料依據，適當改補；修改訂正原校勘記的疏誤錯漏之處；原點校本有重要改動而未出校，以及失校漏校之處，酌情補撰校勘記；原校勘記確無必要或與修訂體例明顯不合者，予以删去。

五　此次修訂，書前目録與卷前目録仍沿用原點校本，僅作個别修改調整。

六　此次修訂以版本對校爲基礎，充分運用本校、他校，審慎使用理校。因底本訛、脱、衍、倒，而進行改、補、删、乙者，均出校説明；無關文意的虚字、通假字、異體字、古今字、俗别字等，不出校；底本無誤而校本或他書有誤者，一般不校；底本中明顯的版刻訛誤，隨文改正，不另出校。

七　底本中人名、地名寫法前後不一致者，如慧（惠），保留原貌，不强爲統一。他書人名、地名與本書寫法前後不一致而可兩通者，如溢（盆）城、姑熟（孰）、宿預（豫）等，一般不出校勘記。年號與通行寫法不一致者，如太（泰）始之類，徑行改正，不出校。

八　原書避當世或前朝諱改字，一般不予回改；僅在人名、地名等專名處，於全書首見時出校説明，以便理解；一般行文中的避諱字，不再出校。底本已經回改爲本字，而在宋本等早期版本中依然保留諱字處，不再校回。

九　標點分段參考點校本二十四史及清史稿修訂工程標點分段辦法舉例處理，對原點校本標點進行適度修改。分段基本依照原點校本，間有調整。

一〇　此次修訂，注意吸收清代以來學者的相關校勘研究成果，如錢大昕廿二史考異、張森楷南史校勘記、張元濟南史校勘記、馬宗霍南史校證、周一良魏晉南北朝史札記等。具體篇目詳見主要參考文獻。

一一　爲行文簡便，以下文獻在校勘記中使用簡稱：

藝文類聚，簡稱類聚。

太平御覽，簡稱御覽。

太平廣記，簡稱廣記。

文苑英華，簡稱英華。

册府元龜，簡稱册府（修訂本所用爲影印宋刻本及影印明刻本兩種版本，若宋本闕或二本同則徑稱册府，二本有異則分别標明版本）。

資治通鑑，簡稱通鑑。

文獻通考，簡稱通考。

王懋竑讀書記疑，簡稱王懋竑記疑。

錢大昕廿二史考異，簡稱錢大昕考異。

王鳴盛十七史商榷，簡稱王鳴盛商榷。

馬宗霍南史校證，簡稱馬宗霍校證。

南史目録

第一册

第二册

卷十二 列傳第二

卷十四　列傳第四

卷十五　列傳第五

卷十八　列傳第八

卷十九 列傳第九

卷二十　列傳第十

卷二十一　列傳第十一

卷二十二　列傳第十二

卷二十三　列傳第十三

第三册

卷二十四　列傳第十四

卷二十五 列傳第十五

卷二十六　列傳第十六

卷三十二 列傳第二十二

卷三十三 列傳第二十三

卷三十六　列傳第二十六

卷三十七　列傳第二十七

第四册

卷三十八 列傳第二十八

卷三十九 列傳第二十九

卷四十 列傳第三十

卷四十一 列傳第三十一

卷四十二　列傳第三十二

卷四十三　列傳第三十三

卷四十四　列傳第三十四

卷四十九　列傳第三十九

卷五十一　列傳第四十一

卷五十二　列傳第四十二

第五册

卷五十三　列傳第四十三

卷五十四 列傳第四十四

卷五十六　列傳第四十六

卷五十七　列傳第四十七

卷五十八　列傳第四十八

卷六十一　列傳第五十一

卷六十二　列傳第五十二

卷六十三　列傳第五十三

卷六十四　列傳第五十四

卷六十五　列傳第五十五

第六册

卷六十八　列傳第五十八

卷六十九　列傳第五十九

卷七十　列傳第六十

卷七十一　列傳第六十一

卷七十五　列傳第六十五

卷七十六　列傳第六十六

卷七十七　列傳第六十七

卷七十八　列傳第六十八

附録

南史卷一

宋本紀上第一

宋高祖武皇帝諱裕，字德輿，小字寄奴，彭城縣綏輿里人，姓劉氏，漢楚元王交之二十一世孫也。彭城楚都，故苗裔家焉。晉氏東遷，劉氏移居晉陵丹徒之京口里。皇祖靖，晉東安太守。皇考翹，字顯宗，郡功曹。帝以晉哀帝興寧元年歲在癸亥三月壬寅夜生，神光照室盡明，是夕甘露降于墓樹。及長，雄傑有大度，身長七尺六寸，風骨奇偉，不事廉隅小節，奉繼母以孝聞。

嘗游京口竹林寺，獨卧講堂前，上有五色龍章，衆僧見之，驚以白帝，帝獨喜曰：「上人無妄言。」皇考墓在丹徒之候山，其地秦史所謂曲阿、丹徒間有天子氣者也。時有孔恭者〔一〕，妙善占墓，帝嘗與經墓，歎之曰：「此墓何如？」孔恭曰：「非常地也。」帝由是益自負。行止時見二小龍附翼，樵漁山澤，同侶或亦覩焉。及貴，龍形更大。

帝素貧，時人莫能知，唯琅邪王謐獨深敬焉。帝嘗負刁逵社錢三萬，經時無以還，被逵執，謐密以己錢代償，由是得釋。後伐荻新洲，見大蛇長數丈，射之，傷。明日復至洲裏，聞有杵臼聲，往覘之，見童子數人皆青衣，於榛中擣藥。問其故，答曰：「我王爲劉寄奴所射，合散傅之。」帝曰：「王神何不殺之？」答曰：「寄奴王者不死，不可殺。」帝叱之，皆散，仍收藥而反。又經客下邳逆旅，會一沙門謂帝曰：「江表當亂，安之者，其在君乎。」帝先患手創，積年不愈，沙門有一黄藥，因留與帝，既而忽亡，帝以黄散傅之，其創一傅而愈。寶其餘及所得童子藥，每遇金創，傅之並驗。

初爲冠軍孫無終司馬。晉隆安三年十一月，袄賊孫恩作亂於會稽，朝廷遣衞將軍謝琰、前將軍劉牢之東討。牢之請帝參府軍事，命與數十人覘賊，遇賊衆數千，帝便與戰，所將人多死，而帝奮長刀，所殺傷甚衆。牢之子敬宣疑帝爲賊所困，乃輕騎尋之，既而衆騎並至，遂平山陰，恩遁入海。

四年五月，恩復入會稽，殺謝琰。十一月，牢之復東征，使帝戍句章〔三〕，句章城小人少，帝每戰陷陣，賊乃退還浹口。時東伐諸將，士卒暴掠，百姓皆苦之，惟帝獨無所犯。

五年春，恩頻攻句章，帝屢破之，恩復入海。三月，恩北出海鹽，帝築城于故海鹽，賊日來攻城，城内兵少，帝乃選敢死士擊走之。時雖連勝，帝深慮衆寡不敵，乃一夜偃旗示以羸弱，觀其懈，乃奮擊，大破之。恩知城不可下，進向滬瀆，帝棄城追之。海鹽令鮑陋遣子嗣之以吴兵一千爲前驅，帝以吴人不習戰，命之在後，不從。是夜帝多設奇兵，兼置旗鼓，明日戰，伏發，賊退，嗣之追奔陷没。帝且退且戰，麾下死傷將盡，乃至向處止，令左右解取死人衣以示暇。賊疑尚有伏，乃引去。六月，恩浮海至丹徒，帝兼行與俱至，奔擊大破之。恩至建鄴，知朝廷有備，遂走鬱洲。八月，晉帝以帝爲下邳太守。帝又追恩至鬱洲及海鹽，頻破之。恩自是飢饉，奔臨海。

元興元年，荆州刺史桓玄舉兵東下，驃騎將軍司馬元顯遣牢之拒之，帝又參其軍事。玄至，帝請擊之，牢之不許，乃遣子敬宣詣玄請和。帝與東海何無忌並固諫，不從。玄剋建鄴，以牢之爲會稽内史。牢之懼，招帝於廣陵舉兵，帝曰：「人情去矣，廣陵亦豈可得之〔三〕？」牢之竟縊于新洲。何無忌謂帝曰：「我將何之？」帝曰：「可隨我還京口。玄必守臣節，當與卿事之；不然，與卿圖之。」

玄從兄脩以撫軍將軍鎮丹徒，以帝爲中兵參軍。孫恩自敗後，懼見獲，乃投水死於臨海，餘衆推恩妹夫盧循爲主。玄復遣帝東征。

二年，循奔永嘉，帝追破之。六月，加帝彭城内史。

十二月，桓玄篡位，遷晉帝於尋陽。桓脩入朝，帝從至建鄴，玄見帝，謂司徒王謐曰：

「昨見劉裕，風骨不恒，蓋人傑也。」每游集，贈賜甚厚。玄妻劉氏，尚書令耽之女也，聰明有智鑒，嘗見帝，因謂玄曰：「劉裕龍行虎步〔四〕，視瞻不凡，恐必不爲人下，宜早爲其所。」玄曰：「我方平蕩中原，非裕莫可，待關、隴平定，然後議之。」

脩尋還京口，帝託以金創疾動，不堪步從，乃與無忌同船共還，建興復計，及弟道規、沛國劉毅、平昌孟昶、任城魏詠之、高平檀憑之、琅邪諸葛長人〔五〕、太原王元德、隴西辛扈興、東莞童厚之，並同義謀。時桓脩弟弘爲青州刺史，鎮廣陵，道規爲弘中兵參軍，昶爲州主簿，乃令毅就昶謀共襲弘。長人爲豫州刺史刁逵左軍府參軍，謀據歷陽相應，元德、厚之謀於建鄴攻玄，剋期齊發。

三年二月乙卯，帝託游獵，與無忌、詠之、憑之，毅從弟藩，憑之從子韶、祗、隆、道濟，昶族弟懷玉等，集義徒凡二十七人，願從者百餘人。丙辰，候城門開，無忌等義徒服傳詔服，稱詔居前，義衆馳入齊叫，吏士驚散，即斬脩以徇。帝哭之甚慟，厚加斂卹。昶勸弘其日出獵，未明，開門出獵人，昶、道規、毅等率壯士五六十人，因開門直入。弘方噉粥，即斬之，因收衆濟江。

義軍初剋京城，脩司馬刁弘率文武佐吏來赴，帝登城謂曰：「郭江州已奉乘輿反正於尋陽，我等並被密詔誅逆黨，今日賊玄之首已當梟於大航。諸君非大晉之臣乎？」弘等信之而退。毅既至，帝命誅弘等。

毅兄邁先在建鄴，事未發數日，帝遣同謀周安穆報之，使爲内應。邁甚懼，安穆慮事發，馳歸。時玄以邁爲竟陵太守，邁便下船，欲之郡。是夜玄與邁書曰：「北府人情云何？卿近見劉裕何所道？」邁謂玄已知其謀，晨起白之。玄驚，封邁爲重安侯，又以不執安穆故殺之，誅元德、扈興、厚之等。乃遣頓丘太守吴甫之、右衛將軍皇甫敷北拒義軍。

先是，帝造游擊將軍何澹之，左右見帝光曜滿室，以告澹之，澹之以白玄，玄不以爲意，至是，聞義兵起，甚懼。或曰：「裕等甚弱，陛下何慮之深？」玄曰：「劉裕足爲一世之雄，劉毅家無儋石之儲，樗蒱一擲百萬，何無忌，劉牢之之外甥，酷似其舅，共舉大事，何謂無成。」時衆推帝爲盟主，以孟昶爲長史，總後事，檀憑之爲司馬，百姓願從者千餘人。軍次竹里，移檄都下曰：

夫成敗相因，理不常泰，狡焉肆虐，或遇聖明。自我大晉，屢遘陽九，隆安以來，皇家多故，貞良弊於豺狼，忠臣碎於虎口。逆臣桓玄敢肆陵慢，阻兵荆郢，肆暴都邑，天未忘難，凶力寔繁，踰年之間，遂傾皇祚。主上播越，流幸非所，神器沈辱，七廟毀墜，雖夏后之離浞、豷，有漢之遭莽、卓，方之於茲，未足爲喻。自玄篡逆，于今歷載，彌年亢旱，人不聊生，士庶疲於轉輸，文武困於板築，室家分析，父子乖離，豈惟大東有杼軸之悲，摽梅有頃筐之怨而已哉！仰觀天文，俯察人事，此而可存，孰有可亡！凡在有心，誰不扼腕。裕等所以叩心泣血，不遑啓處者也。

是故夕寐宵興，搜奬忠烈，潛構崎嶇，過於履虎，乘機奮發，義不圖全。輔國將軍劉毅、廣武將軍何無忌、鎮北主簿孟昶、兗州主簿魏詠之、寧遠將軍劉道規、龍驤參軍劉藩〔六〕、振威將軍檀憑之等，忠烈斷金，精貫白日，荷戈俟奮，志在畢命。益州刺史毛璩，萬里齊契，掃定荆楚。江州刺史郭昶之奉迎主上，宮于尋陽。鎮北參軍王元德等並率部曲〔七〕，保據石頭。揚武將軍諸葛長人收集義士，已據歷陽。征虜參軍庾賾之等潛相連結，以爲内應。同力協契，所在蠭起，即日斬僞徐州刺史安成王脩、青州刺史弘。義衆既集，文武爭先，咸謂不有一統，則事無以緝。裕辭不獲命，遂總軍要，庶上憑祖宗之靈，下罄義夫之節，翦馘逋逆，蕩清京華〔八〕。公侯諸君，或世樹忠貞，或身荷爵寵，而並俛眉猾豎，無由自效，顧瞻周道，寧不弔乎！今日之舉，良其會也。裕以虚薄，才非古人，受任於既頽之運，契接於已替之機〔九〕，丹誠未宣，感慨憤激。望霄漢以永懷，眄山川以增佇，投檄之日，神馳賊庭。

三月戊午，遇吴甫之於江乘，帝躬執長刀，大呼，即斬甫之。進至羅落橋，遇皇甫敷，檀憑之戰敗，死之，衆退，帝進戰彌厲，又斬敷首。初，帝建大謀，有工相者相帝與無忌等近當大貴，惟云憑之無相。至是，憑之戰死，帝知其事必捷。

玄聞敷等没，使桓謙屯東陵口，卞範之屯覆舟山西。己未，義軍進至覆舟東，張疑兵，以油帔冠諸樹，布滿山谷。帝先馳之，將士皆殊死戰，無不一當百，呼聲動天地。因風縱火，煙焰張天，謙等大敗。玄始雖遣軍，而走意已決，别遣領軍殷仲文具舟石頭，聞謙敗，輕船南逸。

庚申，帝鎮石頭城，立留臺總百官〔一〇〕，焚桓温主於宣陽門外，造晉新主於太廟。遣諸將追玄，命尚書王嘏率百官奉迎乘輿。司徒王謐與衆議推帝領揚州，帝固辭，乃以謐爲録尚書事、領揚州刺史，帝爲鎮軍將軍、都督八州諸軍事、徐州刺史、領軍將軍。

初，晉陵人韋叟善相術，桓脩令相帝當得州不，叟曰：「當得邊州刺史。」退而私於帝曰：「君相貴不可言。」帝笑曰：「若中，當相用爲司馬。」至是，叟詣帝曰：「成王不負桐葉之信，公亦應不忘司馬之言。今不敢希鎮軍司馬，願得領軍佐。」於是用焉。

時諸葛長人失期，爲刁逵執送，未至而玄敗。玄經尋陽，江州刺史郭昶之爲具乘輿法物。初，荆州刺史王綏以江左冠族，又桓氏之甥，素甚陵帝，至是，及其父尚書左僕射愉有自疑志，並及誅。

四月戊子，奉武陵王遵爲大將軍，承制，大赦，惟桓氏一祖後不免。桓玄之簒，王謐佐命，手解安帝璽紱。及義旗建，衆謂謐宜誅，惟帝素德謐，保持之。劉毅嘗因朝會，問謐璽紱所在，謐益懼。及王愉父子誅，謐從弟諶謂謐曰：「王駒無罪而誅，此是翦除勝己，兄既桓氏黨附，求免得乎？」駒，愉小字也。謐懼，奔曲阿。帝牋白大將軍迎還，復其位。

玄挾天子走江陵，又浮江東下，與劉毅、何無忌、劉道規等遇於崢嶸洲，衆軍大破之。玄黨殷仲文奉晉二皇后還建鄴。玄復挾天子至江陵，因走南郡，太守王騰之、荆州别駕王康産奉天子入南郡府。

初，益州刺史毛璩遣從孫祐之與參軍費恬送弟喪下州〔二〕，璩弟子脩之時爲玄屯騎校尉，誘玄入蜀，至枚回洲，恬與祐之迎射之，益州督護馮遷斬玄，傳首建鄴。玄從子振逃於華容之涌中，招集逆黨，襲江陵城，騰之、康産皆被殺。桓謙先匿沮川，亦聚衆應振。爲玄舉哀，立喪庭。謙率衆官奉璽綬于安帝。劉毅、何無忌進及桓振戰，敗績于靈谿。

十月，帝領青州刺史，甲仗百人入殿。

義熙元年正月，毅等至江津，破桓謙、桓振，江陵平。三月甲午〔三〕，晉帝至自江陵。庚子，詔進帝侍中、車騎將軍、都督中外諸軍、録尚書事。帝固讓，旋鎮丹徒。九月乙巳，加帝領兖州刺史。

盧循浮海破廣州，獲刺史吴隱之，即以循爲廣州刺史，以其黨徐道覆爲始興相。

二年三月，進帝督交、廣二州。十月，論匡復勳，封帝豫章郡公，邑萬户，賜絹三萬疋。其餘封賞各有差。

三年十二月，司徒、録尚書、揚州刺史王謐薨。

四年正月，徵帝入輔，授侍中、車騎將軍、開府儀同三司、揚州刺史、録尚書事，徐、兖二州刺史如故。表解兖州。先是，帝遣冠軍劉敬宣伐蜀賊譙縱，無功而還。九月，帝以敬宣挫退，遜位，不許。十月，乃降爲中軍將軍，開府如故。

五年二月，僞燕主慕容超大掠淮北。三月，帝抗表北討，以丹陽尹孟昶監中軍留府事。乃浮淮入泗，五月，至下邳，留船，步軍進琅邪，所過築城留守。

超大將公孫五樓請斷大峴，堅壁清野以待，超不從。初謀是役，議者以爲賊若嚴守大峴，軍無所資，何能自反？帝曰：「不然。鮮卑性貪，略不及遠，既幸其勝，且愛其穀，必將引我，且亦輕戰。師一入峴，吾何患焉。」及入峴，帝舉手指天曰：「吾事濟矣。」衆問其故，帝曰：「師既過險，士有必死之志，餘糧栖畝，軍無匱乏之憂，勝可必矣。」

六月，超留羸老守廣固，使其廣甯王賀刺盧及公孫五樓悉力據臨朐。去城四十里有巨蔑水，超告五樓急據之。比至，爲龍驤將軍孟龍符所保，五樓乃退。

大軍分車四千兩爲二翼，方軌徐行，車張幰，御者執矟，以騎爲游軍，軍令嚴肅。比及臨朐，賊騎交至，帝命兗州刺史劉藩、并州刺史劉道憐等陷其陣。日向昃，戰猶酣，帝用參軍胡藩策，襲剋臨朐，賊乃大奔。超遁還廣固，獲其玉璽、豹尾、輦等，送于都。丙子，剋廣固大城，超固其小城。乃設長圍以守之，館穀於青土，停江、淮轉輸。

七月，超尚書郎張綱乞師於姚興，自長安反，太山太守申宣執送之。綱有巧思，先是，帝脩攻具，城上人曰：「汝不得張綱，何能爲也。」及至，升諸樓車以示之，城内莫不失色。超既求救不獲，綱反見虜，乃求稱藩，割大峴爲界，獻馬千疋，不聽。

時姚興遣使，聲言將涉淮左，帝謂曰：「爾報姚興，我定青州，將過函谷，虜能自送，今其時矣。」録事參軍劉穆之遽入曰：「此言不足威敵，容能怒彼。若鮮卑未拔，西羌又至，公何以待之？」帝乃笑曰：「此兵機也，非子所及。羌若能救，不有先聲，是自彊也。」

十月，張綱脩攻具成，設飛樓縣梯，木幔板屋，冠以牛皮，弓矢無所用之。劉毅遣上黨太守趙恢以千餘人來援，帝夜潛遣軍會之。明旦，恢衆五千，方道而進，每晉使將到，輒復如之。

六年二月丁亥，屠廣固，超踰城走，追獲之，斬于建康市。殺其王公以下，納生口萬餘，馬二千疋。

初，帝之北也，徐道覆勸盧循乘虚而出，循不從，道覆乃至番禺説循曰：「今日之機，萬不可失。若剋京都，劉公雖還，無能爲也。」循從之。是月，寇南康、廬陵、豫章諸郡，郡守皆奔走。時帝將鎮下邳，進兵河、洛，及徵使至，即日班師。鎮南將軍何無忌與道覆戰，敗死於豫章，内外震駭，朝議欲奉乘輿北走。帝次山陽，聞敗，卷甲與數十人造江上徵問，知賊尚未至。

四月癸未，帝至都。劉毅自表南征，帝以賊新捷鋒鋭，須嚴軍偕進，使劉藩止之，毅不從。五月壬午〔三〕，盧循敗毅于桑落州。及審帝凱入，相視失色，欲還尋陽，平江陵，據二州以抗朝廷。道覆請乘勝遂下，爭之旬日，乃從。

于時北師始還，傷痍未復，戰士纔數千，賊衆十餘萬，舳艫亘千里。孟昶、諸葛長人懼，欲擁天子過江，帝曰：「今兵士雖少，猶足一戰，若其剋濟，臣主同休；如其不然，不復能草間求活，吾計決矣。」初，帝征慕容超，惟孟昶勸行，丙辰，昶乃表天子，引罪，仰藥而死。

時議者欲分兵屯守諸津，帝曰：「賊衆我寡，分其兵則測人虚實，一處失利，則沮三軍之心，若聚衆石頭，則衆力不分。」戊午，帝移鎮石城。乙丑，賊大至，帝曰：「賊若新亭直上，且將避之；若回泊蔡洲，成禽耳。」徐道覆欲自新亭焚舟而戰，循多疑少決，每求萬全，乃泊蔡洲以待軍潰。帝登石頭以望，見之，悦。庚辰，賊設伏於南岸，疑兵向白石。帝率劉毅、諸葛長人北拒焉，留參軍徐赤特戍查浦，戒令勿戰。帝既北，賊焚查浦而至張侯橋，赤特與戰，大敗，賊進屯丹陽郡。帝馳還石頭，斬徐赤特。解甲久之，乃出陣於南塘。七月庚申，循自蔡洲退，將還歸尋陽，帝遣輔國將軍王仲德等追之。使建威將軍孫處自海道襲番禺，戒之曰：「我十二月必破妖寇，卿亦足至番禺，先傾其巢窟也。」

十月，帝率舟師南伐，使劉毅監太尉留府〔四〕。是月，徐道覆寇江陵，荆州刺史劉道規大破之，道覆走還盆口。十一月，孫處至番禺，剋其城，盧循父嘏奔始興，處撫其人以守。十二月己卯，大軍次大雷。庚辰，賊方江而下，帝躬提幡鼓，命衆軍齊力擊之，軍中多萬鈞神弩，所至莫不摧陷。帝自於中流蹙之，因風水之勢，賊艦悉薄西岸，岸上軍先備火具焚之，大敗。循還尋陽，遂走豫章，悉力柵左里。丙申，大軍次左里，將戰，帝麾之，麾竿折，幡沈于水，衆咸懼，帝笑曰：「昔覆舟之役亦如此，今勝必矣。」攻其柵，循單舸走，衆皆降。師旋，晉帝遣侍中黄門勞師于行所。

七年正月己未，振旅而歸，改授大將軍、揚州牧，給班劍二十人，本官並如故。固辭。凡南北征伐戰亡者，並列上賻贈，屍喪未反者，遣主帥迎接，致還本土。

二月，盧循至番禺，爲孫處所破，收餘衆南走〔五〕。劉藩、孟懷玉斬徐道覆于始興。

自晉中興以來，朝綱弛紊，權門兼并，百姓流離，不得保其産業。桓玄頗欲釐改，竟不能行。帝既作輔，大示軌則，豪彊肅然，遠近禁止。至是，會稽餘姚唐亮復藏匿亡命千餘人〔一六〕。帝誅亮，免會稽内史司馬休之。

晉帝又申前詔，帝固辭。於是改授太尉、中書監，乃受命，奉送黄鉞。

交州刺史杜惠度斬盧循父子，函七首送都。

先是，諸州郡所遣秀才、孝廉多非其人，帝乃表申明舊例，策試之。

荆州刺史劉道規疾患，求歸，八年四月，改授豫州刺史，以豫州刺史劉毅代之。毅既有雄才大志，與帝俱興復晉室，自謂京城、廣陵功足相抗，雖權事推帝，而心不服也。厚自矜許，朝士素望者並多歸之，與尚書僕射謝混、丹陽尹郗僧施並深相結。及鎮江陵，豫州舊府多割以自隨，請僧施爲南蠻校尉。帝知毅終爲異端，心密圖之。毅至西，疾篤，表求從弟兗州刺史藩以爲副貳，帝僞許焉。九月，藩入朝，帝命收藩及謝混，並賜死。自表討毅，又假黄鉞，率諸軍西征。以前鎮軍將軍司馬休之爲平西將軍、荆州刺史，兗州刺史道憐鎮丹徒，豫州刺史諸葛長人監太尉留府事，加太尉司馬丹陽尹劉穆之建威將軍，配以實力。壬午，發建鄴，遣參軍王鎮惡、龍驤將軍蒯恩前襲江陵，剋之，毅及黨與皆伏誅。

十一月，帝至江陵，分荆州十郡爲湘州，帝仍進督焉。以西陽太守朱齡石爲益州刺史〔一七〕，使伐蜀。晉帝進帝太傅、揚州牧，加羽葆、鼓吹，班劍二十人。

九年二月乙丑，帝至自江陵。初，諸葛長人貪淫驕横，帝每優容之。劉毅既誅，長人謂所親曰：「昔年醢彭越，今年殺韓信，禍其至矣。」將謀作亂。帝剋期至都，而每淹留不進。公卿以下，頻日奉候於新亭，長人亦驟出。既而帝輕舟密至，已還東府矣。長人到門，引前，却人閑語，凡平生言所不盡者，皆與及之，長人甚悦。帝已密命左右丁旿自幔後出，於坐拉焉，死於牀側。輿屍付廷尉，并誅其弟黎人〔一八〕。旿驍勇有力，時人語曰：「勿跋扈，付丁旿」。

先是，山湖川澤皆爲豪彊所奪，百姓薪採漁釣，皆責税直，至是禁斷之。時人居未一，帝上表定制，於是依界土斷，惟徐、兗、青三州居晉陵者不在斷例。諸流寓郡縣，多所併省。

以帝領鎮西將軍、豫州刺史。帝固讓太傅、揚州牧及班劍，奉還黄鉞。

七月，朱齡石平蜀，斬譙縱，傳首建鄴。

九月，晉帝以帝平齊、定盧循功，封帝次子義真爲桂陽縣公；并重申前命，授帝太傅、揚州牧，加羽葆、鼓吹，班劍二十人。將遣百僚敦勸〔一九〕，乃受羽葆、鼓吹、班劍，餘固辭。

十年，息人簡役，築東府城，起府舍。

帝以荆州刺史司馬休之宗室之重，又得江、漢人心，疑其有異志；而休之子譙王文思在都，招聚輕俠，帝執送休之，令自爲其所。休之表廢文思，并與帝書陳謝。

十一年正月，帝收休之子文寶、兄子文祖，並賜死，率衆西討。復加黄鉞〔一〇〕，領荆州刺史。以中軍將軍道憐監留府事。休之上表自陳，并罪狀帝。休之府録事參軍韓延之有幹用才，帝未至江陵，密書招之。延之報書曰：「承親率戎馬，遠履西偏，闔境士庶，莫不惶駭。辱疏，知以譙王前事，良增歎息。司馬平西體國忠貞，款懷待物，以公有匡復之勳，家國蒙賴，推德委誠，每事詢仰。譙王往以微事見劾，猶自表遜位；況以大過而當默邪！來示云，『處懷期物，自有由來』。今伐人之君，啗人以利，真可謂『處懷期物』者矣。劉藩死於閶闔之門〔一一〕，諸葛斃於左右之手，甘言詫方伯，襲之以輕兵，遂使席上靡款懷之士，閫外無自信諸侯，以爲得筭，良所恥也。吾雖鄙劣，嘗聞道於君子，以平西之至德，寧可無授命之臣乎？假天長喪亂，九流渾濁，當與臧洪游於地下。不復多云。」帝視書歎息，以示將佐曰：「事人當如此。」

三月，軍次江陵。初，雍州刺史魯宗之負力好亂，且慮不爲帝容，常爲讖曰：「魚登日，輔帝室。」與休之相結。至是，率其子竟陵太守軌會于江陵。帝濟江，休之衆潰，與軌等奔襄陽，江陵平。加領南蠻校尉。將拜南蠻，遇四廢日，佐史鄭鮮之等白遷日，不許。下書開寬大之恩。

四月，進軍襄陽，休之等奔姚興。晉帝復申前令，授太傅、揚州牧，劍履上殿，入朝不趨，讚拜不名，加前部羽葆、鼓吹，置左右長史、司馬、從事中郎四人，封第三子義隆爲北彭城縣公。八月甲子，帝至自江陵，奉還黄鉞，固辭太傅、州牧、前部羽葆、鼓吹，其餘受命。

十二年正月，晉帝詔帝依舊辟士，加領平北將軍、兗州刺史，增督南秦，凡二十二州。帝以平北文武寡少，不宜別置，於是罷平北府，以併大府。三月，加帝中外大都督〔二〕。

初，帝平齊，仍有定關、洛意，遇盧循侵逼，故寢。及荆、雍平，乃謀外略。會姚興死，子泓新立，兄弟相殺，關中擾亂。四月乙丑，帝表伐關、洛，乃戒嚴北討，加領征西將軍、司豫二州刺史。以世子爲徐、兗二州刺史。帝以義聲懷遠，奉琅邪王北伐。五月，廬江霍山崩，獲六鍾，獻之天子。癸巳，加領北雍州刺史，前後部羽葆、鼓吹，增班劍爲四十人。八月丁巳〔三〕，率大衆進發，以世子爲中軍將軍，監太尉留府事，尚書右僕射劉穆之爲左僕射，領監軍、中軍二府軍司，入居東府，總攝内外。九月，帝至彭城，加領北徐州刺史。十月，衆軍至洛，圍金墉，降之。脩復晉五陵，置守衛。

十二月壬申，晉帝加帝位相國，總百揆，揚州牧，封十郡爲宋公，備九錫之禮，加璽紱、遠游冠、綠綟綬，位在諸侯王上。策曰：

朕以寡昧，仰纘洪基，夷羿乘釁，蕩覆王室，越在南鄙，遷于九江。宗祀絶饗，人神無位，提挈羣凶，寄命江浦，則我祖宗之烈，奄墜于地，七百之祚，翦焉既傾，若涉巨海，罔知攸濟。天未絶晉，誕育英輔，振厥弛維，再造區寓〔二四〕，興亡繼絶，俾昏作明，元勳至德，朕實攸賴。

今將授公典策，其敬聽朕命：乃者，桓玄肆僭，滔天泯夏，拔本塞源，顛蹶六位，庶僚俛眉，四方莫恤。公精貫朝日，氣陵虹蜺，奮其靈武，大殲羣慝，剋復皇邑，奉歆神祇。此公之大節，始於勤王者也。授律羣后，泝流長騖〔二五〕，薄伐崢嶸，獻捷南郢，大憝折首，羣逆畢夷，三光旋采，舊物反正。此又公之功也。出藩入輔，弘兹保弼，阜財利用，繁殖黎元，編户歲滋，疆宇日啓，導德明刑，四境有截。此又公之功也。鮮卑負衆，僭盜三齊，介恃遐阻，仍爲邊害，公蒐乘秣馬，夐入遠疆，衝櫓四臨，萬雉俱潰，拓土三千，申威龍漠。此又公之功也。盧循祅凶，伺隙五嶺，侵覆江、豫，矢及王城，國議遷都之規，家獻徙卜之計，公乘轅南濟，義形于色，運奇擿略，英謨不世，狡寇窮衄，喪旗宵遁，俾我畿甸，拯於將墜。此又公之功也。追奔逐北，揚旍江瀆，偏旅浮海，指日遄至，番禺之功，俘級萬數，左里之捷，鳥散魚潰，元凶遠竄，傳首萬里。此又公之功也。劉毅叛换，負釁西夏，陵上罔主，志肆姦暴，公禦軌以刑，消之不日，罪人斯得，荆、衡寧晏。此又公之功也。譙縱怙亂，寇竊一隅，王化阻閡，三巴淪溺，公指命偏帥〔二六〕，授以良圖，陵波憑湍，致届井絡，僭豎伏鑕，梁、岷草偃。此又公之功也。馬休、魯宗，阻兵內侮，驅率二方，連旗稱亂，公投袂星言，研其上略，江津之師，勢踰風電，回旆沔川，寔繁震攝，二叛奔迸，荆、雍來蘇。此又公之功也。永嘉不競，四夷擅華，五都傾蕩，山陵幽辱，祖宗懷没世之憤，遺甿有匪風之思，公遠齊阿衡納隍之仁，近同小白滅亡之恥，鞠旅陳師，赫然大號，分命羣帥，北徇司、兖，許、鄭風靡，鞏、洛載清，百年榛穢，一朝掃滌。此又公之功也。

公有康宇內之勳，重之以明德。爰初發跡，則奇謨冠古，電擊彊祅，則鋒無前對，聿寧東畿，大造黔首。若乃草昧經綸，化融於歲計，扶危靜亂，道固於包桑。蠲削煩苛，較若畫一，淳風美化，盈塞區寓。是以絶域獻琛，遐夷納賮，王略所亘，九服率從。雖文命之東漸西被，咎繇之邁于種德，何以尚茲。

朕聞先王之宰世也，庸勳尊賢，建侯胙土，褒以寵章，崇其徽物，所以協輔皇室，永隆藩屏。故曲阜光啓，遂荒徐宅，營丘表海，四履有聞。其在襄王，亦賴匡霸，又命晉文，備物光賜。惟公道冠前烈，勳高振古，而殊典未飾，朕甚懵焉！今進授相國，以徐州之彭城沛蘭陵下邳淮陽山陽廣陵、兖州之高平魯泰山十郡封公爲宋公，錫茲玄土，苴以白茅，爰定爾居，用建冢社。昔晉、鄭啓藩，入作卿士，周、召保傅，出總二南，内外之任，公實兼之。今命使持節、兼太尉、尚書右僕射晉寧縣五等男湛授相國印綬〔一七〕，宋公璽紱，使持節、兼司空、散騎常侍、尚書陽遂鄉侯泰授宋公茅土，金虎符第一至第五左，竹使符第一至第十左。相國位無不總，禮絶朝班，居常之名，宜與事革。其以相國總百揆，去録尚書之號；上送所假節、侍中貂蟬、中外都督太傅太尉印綬、豫章公印策；進揚州刺史爲牧，領征西將軍、司豫北徐雍四州刺史如故。

公紀綱禮度，萬國是式，乘介蹈方，罔有遷志，是用錫公大路、戎路各一，玄牡二駟；公抑末敦本，務農重積，采蘩寔殷，稼穡惟阜，是用錫公衮冕之服，赤舄副焉；公閑邪納正，移風改俗，陶鈞品物，如樂之和，是用錫公軒縣之樂、六佾之儛；公宣美王化，導揚休風，華夷企踵，遠人胥萃，是用錫公朱户以居；公官方任能，網羅幽滯，九皋辭野，髦士盈朝，是用錫公納陛以登；公當軸處中，率下以義，式遏寇讎，滌除苛慝，是用錫公虎賁之士三百人；公明罰恤刑，庶獄詳允，放命干紀，罔有攸縱，是用錫公鈇鉞各一；公龍驤鳳矯，咫尺八紘，括囊四海，折衝無外，是用錫公彤弓一、彤矢百，旅弓十、旅矢千；公温恭孝思，致虔禋祀，忠肅之志，儀刑四方，是用錫公秬鬯一卣，圭瓚副焉。宋國置丞相以下，一遵舊儀。欽哉，其祇服往命，茂對天休，簡恤庶邦，敬敷顯德，以終我高祖之嘉命！

置宋國侍中、黄門侍郎、尚書左丞，相大使奉迎〔二八〕。

枹罕虜乞伏熾盤遣使謁帝，求効力討姚泓，拜爲平西將軍、河南公。

十三年正月，帝以舟師進討，留彭城公義隆鎮彭城。軍次陳留城，經張良廟〔二九〕，下令以時脩飾棟宇致薦焉。晉帝追贈帝祖爲太常，父爲特進、左光禄大夫，讓不受。二月，冠軍將軍檀道濟等軍次潼關。三月庚辰，帝率大軍入河。五月，帝至洛陽，謁晉五陵。七月，至陜，龍驤將軍王鎮惡舟師自河浮渭。八月，扶風太守沈田子大破姚泓軍於藍田，王鎮惡剋長安，禽姚泓〔三〇〕。始義熙九年，歲、鎮、熒惑、太白聚東井，至是而關中平。九月，帝至長安。長安豐稔，帑藏盈積，帝先收其彝器、渾儀、土圭、記里鼓、指南車及秦始皇玉璽送之都；其餘珍寶珠玉，悉以班賜將帥。遷姚宗于江南，送泓斬于建康市。謁漢長陵，大會文武於未央殿。

十月，晉帝詔進宋公爵爲王，加十郡益宋國，並前爲二十郡。其相國、揚州牧、領征西將軍、司豫北徐雍四州刺史如故。帝欲息駕長安，經略趙、魏，十一月，前將軍劉穆之卒，乃歸。十二月庚子，發自長安，以桂陽公義真爲雍州刺史，鎮長安，留腹心將佐以輔之。

十四年正月壬戌，帝至彭城，解嚴息甲。以輔國將軍劉遵考爲并州刺史，領河東太守，鎮蒲坂。帝解司州，領徐、冀二州刺史，固讓進爵。時漢中成固縣漢水崖際有異聲如雷，俄頃岸崩，有銅鍾十二，出自潛壤。鞏縣人宗曜於其田所獲嘉禾〔三〕，九穗同莖，帝以獻，晉帝以歸于我。帝沖讓，乃止。

六月丁亥，受相國宋公九錫之命，下令赦國内殊死以下。詔崇豫章太夫人爲宋公太妃，世子爲中軍將軍副貳，相國府百官悉依天朝之制。又詔宋國所封十郡之外，悉得除用。

先是，安西中兵參軍沈田子殺安西司馬王鎮惡，諸將殺安西長史王脩，關中亂。十月，帝遣右將軍朱齡石代安西將軍桂陽公義真爲雍州刺史。義真還，爲赫連勃勃所追，大敗，僅以身免，諸將帥及齡石並没。

十二月，晉安帝崩，大司馬琅邪王即帝位。

元熙元年正月，晉帝詔徵帝入輔，又申前令，進公爵爲王，以徐州之海陵北東海北譙北梁、豫州之新蔡、兗州之北陳留、司州之陳郡汝南潁川滎陽十郡，增宋國。七月，乃受命。赦國内五歲刑以下，遷都壽陽。九月，解揚州。十二月，晉帝命帝冕十有二旒，建天子旌旗，出警入蹕，乘金根車，駕六馬，備五時副車，置旄頭雲罕，樂儛八佾，設鍾虡宫縣。進王太妃爲太后，王妃爲王后，世子爲太子，王子、王孫爵命之號，一如舊儀。

二年正月，帝表讓殊禮。竟陵郡江濱自開，出古銅禮器十餘枚，帝獻之晉帝，讓不受，於是歸諸瑞物，藏於相府。四月，詔遣敦勸，兼徵帝入輔。六月壬戌，帝至都。甲寅，晉帝禪位于宋〔三二〕。有司草詔既成，請書之，天子即便操筆，謂左右曰：「桓玄之時，天命已改，重爲劉公所延，將二十載。今日之事，本所甘心。」甲子，遣使奉策曰：

咨爾宋王，夫玄古權輿，悠哉邈矣，其詳靡得而聞。爰自書契，降逮三、五，莫不以上聖君四海，止戈定大業。然則帝王者，宰物之通器，君道者，天下之至公也。昔在上葉，深鑒玆道，是以天禄既終，唐、虞弗得傳其嗣，符命來格，舜、禹不獲全其謙。所以經緯三才，澄序彝化，作範振古，垂風萬葉，莫尚於玆。自是厥後，歷代彌劭。漢既嗣德於放勛，魏亦方軌於重華，諒以協謀乎人鬼，而以百姓爲心者也。

昔我祖宗欽明，辰居其極，而明晦代序，盈虧有期，翦商兆禍，非惟一世，曾是弗剋，矧伊在今，天之所廢，有自來矣。惟王體上聖之姿，包二儀之德，明齊日月，道合四時。乃者，社稷傾覆，王拯而存之，中原蕪梗，又濟而復之。自負固不賓，干紀放命，肆逆滔天，竊據萬里，靡不潤之以風雨，震之以雷霆。九伐之道既敷，八法之化自理，豈伊博施於人，濟斯黔庶，固已義洽四海，道盛八荒者矣。至於上天垂象，四靈効徵，圖讖之文既明，人神之望已改，百工歌於朝，庶人頌乎野，億兆抃踴，傾佇惟新。自非百姓樂推，天命攸集，豈伊在予所得獨專。是用仰祇皇靈，俯順羣議，敬禪神器，授帝位于爾躬。大祚其窮，天禄永終。於戲！王其允執其中，敬遵典訓，副率土之嘉願，恢洪業於無窮，時膺休祐，以答三靈之眷望。

又遣使持節、兼太保、散騎常侍、光禄大夫謝澹，兼太尉、尚書劉宣範奉璽書，歸皇帝璽綬，受終之禮，一如唐虞、漢魏故事。帝奉表陳讓，晉帝已遜于琅邪王第，表不獲通。於是陳留王虔嗣等二百七十人及宋臺羣臣並上表勸進，猶不許。太史令駱達陳天文符應曰：「案晉義熙元年至元熙元年，太白晝見經天凡七，占曰：『太白經天，人更主，異姓興。』義熙七年，五虹見于東方，占曰：『五虹見，天子黜，聖人出。』九年，鎮星、歲星、太白、熒惑聚于東井。十三年，鎮星入太微。占曰：『鎮星守太微，有立王，有徙王。』元熙元年冬，黑龍四登于天，易傳曰：『冬，龍見，天子亡社稷，大人受命。』冀州道人釋法稱告其弟子曰：『嵩神言，江東有劉將軍，漢家苗裔，當受天命，吾以璧三十二、鎮金一餅與之，劉氏卜世之數也。』漢建武至建安末一百九十六年而禪魏，魏自黄初至咸熙末四十六年而禪晉，晉自泰始至今百五十六年，三代揖讓，咸窮於六。又漢光武社于南陽，漢末而其樹死，劉備有蜀，迺應之而興；及晉季年，舊根始萌，至是而盛矣。」若此者有數十條。羣臣又固請，乃從之。

永初元年夏六月丁卯，皇帝即位於南郊，設壇，柴燎告天曰：

皇帝臣裕敢用玄牡，昭告于皇皇后帝：晉以卜世告終，歷數有歸，欽若景運，以命于裕。夫樹君宰世，天下爲公，德充帝王，樂推攸集。越俶唐虞，降暨漢魏，靡不以爲上哲格文祖〔三三〕，元勳陟帝位，故能大拯黔首，垂訓無窮。晉自東遷，四維不振，宰輔焉依，爲日已久。難棘隆安，禍成元興，遂至帝主遷播，宗祀堙滅。裕雖地非齊、晉，衆無一旅，仰憤時難，俯悼橫流，投袂一起，則皇祀剋復。及危而能持，顛而能扶，姦宄具殲，僭僞亦滅，誠興廢有期，否終有數。至於大造晉室，撥亂濟時，因藉時來，寔尸其重。加以殊俗慕義，重譯來庭，正朔所暨，咸服聲教。至乃三靈垂象，山川告祥，人神協祉，歲月滋著。是以羣公卿士，億兆夷人，僉曰：「皇靈降鑒於上，晉朝款誠於下，天命不可以久淹，宸極不可以暫曠。」遂逼羣議，恭茲大禮。猥以寡德，託于兆人之上，雖仰畏天威，略是小節，顧深永懷〔三四〕，祇懼若霣。敬簡元日，升壇受禪，告類上帝，用酬萬國之情，克隆天保，永祚于有宋。惟明靈是饗！

禮畢，備法駕，幸建康宮，臨太極前殿，大赦，改元。賜人爵二級。鰥寡孤獨不能自存者，人穀五斛，逋租宿責勿收。其犯鄉論清議，贓污淫盜，一皆蕩滌。長徒之身，特皆原遣。

亡官失爵、禁錮奪勞，一依舊準。封晉帝爲零陵王，全食一郡，載天子旌旗，乘五時副車，行晉正朔，郊祀天地，禮樂制度，皆用晉典，上書不爲表，答表不稱詔，宫于故秣陵。追尊皇考爲孝穆皇帝，妣爲穆皇后，尊王太后爲皇太后。詔曰：「夫微禹之感，歎深後昆，愛人懷樹，猶或勿翦。雖在異代，義無廢絶，降殺之儀，一依前典。可降始興公爲縣公，廬陵公爲柴桑縣公，始安公爲荔浦縣侯，長沙公爲醴陵縣侯，康樂公即降爲縣侯，奉王導、謝安、温嶠、陶侃、謝玄之祀，其宣力義熙者，一仍本秩。」

庚午，以司空道憐爲太尉，封長沙王，立南郡公義慶爲臨川王。又詔論戰亡追贈及酬賞除復之科。乙亥，封皇子桂陽公義真爲廬陵王，彭城公義隆爲宜都王，義康爲彭城王。丁丑，使使巡行四方，旌賢舉善，問人疾苦，獄訟虧濫、政刑乖愆、傷化擾俗、未允人聽者，皆具以聞。戊寅，詔增百官奉。己卯，改晉泰始歷爲永初歷，社以子，臘以辰〔三五〕。

秋七月丁亥，原放劫賊餘口没在臺府者，諸流徙之家，並聽還本。又以市税繁苦，優量減降。從征關、洛，殞身不反者〔三六〕，贍賜其家。己丑，陳留王曹虔嗣薨。辛卯，復置五校三將官，增殿中將軍員二十人，餘在員外。戊戌，征西大將軍、開府儀同三司楊盛進號車騎大將軍。甲辰，鎮西將軍李歆進號征西大將軍，平西將軍乞伏熾盤進號安西大將軍，征東將軍高句麗王高璉進號征東大將軍，鎮東將軍百濟王扶餘映進號鎮東大將軍。置東宮冗從僕射、旅賁中郎將官。戊申，遷神主於太廟，車駕親奉。壬子，詔改權制，率從寬簡。

八月辛酉，詔舊郡縣以北爲名者悉除之，寓立於南者，聽以南爲號。戊辰，詔曰：「彭城桑梓，敦本斯隆，宜同豐、沛。其沛郡、下邳各復租布三十年。」辛未，追謚妃臧氏爲敬皇后，陵曰永寧。癸酉，立王太子義符爲皇太子。乙亥，赦見罪人。

閏月壬午，置晉帝諸陵守衞，其名賢先哲，詳加灑掃。丁酉，林邑國遣使朝貢。

九月壬子，置東宮殿中將軍十人，員外二十人。壬申，置都官尚書。

是歲，魏明元皇帝泰常五年。西涼亡。

二年春正月辛酉，祀南郊，大赦。丙寅，斷金銀塗。以揚州刺史廬陵王義真爲司徒，以尚書僕射徐羨之爲尚書令、揚州刺史。己卯，禁喪事用銅釘。罷會稽郡府。

二月己丑〔三七〕，策試州郡秀、孝于延賢堂。倭國遣使朝貢。

三月乙丑，初限荆州府置將不得過二千人，吏不得過一萬人。州置將不得過五百人，吏不得過五千人。兵士不在此限。

夏四月己卯，初禁淫祀，除諸房廟。其先賢以勳德立祠者，不在此例。戊申，聽訟於華林園〔三八〕。

五月己酉，置東宫屯騎、步兵、翊軍三校尉官。

秋七月己巳，地震。

九月己丑〔三九〕，零陵王殂，宋志也。車駕率百僚臨于朝堂三日，如魏明帝服山陽公故事。使兼太尉持節護喪事，葬以晉禮。

冬十月己亥，以涼州胡帥大且渠蒙遜爲鎮軍大將軍、開府儀同三司、涼州刺史。

十一月辛亥，葬晉恭皇帝于沖平陵，車駕率百官瞻送。

三年春正月甲辰朔，詔刑罪無輕重悉原之。癸丑，以尚書令揚州刺史徐羡之爲司空、録尚書事，刺史如故。進江州刺史王弘衞將軍、開府儀同三司。以太子詹事傅亮爲尚書僕射。

二月丙戌，有星孛于虚、危。

三月，上不豫，太尉長沙王道憐、司空徐羡之、尚書僕射傅亮、領軍將軍謝晦、護軍將軍檀道濟並入侍醫藥。羣臣請祈禱神祇，上不許，惟使侍中謝方明以疾告廟而已。丁未，以廬陵王義真爲侍中、車騎將軍、開府儀同三司、南豫州刺史。己未，上疾瘳，大赦。

夏四月乙亥，封仇池公楊盛爲武都郡王。

五月，上疾甚，召太子，戒之曰：「檀道濟雖有幹略，而無遠志，非如兄韶有難御之氣。徐羨之、傅亮當無異圖。謝晦屢從征伐，頗識機變，若有異，必此人也。小却，可以會稽、江州處之。」又爲手詔：「朝廷不須復有別府，宰相帶揚州，可置甲士千人。若大臣中任要，宜有爪牙，以備不祥人者，可以臺見留隊給之。有征討，悉配以臺見軍隊，行還復舊。後世若有幼主，朝事一委任宰相，母后不煩臨朝。仗既不許入臺殿門，要重人可詳給班劍。」癸亥，上崩于西殿，時年六十。七月己酉，葬丹陽建康縣蔣山初寧陵。羣臣上謚曰武皇帝，廟號高祖。

上清簡寡欲，嚴整有法度，未嘗視珠玉輿馬之飾，後庭無紈綺絲竹之音。初，朝廷未備音樂，長史殷仲文以爲言，帝曰：「日不暇給，且所不解。」仲文曰：「屢聽自然解之。」帝曰：「政以解則好之，故不習耳。」寧州嘗獻虎魄枕，光色甚麗，價盈百金。時將北伐，以虎魄療金創，上大悅，命碎分賜諸將。平關中，得姚興從女，有盛寵，以之廢事，謝晦諫，即時遣出。財帛皆在外府，內無私藏。宋臺建，有司奏東西堂施局脚牀，金塗釘〔四〇〕，上不許。使用直脚牀，釘用鐵。廣州嘗獻入筒細布，一端八丈，帝惡其精麗勞人，即付有司彈太守，以布還之，并制嶺南禁作此布。帝素有熱病，并患金創，末年尤劇，坐卧常須冷物，後有人獻石牀，寢之，極以爲佳，乃歎曰：「木牀且費，而況石邪。」即令毁之。制諸主出適，遣送不過二十萬，無錦繡金玉。内外奉禁，莫不節儉。性尤簡易，嘗著連齒木屐，好出神武門内逍遥，左右從者不過十餘人〔四一〕。時徐羡之住西州，嘗思羡之，便步出西掖門，羽儀絡驛追隨，已出西明門矣。諸子旦問起居，入閤脱公服，止著裙帽，如家人之禮焉。

微時躬耕於丹徒，及受命，耨耜之具頗有存者，皆命藏之，以留於後。及文帝幸舊宫，見而問焉，左右以實對，文帝色慙。有近侍進曰：「大舜躬耕歷山，伯禹親事土木，陛下不覩列聖之遺物，何以知稼穡之艱難，何以知先帝之至德乎。」及孝武大明中，壞上所居陰室，於其處起玉燭殿，與羣臣觀之，牀頭有土障，壁上挂葛燈籠、麻繩拂，侍中袁顗盛稱上儉素之德，孝武不答，獨曰：「田舍公得此，以爲過矣。」故能光有天下，克成大業，盛矣哉。

少帝諱義符，小字車兵，武帝長子也。母曰張夫人，晉義熙二年，生帝於京口。時武帝年踰不惑，尚未有男，及帝生，甚悦。年十歲，拜豫章公世子〔四二〕。帝膂力絶人，善騎射，解音律。宋臺建，拜宋世子。元熙元年，進爲宋太子。武帝受禪，立爲皇太子。

永初三年五月癸亥，武帝崩，是日太子即皇帝位，大赦，制服三年，尊皇太后曰太皇太后。

六月壬申，以尚書僕射傅亮爲中書監、尚書令，司空徐羡之、領軍將軍謝晦及亮輔政。戊子，太尉長沙王道憐薨。

秋九月丁未，有司奏武皇帝配南郊，武敬皇后配北郊。

冬十一月戊午，有星孛于營室。

十二月庚戌，魏軍剋滑臺。

景平元年春正月己亥朔，大赦，改元，文武賜位二等。辛丑，祀南郊。魏軍攻金墉城〔四三〕。癸卯，河南郡失守。乙卯，有星孛于東壁。

二月丁丑，太皇太后崩。鎮軍大將軍大且渠蒙遜、河南鮮卑吐谷渾阿豺並遣使朝貢。庚辰，進蒙遜驃騎大將軍，封河西王。以阿豺爲安西將軍、沙州刺史，封澆河公。

三月壬寅，孝懿皇后祔葬于興寧陵。是月，高麗國遣使朝貢。

夏閏四月己未〔四四〕，魏軍剋虎牢。

秋七月癸酉，尊所生張夫人爲皇太后。丁丑，赦五歲刑以下。

冬十月己未，有星孛于氐。

是歲，魏明元皇帝崩。

二年春二月己卯朔〔四五〕，日有蝕之。廢南豫州刺史廬陵王義真爲庶人，徙新安郡。乙巳，大風，天有雲五色，占者以爲有兵。執政使使者誅皇弟義真于新安〔四六〕。高麗國遣使朝貢。時帝居處所爲多乖失。

夏五月乙酉〔四七〕，皇太后令暴帝過惡，廢爲營陽王。一依漢昌邑、晉海西故事。奉迎鎮西將軍宜都王義隆入纂皇統。

始徐羨之、傅亮將廢帝，諷王弘、檀道濟求赴國計〔四八〕，弘等來朝，使中書舍人邢安泰、潘盛爲内應。是旦，道濟、謝晦領兵居前，羨之等隨後，因東掖門開，入自雲龍門，盛等先戒宿衞，莫有禦者。時帝於華林園爲列肆，親自酤賣，又開瀆聚土，以象破岡埭，與左右引船唱呼，以爲歡樂。夕游天泉池〔四九〕，即龍舟而寢。其朝未興，兵士進，殺二侍者於帝側，傷帝指，扶出東閤，就收璽綬。羣臣拜辭送于東宫，遂幽于吴郡。是日，赦死罪以下。太后令奉還璽紱，檀道濟入守朝堂。

六月癸丑，徐羨之等使中書舍人邢安泰弑帝於金昌亭。帝有勇力，不即受制，突走出昌門，追以門關踣之致殞，時年十九。

論曰：晉自社稷南遷，王綱弛紊，朝權國命，遞歸台輔，君道雖存，主威久謝。桓温雄才蓋世，勳高一時，移鼎之業已成，天人之望將改。自斯以後，帝道彌昏，道子開其禍端，元顯成其釁末。桓玄乘時藉運，加以先資，革命受終，人無異望。宋武地非齊、晉，衆無一旅，曾不浹旬，夷凶翦暴，誅内清外，功格上下。若夫樂推所歸，謳歌所集，校之魏、晉，可謂收其實矣。然武皇將涉知命，弱嗣方育，顧有慈顔，前無嚴訓。少帝體易染之質，稟可下之姿，外物莫犯其心，所欲必從其志，嶮縱非學而能，危亡不期而集，其至顛沛，非不幸也。悲哉！

校勘記

〔一〕時有孔恭者　「孔恭」，建康實録卷一一、景定建康志卷八作「孔子恭」。

〔二〕使帝戍句章　「戍」，原作「伐」，據南監本、北監本、汲本、殿本及宋書卷一武帝紀上、册府卷一八四改。按宋書卷四七劉敬宣傳、卷四九虞丘進傳均云劉裕戍句章。下文亦云「（孫）恩頻攻句章」，知「戍」字是。

〔三〕廣陵亦豈可得之　「之」，宋書卷一武帝紀上、通鑑卷一一二晉紀三四元興元年作「至」。

〔四〕劉裕龍行虎步　「虎」，宋乙本壹作「武」。按錢大昕考異卷三五：「唐人修晉、梁、陳、齊、周、隋諸史，避廟諱，改『虎』爲『武』，或爲『獸』，或爲『猛獸』，或爲『彪』。南史於此字多不避，……皆後來校書者所改，非延壽本文也。」

〔五〕諸葛長人　宋書卷一武帝紀上作「諸葛長民」，此避唐諱而改。

〔六〕龍驤參軍劉藩　「參軍」，宋書卷一武帝紀上、册府卷一八四作「將軍」。

〔七〕鎮北參軍王元德等並率部曲　「參軍」，原作「將軍」，據宋書卷一武帝紀上、册府卷一八四、通鑑卷一一三晉紀三五元興三年改。按晉書卷一〇安帝紀，時義軍主要首領劉裕爲建武將軍，據上文劉毅爲輔國將軍、何無忌爲廣武將軍、孟昶爲鎮北主簿，均遠低於鎮北將軍，知「將軍」有誤。

〔八〕蕩清京華　「京華」，宋書卷一武帝紀上、册府卷一八四作「京輦」。

〔九〕契接於已替之機　「契接」，南監本、北監本、汲本、殿本作「接勢」。宋書卷一武帝紀上、册府卷一八四作「勢接」。

〔一〇〕立留臺總百官　「總百官」，宋書卷一武帝紀上、册府卷一八四作「官」，通鑑卷一一三晉紀三五元興三年作「百官」。

〔一一〕益州刺史毛璩遣從孫祐之與參軍費恬送弟喪下州　「送弟喪下州」，百衲本宋書卷一武帝紀上、建康實録卷一一、册府卷一八四作「送弟喪下」。

〔二〕三月甲午　「甲午」，原作「甲子」。按是月壬午朔，十三日甲午，無甲子。據建康實録卷一一、通鑑卷一一四晉紀三六義熙元年改。

〔三〕五月壬午　「壬午」，晉書卷一〇安帝紀、建康實録卷一一作「戊子」，通鑑卷一一五晉紀三七義熙六年作「戊午」。按是月壬子朔，無壬午、戊子，七日戊午。

〔四〕十月帝率舟師南伐使劉毅監太尉留府　按錢大昕考異卷三五：「宋書，是歲六月『更授公太尉、中書監，加黄鉞。受黄鉞，餘固辭』。至次年改授太尉、中書監，乃受命。則南伐盧循之時，只是中軍將軍，未爲太尉，不當云『監太尉留府』也。晉書劉毅傳但云『知内外留事』。」

〔五〕二月盧循至番禺爲孫處所破收餘衆南走　建康實録卷一一、通鑑卷一一五晉紀三七義熙六年書此於三月。

〔六〕會稽餘姚唐亮復藏匿亡命千餘人　「唐亮」，宋書卷二武帝紀中作「虞亮」。按梁書卷五三良吏沈瑀傳，「縣大姓虞氏千餘家，請謁如市」云云，虞氏爲餘姚大姓，疑當作「虞亮」。

〔七〕以西陽太守朱齡石爲益州刺史　「西陽」，原作「西陵」，據宋書卷二武帝紀中改。按宋書卷四八朱齡石傳、晉書卷一〇〇譙縱傳、建康實録卷一〇、通鑑卷一一六晉紀三八義熙八年均作「西陽」。宋無「西陵」郡，據宋書卷三七州郡志三載，西陽太守時屬豫州，西陵爲其轄縣。

〔八〕并誅其弟黎人　「黎人」，宋書卷二武帝紀中作「黎民」，此避唐諱而改。

〔一九〕將遣百僚敦勸　「將遣百僚」，南監本、汲本、殿本作「將吏百僚」，宋書卷二武帝紀中作「將吏百餘」。

〔二〇〕復加黄鉞　按錢大昕考異卷三五：「『加』當作『假』。晉、宋之制，使持節得殺二千石以下，假黄鉞則可專戮節將矣。宋武西伐劉毅，已假黄鉞，毅平，仍奉還之。至是伐司馬休之又假黄鉞。毅與休之皆持節大臣，必假黄鉞，乃可行戮。」

〔二一〕劉藩死於閶闔之門　「門」，宋書卷二武帝紀中作「内」。

〔二二〕三月加帝中外大都督　「三月」，晉書卷一〇安帝紀、通志卷一一作「二月」。

〔二三〕八月丁巳　「丁巳」，原作「乙巳」，據宋書卷二武帝紀中改。按是月丙午朔，十二日丁巳，無乙巳。

〔二四〕再造區㝢　「㝢」，原作「寓」，據宋乙本壹、南監本、北監本、汲本、殿本改。

〔二五〕泝流長騖　「泝流」，原作「順流」，據宋書卷二武帝紀中改。按張森楷南史校勘記云：「據建業至江陵是泝流，非順流」。

〔二六〕公指命偏帥　「帥」，宋書卷二武帝紀中、建康實録卷一一作「師」。

〔二七〕今命使持節兼太尉尚書右僕射晉寧縣五等男湛授相國印綬　「右僕射」，原作「左僕射」，據宋書卷五二袁湛傳、卷六〇范泰傳及本書卷二六袁湛傳、卷三三范泰傳改。據晉書卷一〇安帝紀、宋書卷二武帝紀中、卷四二劉穆之傳，義熙十二年任左僕射者爲劉穆之而非袁湛。

〔二八〕置宋國侍中黄門侍郎尚書左丞相大使奉迎　「相」，宋書卷二武帝紀中作「郎隨」。按李慈銘越縵堂讀書記以爲當作「即隨」，宋書、南史訛脱。

〔二九〕軍次陳留城經張良廟　「陳留城」，宋書卷二武帝紀中作「留城」。此作「陳留城」疑誤。按水經注卷八濟水，留縣故城城内有張良廟。文選卷三六傅季友爲宋公修張良廟教：「塗次舊沛，佇駕留城。」李善注引裴子野宋略：「義熙十三年，高祖北伐。大軍次留城，令修張良廟。」

〔三〇〕八月扶風太守沈田子大破姚泓軍於藍田王鎮惡剋長安禽姚泓　按晉書卷一〇安帝紀、北史卷一魏本紀一並載滅後秦事在是年七月。

〔三一〕鞏縣人宗曜於其田所獲嘉禾　「宗曜」，宋書卷二七符瑞志上作「宋燿」，御覽卷八三九引晉中興徵祥説作「宋曜」。御覽書此事於義熙十三年。

〔三二〕六月壬戌帝至都甲寅晉帝禪位于宋　按是月甲寅朔，初九日壬戌。晉書卷一〇恭帝紀、通鑑卷一一九宋紀一永初元年均言壬戌日帝至京師，而無「甲寅晉帝禪位」語。張元濟、張森楷南史校勘記並云壬戌後同月内不得有甲寅。馬宗霍校證：「南史以爲甲寅禪位，下文又云甲子遣使奉策。壬戌、甲子之間何得有甲寅，此二字實爲誤衍。」

〔三三〕靡不以爲上哲格文祖　宋書卷三武帝紀下、卷一六禮志三無「爲」字。按本書上文有「莫不以上聖君四海」，「爲」字疑衍。

〔三四〕顧深永懷　「深」，原作「探」，據宋書卷一六禮志三改。

〔三五〕社以子臘以辰　通典卷四四云：「宋因之。水德王，祖以子，臘以辰。」「社」疑當作「祖」。

〔三六〕殞身不反者　「殞」，原作「殯」，據南監本、北監本、汲本、殿本及通志卷一一改。「反」，原作「及」，據南監本、北監本、汲本、殿本改。

〔三七〕二月己丑　「己丑」，原作「乙丑」，據南監本、北監本、汲本、殿本及宋書卷三武帝紀下改。按是月庚辰朔，初十日己丑，無乙丑。

〔三八〕戊申聽訟於華林園　「戊申」，原作「戊辰」，據宋書卷三武帝紀下改。按是月己卯朔，無戊辰、戊申，而五月戊申朔，疑此事當下屬五月。

〔三九〕九月己丑　「己丑」，晉書卷一〇恭帝紀作「丁丑」。按通鑑卷一一九宋紀一永初二年考異曰：「宋本紀『九月己丑，零陵王薨』；晉本紀『九月丁丑』。據長曆，九月丙午朔，無己丑、丁丑，今不書日。」

〔四〇〕金塗釘　「金」，宋書卷三武帝紀下、建康實録卷一一、通典卷七並作「銀」。

〔四一〕好出神武門内逍遥左右從者不過十餘人　「神武門」，宋書卷三武帝紀下作「神虎門」，此避唐諱而改。「逍遥左右」，原作「左右逍遥」，據南監本、北監本、殿本及宋書、建康實録卷一一、册府卷一九八乙正。

〔四二〕年十歲拜豫章公世子　「十歲」，宋乙本壹及通志卷一一作「一歲」。

〔四三〕魏軍攻金墉城　「攻」，宋書卷四少帝紀、建康實録卷一一作「破」。

〔四四〕夏閏四月己未　宋書卷四少帝紀繫此事於夏四月乙未。按四月二十九日乙未，閏四月二十三日己未，未詳孰是。

〔四五〕二年春二月己卯朔　「己卯」，宋書卷三四五行志五作「癸巳」。

〔四六〕執政使使者誅皇弟義真于新安　宋書卷六一武三王廬陵孝獻王義真傳：「景平二年六月癸未，羨之等遣使殺義真於徙所。」本書卷一三宋宗室及諸王上廬陵孝獻王義真傳作「景平二年，羨之等遣吏殺義真於徙所」，不繫月日。

〔四七〕夏五月乙酉　「乙酉」，原作「己酉」，據宋書卷四少帝紀、建康實録卷一一改。按是月辛酉朔，二十五日乙酉，無己酉。

〔四八〕諷王弘檀道濟求赴國訃　「國訃」，原作「國許」，據宋書卷四少帝紀改。

〔四九〕夕游天泉池　「天泉池」，宋書卷四少帝紀作「天淵池」，此避唐諱而改。

南史卷二

宋本紀中第二

太祖文皇帝諱義隆，小字車兒，武帝第三子也。晉義熙三年生於京口。十一年，封彭城縣公。永初元年，封宜都郡王，位鎮西將軍、荆州刺史，加都督，時年十四。長七尺五寸，博涉經史，善隸書。是歲來朝，會武帝當聽訟，仍遣上訊建康獄囚，辯斷稱旨，武帝甚悦。

景平初，有黑龍見西方，五色雲隨之。二年，江陵城上有紫雲。望氣者皆以爲帝王之符，當在西方。其年少帝廢，百官議所立，徐羨之、傅亮等以禎符所集，備法駕奉迎，入奉皇統。行臺至江陵，尚書令傅亮奉表進璽紱，州府佐吏並稱臣〔一〕，請題榜諸門，一依宫省，上皆不許。教州、府、國綱紀宥所統内見刑。是時，司空徐羨之等新有弑害，及鑾駕西迎，人懷疑懼，惟長史王曇首、司馬王華、南蠻校尉到彦之共期朝臣未有異志。帝曰：「諸公受遺，不容背貳；且勞臣舊將，內外充滿，今兵力又足以制物，夫何所疑！」

甲戌〔二〕，乃發江陵，命王華知州府，留鎮陜西，令到彦之監襄陽。車駕在道，有黑龍躍負上所乘舟，左右莫不失色，上謂王曇首曰：「此乃夏禹所以受天命，我何德以堪之。」及至都，羣臣迎拜於新亭。先謁初寧陵，還次中堂，百官奉璽紱，沖讓未受，勸請數四，乃從之。

元嘉元年秋八月丁酉，皇帝即位于中堂，備法駕入宮，御太極前殿，大赦，改元，文武賜位二等。戊戌，拜太廟。詔追復廬陵王先封，奉迎靈柩。辛丑，謁臨川烈武王陵。癸卯，進司空徐羨之位司徒，江州刺史王弘位司空，尚書令傅亮左光祿大夫、開府儀同三司。甲辰，追尊所生胡婕妤爲章皇太后，封皇弟義恭爲江夏王，義宣爲竟陵王，義季爲衡陽王。己酉，減荆、湘二州今年税布之半。

九月丙子，立妃袁氏爲皇后。

是歲，魏太武皇帝始光元年。

二年春正月丙寅，司徒徐羨之、尚書令傅亮奉表歸政，上始親覽萬機。辛未，祀南郊，大赦。

秋八月乙酉，驃騎將軍、南徐州刺史彭城王義康以本號開府儀同三司，改授司空王弘車騎大將軍、開府儀同三司。

冬十一月庚午〔三〕，以武都王世子楊玄爲北秦州刺史，襲封武都王。

是歲，赫連屈丐死。

三年春正月丙寅，司徒徐羨之、尚書令傅亮有罪伏誅。遣中領軍到彦之、征北將軍檀道濟討荆州刺史謝晦，上親率六師西征。大赦。丁卯，以江州刺史王弘爲司徒、録尚書事。

二月戊午，以金紫光禄大夫王敬弘爲尚書左僕射，豫章太守鄭鮮之爲右僕射。戊辰，到彦之、檀道濟大破謝晦於隱磯。丙子，車駕自蕪湖反旆。己卯，禽晦於延頭，送都伏誅。

夏五月乙未，以征北將軍、南兖州刺史檀道濟爲征南大將軍、開府儀同三司、江州刺史。乙巳，驃騎大將軍、涼州牧大且渠蒙遜改爲車騎大將軍。詔大使巡行四方，觀省風俗。丙午，臨延賢堂聽訟，自是每歲三訊。秋，旱且蝗。

冬十二月，前吳郡太守徐佩之謀反，伏誅。

四年春正月乙亥朔，曲赦建鄴百里內。辛巳，祀南郊。

二月乙卯，行幸丹徒，謁京陵。

三月丙子，宴丹徒宮，帝鄉父老咸與焉。蠲丹徒今年租布，原五歲刑以下。丁亥，車駕還宮。戊子，尚書右僕射鄭鮮之卒。壬寅，採富陽令諸葛闡議，禁斷夏至日五絲命縷之屬。

夏五月，都下疾疫，遣使存問，給醫藥，死無家屬者，賜以棺器。

六月癸卯朔，日有蝕之。

五年春正月乙亥，詔以陰陽愆序，求讜言。甲申，臨玄武館閱武。戊子，都下大火，遣使巡慰振恤。

夏六月庚戌，司徒王弘降爲衞將軍、開府儀同三司。都下大水。乙卯，遣使檢行振贍。

十二月，天竺國遣使朝貢。

是歲，魏神䴥元年，太武皇帝伐赫連昌，滅之。乞伏熾盤死。

六年春正月辛丑，祀南郊。癸丑，以荆州刺史彭城王義康爲司徒、録尚書事。

三月丁巳，立皇子劭爲皇太子。戊午，大赦，賜文武位一等。

夏四月癸亥，以尚書左僕射王敬弘爲尚書令，丹陽尹臨川王義慶爲尚書左僕射，吏部尚書江夷爲右僕射。

五月壬辰朔，日有蝕之。

秋七月，百濟國遣使朝貢。

冬十一月己丑朔，日有蝕之，星晝見。

十二月，西河、河南國並遣使朝貢〔四〕。

七年春二月壬戌，雪且雷。

三月戊子，遣右將軍到彦之侵魏〔五〕。

夏六月己卯，封氐楊難當爲武都王。

冬十月戊午，立錢署，鑄四銖錢。戊寅，魏剋金墉城。

十一月癸未，又剋武牢。壬辰，遣征南大將軍檀道濟拒魏。右將軍到彦之自滑臺奔退。

十二月，都下火，延燒于太社北墻。

是歲，馮跋死。倭、百濟、呵羅單、林邑、呵羅他、師子等國並遣使朝貢。吴興、晉陵、義興大水，遣使巡行振恤。

八年春二月辛酉，魏剋滑臺。癸酉，檀道濟引軍還，自是河南復亡。

三月，大雩。

夏六月乙丑，大赦，旱故。又大雩。

閏六月乙巳，遣使省行獄訟，簡息徭役。

九年春二月辛卯，詔曰：「故太傅長沙景王、故大司馬臨川烈武王、故司徒南康文宣公穆之、衞將軍華容公弘、征南大將軍永脩公道濟、故左將軍龍陽侯鎮惡，或履道廣深、執德沖邈；或雅量高劭，風鑒明遠；或識準弘正，才略開邁。咸文德以弘帝載，武功以隆景業。而太常未銘，從祀闕享，寤寐屬慮，永言興懷。便宜配祭廟庭，勒功天府。」

三月庚戌，進衛將軍王弘爲太保。丁巳，加江州刺史檀道濟爲司空。

夏五月壬申，新除太保王弘薨。

六月癸未，置積射、彊弩將軍官。乙未，以征西將軍、沙州刺史吐谷渾慕璝爲征西大將軍、西秦河二州刺史、隴西王。壬寅，以撫軍將軍江夏王義恭爲征北將軍、開府儀同三司、南兗州刺史。

秋七月庚午，以領軍將軍殷景仁爲尚書僕射。

冬十二月庚寅，立皇子紹爲廬陵王，奉孝獻王祀；江夏王義恭子朗爲南豐王，奉營陽王祀。

是歲，魏延和元年。

十年春正月甲寅，改封竟陵王義宣爲南譙王。己未，大赦。

夏，林邑、闍婆娑州、訶羅單國並遣使朝貢〔六〕。

秋七月戊戌，曲赦益、梁、秦三州。

冬十一月，氐楊難當據有梁州。是月，且渠蒙遜死〔七〕。

十一年夏四月，梁、秦二州刺史蕭思話破氐，梁州平。

五月丁卯，曲赦梁、南秦二州劍閣以北。戊寅，以大且渠茂虔爲征西大將軍、涼州刺史，封西河王〔八〕。

是歲，林邑、扶南、訶羅單國並遣使朝貢。

十二年春正月辛酉，大赦。辛未，祀南郊。癸酉，封馮弘爲燕王。

夏四月丙辰，詔内外舉士。都下地震。

六月，禁酒。師子國遣使朝貢。丹陽、淮南、吴、吴興、義興大水，都下乘船。己酉，以徐豫南兗三州、會稽宣城二郡米穀百萬斛〔九〕，賜五郡遭水人。

秋七月辛酉，闍婆娑達、扶南國並遣使朝貢。

八月乙亥〔一〇〕，原除遭水郡諸逋負。

九月，蜀賊張尋爲寇。

是歲，魏太延元年。

十三年春正月癸丑朔，上有疾，不朝會。

三月己未，誅司空江州刺史檀道濟。庚申，大赦。
夏六月，高麗、武都等國並遣使朝貢。
秋七月己未，零陵王太妃殂，追崇爲晉皇后，葬以晉禮。
九月癸丑，立皇子濬爲始興王、駿爲武陵王。
是歲，馮弘奔高麗。
十四年春正月辛卯，祀南郊，大赦。戊戌，鳳凰二見于都下，衆鳥隨之，改其地曰鳳凰里〔一〕。
夏四月，蜀賊張尋、趙廣降，遷之建鄴。
冬十二月辛酉，初停賀雪。河南、西河、訶羅單國並遣使朝貢〔二〕。
十五年春二月〔三〕，以平東將軍吐谷渾慕延爲鎮西將軍、秦河二州刺史，封隴西王〔四〕。
秋七月辛未，地震。新作東宮。
是歲，武都、河南、高麗、倭、扶南、林邑等國並遣使朝貢。立儒學館于北郊，命雷次宗居之。

十六年春正月戊寅，閲武于北郊。庚寅，進彭城王義康爲大將軍、領司徒，以開府儀同三司江夏王義恭爲司空。

夏六月己酉，改封隴西王吐谷渾慕延爲河南王。

秋八月庚子，立皇子鑠爲南平王。

九月，魏滅且渠茂虔。

冬十二月乙亥，皇太子冠，大赦。

是歲，武都、河南、林邑、高麗等國並遣使朝貢。上好儒雅，又命丹陽尹何尚之立玄素學〔一五〕，著作佐郎何承天立史學，司徒參軍謝元立文學，各聚門徒，多就業者。江左風俗，於斯爲美，後言政化，稱元嘉焉。

十七年夏四月戊午朔，日有蝕之。

秋七月壬子，皇后袁氏崩。

八月，徐、兗、青、冀四州大水，遣使振恤。

九月壬子，葬元皇后于長寧陵〔一六〕。

冬十月戊午，前丹陽尹劉湛有罪伏誅。大赦，文武賜爵一級。以大將軍、領司徒、録尚書事彭城王義康爲江州刺史，大將軍如故。甲戌，以司空江夏王義恭爲司徒、録尚書事。

十一月，尚書僕射、揚州刺史殷景仁卒。

十二月癸亥，以光禄大夫王球爲尚書僕射。戊辰，武都、河南、百濟等國並遣使朝貢〔一七〕。

是歲，魏太平真君元年。

十八年春三月庚子，雨雹。戊申，置尚書删定郎官。

夏五月壬午，衞將軍南兗州刺史臨川王義慶、征北將軍南徐州刺史南譙王義宣，並開府儀同三司。甲申，河水汎溢〔一八〕，害居人。

六月戊辰，遣使巡行賑贍。

冬十一月戊子，尚書僕射王球卒。己亥，以丹陽尹孟顗爲尚書僕射。氐楊難當寇漢川。

十二月，晉寧太守爨松子舉兵反，寧州刺史徐循討平之。

是歲，河南、肅特、高麗、蘇摩黎、林邑等國並遣使來朝貢。

十九年夏四月甲戌，上以久疾愈，始奉初祠〔一九〕，大赦。

五月庚寅，梁秦二州刺史劉真道、龍驤將軍裴方明破楊難當，仇池平。

閏月，都下水，遣使巡行賑恤。

六月，以大且渠无諱爲征西大將軍、涼州刺史，封西河王。

秋七月甲戌晦，日有蝕之。

九月丙辰，有客星在北斗，因爲彗，入文昌，貫五車，埽畢，拂天節，經天苑，季冬乃滅。

冬十二月丙申，詔奉聖之胤，速議承襲；及令脩廟，四時饗祀；并命蠲近墓五家供洒埽，栽松柏六百株。

是歲，蠕蠕、河南、扶南、婆皇國並遣使朝貢。西涼武昭王孫李寶始歸于魏。

二十年春正月辛亥，祀南郊。

二月甲申，閲武於白下。魏軍剋仇池。

夏四月甲午，立皇子誕爲廣陵王。

秋七月癸丑，以楊文德爲征西將軍、北秦州刺史，封武都王〔二〇〕。

冬十月，雷。

十二月壬午，置藉田。

是歲，河西、高麗、百濟、倭國並遣使朝貢。自去歲至是，諸州郡水旱傷稼。人大飢，遣使開倉賑恤。

二十一年春正月己亥，南徐、南兗、南豫州、揚州之浙江西，並禁酒。辛酉，親耕藉田，大赦〔二一〕。

二月己丑，司徒、録尚書事江夏王義恭進位太尉，領司徒。辛卯，立皇子宏爲建平王。

秋八月戊辰，以荆州刺史衡陽王義季爲征北大將軍、開府儀同三司、南兗州刺史。

九月甲辰，以大且渠安周爲征西將軍、涼州刺史，封河西王。

冬十月己亥〔二二〕，命刺史郡守脩東耕。丙子，雷且雹。

二十二年春正月辛卯朔，改用御史中丞何承天元嘉新曆。

二月甲戌，立皇子禕爲東海王，昶爲義陽王。

秋七月己未，以尚書僕射孟顗爲左僕射，中護軍何尚之爲右僕射。

九月己未，開酒禁。癸酉，宴于武帳堂，上將行，敕諸子且勿食，至會所賜饌。日旰，食不至，有飢色。上誡之曰：「汝曹少長豐佚，不見百姓艱難，今使爾識有飢苦，知以節儉期物。」

冬十二月乙未，太子詹事范曄謀反，及黨與皆伏誅。丁酉，免大將軍彭城王義康爲庶人，絶屬籍。

是冬，浚淮，起湖熟廢田千餘頃。

二十三年夏四月丁未，大赦。

六月癸未朔，日有蝕之。交州刺史檀和之伐林邑國，剋之〔二三〕。

是歲，大有年。築北堤，立玄武湖於樂游苑北，興景陽山于華林園，役重人怨。

二十四年春正月甲戌，大赦，賜文武位一等。

夏四月，河、濟俱清〔二四〕。

六月，都下疫癘，使巡省給醫藥。以貨貴，制大錢，一當兩。

秋八月乙未，徐州刺史衡陽王義季薨。

冬十一月甲寅，立皇子渾爲汝陰王〔二五〕。

是歲，徐、兗、青、冀四州大水。

二十五年春閏二月己酉，大蒐於宣武場。

三月庚辰，校獵。

夏四月乙巳，新作閶闔、廣莫二門，改先廣莫門曰承明，開陽門曰津陽。

五月己卯〔二六〕，罷當兩大錢。

六月庚戌，零陵王司馬元瑜薨。丙寅，加荊州刺史南譙王義宣位司空。

八月甲子，立皇子彧爲淮陽王。

九月辛未，以尚書右僕射何尚之爲左僕射。

冬，青州城南遠望，見地中如水，有影，謂之「地鏡」。

二十六年春正月辛巳，祀南郊。

二月己亥，幸丹徒，謁京陵。

三月丁巳，宴于丹徒宫〔二七〕，大赦；復丹徒縣僑舊今歲租布之半，行所經過，蠲田租之半。癸亥，使祭晉故司空忠肅公何無忌墓。

壬午，至自丹徒〔二八〕。丙戌，婆皇國，壬辰，婆達國並遣使朝貢。

冬十月庚子，改封廣陵王誕爲隨郡王。癸卯，彗星見于太微。甲辰，以揚州刺史始興王濬爲征北將軍、開府儀同三司、徐兗二州刺史〔二九〕。

二十七年春正月辛卯，百濟國遣使朝貢。

二月，魏軍攻縣瓠。以軍興，減百官奉禄三分之一。

三月乙丑，淮南太守諸葛闡求減奉禄，同内百官，於是諸州郡縣丞尉並悉同減。戊寅，罷國子學。

秋七月庚午，遣寧朔將軍王玄謨拒魏，太尉江夏王義恭出次彭城，總統諸軍。

冬十一月丁未，大赦。

十二月庚午，魏太武帝率大衆至瓜步，聲欲度江，都下震懼，咸荷擔而立。壬午，内外戒嚴，緣江六七百里舳艫相接。始議北侵，朝士多有不同，至是，帝登烽火樓極望，不悅，謂江湛曰：「北伐之計，同議者少，今日士庶勞怨，不得無慙。貽大夫之憂，在予過矣。」甲申，使饋百牢于魏。

二十八年春正月丁亥，魏太武帝自瓜步退歸，俘廣陵居人萬餘家以北，徐、豫、青、冀、二兗六州殺略不可勝筭，所過州郡，赤地無餘。

二月甲戌，降太尉、領司徒江夏王義恭爲驃騎將軍、開府儀同三司。壬午，幸瓜步。是日，解嚴。

三月乙酉，車駕還宫。丙申，拜初寧陵。大旱。

夏四月癸酉，婆達國遣使朝貢。己卯，彗星見于昴。是月，都下疾疫，使巡省給醫藥。

五月乙酉，亡命司馬順則自號齊王，據梁鄒城。丁巳，婆皇國，戊戌，河南國並遣使朝貢〔三〇〕。戊申，以尚書左僕射何尚之爲尚書令，太子詹事徐湛之爲左僕射、護軍將軍〔三一〕。壬子，彗星見太微中，對帝坐。

秋七月甲辰，進安東將軍倭王綏濟爲安東大將軍〔三一〕。

八月癸亥，梁鄒平，斬司馬順則。是秋，猛獸入郭内爲災。

冬十月癸亥，高麗國遣使朝貢。

十一月壬寅，曲赦二兗、徐、豫、青、冀六州，徙彭城流人於瓜步，淮西流人于姑熟，合萬許家。

是歲，魏正平元年。

二十九年春正月甲午，詔經寇六州，仍逢災澇，可量加救贍〔三三〕。

二月乙卯，雷且雪。戊午，立皇子休仁爲建安王〔三四〕。

三月壬午，大風拔木，都下火。

夏四月戊午，訶羅單國遣使朝貢。

秋七月壬辰，改封汝陰王渾爲武昌王，淮陽王彧爲湘東王。丁酉，省大司農、太子僕、廷尉監官。

九月丁亥〔三五〕，以平西將軍吐谷渾拾寅爲安西將軍、秦河二州刺史，封河南王〔三六〕。

冬十一月壬寅，揚州刺史廬陵王紹薨。

十二月戊辰，黄霧四塞。辛未，以南兗州刺史江夏王義恭爲大將軍、南徐州刺史，録尚書如故。

是歲，魏中常侍宗愛構逆，太武皇帝崩，乃奉南安王余爲帝，改元爲承平，後又賊余；於是殿中尚書長孫渴侯、尚書陸麗奉皇孫，是爲文成皇帝，改元曰興安。

三十年春正月乙亥朔，會羣臣於太極前殿，有青黑氣從東南來，覆映宫上。戊寅，以司空、荆州刺史南譙王義宣爲司徒、中軍將軍、揚州刺史。壬午，以南徐州刺史始興王濬爲衞將軍、開府儀同三司、荆州刺史。戊子，使江州刺史武陵王駿統衆軍伐西陽蠻。

二月甲子，元凶劭搆逆，帝崩于合殿，時年四十七。謚景皇帝，廟號中宗。三月癸巳，葬長寧陵。孝武帝踐祚，追改謚曰文帝，廟號太祖。

帝聰明仁厚，雅重文儒，躬勤政事，孜孜無怠，加以在位日久，惟簡靖爲心。于時政平訟理，朝野悦睦，自江左之政，所未有也。又性存儉約，不好奢侈。車府令嘗以輦箺故，請改易之；又輦席舊以烏皮緣故，欲代以紫皮，上以竹箺未至於壞，紫色貴，並不聽改。其率素如此云。

世祖孝武皇帝，諱駿，字休龍，小字道人〔三七〕，文帝第三子也。元嘉七年八月庚午夜生，有光照室。少機穎，神明爽發，讀書七行俱下，才藻甚美，雄決愛武，長於騎射。十二年，立爲武陵王〔三八〕。二十二年，累遷雍州刺史。自晉江左以來，襄陽未有皇子重鎮，時文帝欲經略關、河，故有此授。及魏太武大舉至淮南，時帝鎮彭城，魏使尚書李孝伯至，帝遣長史張暢與語，而帝改服觀之。孝伯目帝不輟，及出，謂人曰：「張侯側有人風骨視瞻，非常士也。」二十八年，爲都督、江州刺史。時緣江蠻爲寇，文帝遣太子步兵校尉沈慶之等伐之，使上總統衆軍。

三十年正月，出次西陽之五洲，會元凶弑逆，上率衆入討。荆州刺史南譙王義宣、雍州刺史臧質並舉義兵。

三月乙未，建牙于軍門。是時多不悉舊儀，有一翁斑白，自稱少從武帝征伐，頗悉其事，因使指麾，事畢，忽失所在。自冬至春，常東北風，連陰不霽，其日牙立之後，風轉而西南，景色開霽，有紫雲二蔭于牙上。

四月辛酉，上次溧州。丙寅，次江寧。丁卯，大將軍江夏王義恭來奔，奉表上尊號。戊辰，上至新亭。己巳，即皇帝位，大赦，改文帝號謚。以大將軍江夏王義恭爲太尉、南徐州刺史。庚午，以荆州刺史南譙王義宣爲中書監、丞相、揚州刺史，並録尚書六條事。以安東將軍隨王誕爲衞將軍、荆州刺史。加雍州刺史臧質車騎將軍，並開府儀同三司。以江州刺史、撫軍將軍蕭思話爲尚書左僕射〔三九〕。壬申，以征虜將軍王僧達爲右僕射。改新亭爲中興亭。

夏五月乙亥，輔國將軍朱脩之剋東府。丙申，剋建鄴〔四〇〕，二凶及同逆並伏誅。庚辰，詔分遣大使巡省方俗。是日解嚴。辛巳，幸東府城。甲申，尊所生路淑媛爲皇太后。乙酉，立妃王氏爲皇后。壬辰，以太尉江夏王義恭爲太傅，領大司馬。甲午，謁初寧陵〔四一〕，曲赦建鄴二百里内，并蠲今年租税。戊戌，以撫軍將軍南平王鑠爲司空，建平王宏爲尚書左僕射。

六月丙午，車駕還宫。初置殿門及上閤門屯兵。庚午，以丹陽尹褚湛之爲尚書右僕射〔四二〕。庚申，詔有司論功班賞各有差。辛酉，安西將軍、西秦河二州刺史吐谷渾拾寅進號鎮西大將軍、開府儀同三司。辛未，改封南譙王義宣爲南郡王，隨王誕爲竟陵王。

閏月丙子，遣兼散騎常侍樂詢等十五人巡行風俗。庚申，加太傅江夏王義恭録尚書事，以荆州刺史竟陵王誕爲侍中、驃騎大將軍、開府儀同三司、揚州刺史〔四三〕。甲申，蠲尋陽、西陽郡租布三年。是月，置衞尉官。

秋七月辛丑朔，日有蝕之。辛酉，詔崇儉約，禁淫侈。己巳，司空南平王鑠薨，以侍中南郡王世子恢爲尚書右僕射。

冬十月癸未，聽訟於閱武堂。

十一月丙辰，停臺省衆官朔望問訊。丙寅，高麗國遣使朝貢。

十二月甲戌，省都水使者官，置水衡令官。癸未，以將置東宮，省太子率更令、步兵、翊軍校尉、旅賁中郎將、冗從僕射、左右積弩將軍官，中庶子、中舍人、庶子、舍人、洗馬各減舊員之半。

孝建元年春正月己亥朔，祀南郊，大赦，改元。壬戌，更鑄四銖錢。丙寅，立皇子子業爲皇太子，賜天下爲父後者爵一級。是月，起正光殿。

二月庚午〔四四〕，豫州刺史魯爽，車騎將軍、江州刺史臧質，丞相、荆州刺史南郡王義宣，兗州刺史徐遺寶舉兵反〔四五〕。壬午，曲赦豫州。

三月癸亥〔四六〕，内外戒嚴。

夏五月甲寅，義宣等攻梁山，左衞將軍王玄謨大破之。己未，解嚴。癸亥，以吴興太守劉延孫爲尚書右僕射。

六月戊辰，臧質走至武昌，爲人所斬，傳首建鄴。甲戌，撫軍將軍柳元景進號撫軍大將軍，及鎮北大將軍沈慶之並開府儀同三司。癸未，罷南蠻校尉官。戊子，省録尚書官。庚寅，義宣於江陵賜死。

秋七月丙申朔，日有蝕之，既。丙辰，大赦，賜文武爵一級。

冬十月戊寅，詔開建仲尼廟，制同諸侯之禮，詳擇爽塏，厚給祭秩。

十一月癸卯，復置都水使者官。始課南徐州僑人租。

是歲，魏興光元年。

二年春二月己丑，婆皇國遣使朝貢〔四七〕。丙寅，以南兗州刺史沈慶之爲左光禄大夫、開府儀同三司。

夏四月壬申，河南國遣使朝貢。

五月乙未，熒惑入南斗。戊戌，以湘州刺史劉遵考爲尚書右僕射。

六月甲子，以國哀除釋，大赦。

秋七月癸巳，立皇弟休祐爲山陽王、休茂爲海陵王、休業爲鄱陽王。己酉，槃槃國遣使朝貢。

八月庚申，雍州刺史武昌王渾有罪，廢爲庶人，自殺。辛酉，斤陀利國遣使朝貢〔四八〕。三吴飢，詔所在振貸。

九月丁亥〔四九〕，閲武於宣武場。

冬十月壬午，以揚州刺史竟陵王誕爲司空、南徐州刺史，以尚書左僕射建平王宏爲尚書令。

十一月辛亥，高麗國遣使朝貢。

是歲，魏太安元年。

三年春正月庚寅，立皇弟休範爲順陽郡王，休若爲巴陵郡王。戊戌，立皇子子尚爲西陽郡王。辛丑，祀南郊。以驃騎將軍建昌忠公到彦之，衞將軍、左光禄大夫新建文宣侯王華，豫寧文侯王曇首配饗文帝廟庭。壬子，皇太子納妃。甲寅，大赦。羣臣上禮。

二月丁丑，制朔望臨西堂，接羣下，受奏事。

閏三月癸酉，鄱陽王休業薨。

夏四月甲子〔五〇〕，初禁人車及酒肆器用銅。

五月辛酉，制荆、徐、兗、豫、雍、青、冀七州統内，家有馬一匹者，蠲復一丁。

秋九月壬戌，以丹陽尹劉遵考爲尚書右僕射〔五一〕。

冬十月丙午，太傅江夏王義恭進位太宰，領司徒。

大明元年春正月辛亥朔，大赦，改元。庚午，都下雨水。辛未，遣使檢行，賜以樵米。

三月壬戌，制大臣加班劍者不得入宮城門。

夏四月，都下疾疫。丙申，遣使巡，賜給醫藥；死而無收斂者，官爲斂埋。

五月，吴興、義興大水，人飢。乙卯，遣使開倉振恤。癸酉，聽訟于華林園。自是，非巡狩軍役，則車駕歲三臨訊。丙寅〔五二〕，芳香琴堂東西有雙橘連理，景陽樓上層西南梁栱間有紫氣，清暑殿西甍鴟尾中央生嘉禾〔五三〕，一株五莖。改景陽樓爲慶雲樓，清暑殿爲嘉禾殿，芳香琴堂爲連理堂。乙亥，以輔國將軍梁瑾葱爲河州刺史，封宕昌王。

秋七月辛未，土斷雍州諸僑郡縣。

九月，建康、秣陵二縣各置都官從事一人，司水、火、劫、盗。

冬十月甲辰，以百濟王餘慶爲鎮東大將軍。

十二月丁亥，改封順陽王休範爲桂陽王。

二年春正月辛亥，祀南郊。丙辰，復郡縣田秩，并九親祿奉。壬戌，拜初寧陵。

二月丙戌，衞將軍、尚書令建平王宏以本號開府儀同三司，以丹陽尹褚湛之爲尚書左僕射。

三月丁未，尚書令建平王宏薨。乙卯，以田農要月，命太官停殺牛。

夏四月甲申，立皇子子綏爲安陸王。辛丑，地震。

六月戊寅，增置吏部尚書一人，省五兵尚書官。丁亥，加左光禄大夫何尚之開府儀同三司。

秋八月丙戌，中書令王僧達下獄死。

九月壬戌，襄陽大水，遣使巡行振恤。庚午，置武衞將軍、武騎常侍官。

冬十二月己亥，制諸王及妃主庶姓位從公者，喪事聽設凶門，餘悉斷。

是歲，河南、高麗、林邑等國並遣使朝貢。

三年春正月己丑，以領軍將軍柳元景爲尚書令。

二月乙卯，以揚州所統六郡爲王畿，以東揚州爲揚州。甲子，復置廷尉監官。

夏四月乙卯，司空、南兗州刺史竟陵王誕有罪，貶爵，誕不受命，據廣陵反。以沈慶之爲車騎大將軍、開府儀同三司、南兗州刺史，討誕。

秋七月己巳〔五四〕，剋廣陵城，斬誕，悉誅城内男丁，以女口爲軍賞。是日解嚴。辛未，大赦。丙子，以丹陽尹劉秀之爲尚書右僕射。丙戌，加南兗州刺史沈慶之位司空。

九月壬辰，於玄武湖北立上林苑。甲午，移南郊壇於牛頭山，以正陽位。

冬十一月甲子〔五五〕，立皇后蠶宫於西郊。

十二月辛酉，置謁者僕射官。

是歲，婆皇、河西、高麗、肅愼等國各遣使朝貢〔五六〕。西域獻儛馬。

四年春正月辛未，祀南郊。甲戌，宕昌國遣使朝貢。乙亥，親耕藉田，大赦。庚寅，立皇子子勛爲晉安王，子房爲尋陽王，子頊爲歷陽王，子鸞爲襄陽王。

三月甲申，皇后親桑于西郊。

夏四月丙午，詔四時供限，詳減太半。辛亥，太宰江夏王義恭等表請封岱宗，詔不從。辛酉，詔以都下疾疫，遣使存問，并給醫藥。其亡者隨宜賑恤。

五月丙戌，尚書左僕射褚湛之卒。

秋七月甲戌，光禄大夫、開府儀同三司何尚之薨〔五七〕。

八月，雍州大水，甲寅，遣加賑恤。
九月丁亥，改封襄陽王子鸞爲新安王。
冬十月庚寅，遣新除司空沈慶之討緣江蠻。
十一月戊辰，改細作署令爲左右御府令。丙戌，復置大司農官。
十二月辛丑，幸廷尉寺，宥繫囚。魏遣使通和。丁未，幸建康縣，原放獄囚。倭國遣使朝貢。
是歲，魏和平元年。
五年春正月戊午朔，華雪降，散爲六出，上悦，以爲瑞。
二月癸巳，閱武，軍幢以下，普加班錫，多所原宥。
三月甲戌，行幸江乘，遣祭故太保王弘、光禄大夫王曇首墓。
夏四月癸巳，改封西陽王子尚爲豫章王。丙申，加尚書令柳元景左光禄大夫、開府儀同三司。丙午，雍州刺史海陵王休茂殺司馬庾深之，舉兵反，參軍尹玄慶起義，斬之，傳首建鄴。
五月，起明堂於國學南丙巳之地。癸亥，制帝室朞親，官非禄官者，月給錢十萬。

秋七月丁卯，高麗國遣使朝貢。庚午，曲赦雍州。

八月戊子，立皇子子仁爲永嘉王，子真爲始安王。己丑，詔以來歲脩葺庠序，旌延國胄。庚寅，制方鎮所假白板郡縣，年限依臺除，食禄三分之一，不給送故。衛將軍東海王禕以本號開府儀同三司。

九月甲寅，日有蝕之。丁卯，行幸琅邪郡，原遣囚繫。庚午，河、濟清。

閏月丙申，初立馳道，自閶闔門至于朱雀門，又自承明門至于玄武湖。壬寅，改封歷陽王子頊爲臨海王。

冬十月甲寅，以南徐州刺史劉延孫爲尚書左僕射。

十二月壬申，以領軍將軍劉遵考爲尚書右僕射。甲戌，制天下人户歲輸布四匹。

六年春正月辛卯，祀南郊。是日，又宗祀文皇帝于明堂，以配上帝。大赦。乙未，置五官中郎將、左右中郎將官。

二月乙卯，復百官禄。

三月庚寅，立皇子子元爲邵陵王。壬寅，以倭世子興爲安東將軍、倭國王。

夏四月庚申，新作大航門。

五月丙戌，置凌室于覆舟山，脩藏冰之禮。

六月辛酉，尚書左僕射劉延孫卒。

秋七月甲申，地震，有聲如雷，兗州尤甚，於是魯郡山摇者二。乙未，立皇子子雲爲晉陵王。

八月乙丑〔五八〕，置清臺令官。

九月，制沙門致敬人主。乙未，以尚書右僕射劉遵考爲左僕射，以丹陽尹王僧朗爲右僕射。

冬十月丁卯，詔上林苑内士庶丘墓欲還合葬者，勿禁。

十一月己卯，陳留王曹虔秀薨。

七年春正月癸未，詔剋日於玄武湖大閲水師，并巡江右，講武校獵。丁亥，以右衞將軍顏師伯爲尚書右僕射〔五九〕。

二月甲寅，車駕巡南豫、南兗二州。丁巳，校獵烏江。己未，登烏江縣六合山。壬戌，大赦，行幸所經，無出今年租布，賜人爵一級，女子百户牛酒，郡守邑宰及人夫從蒐者，普加霑賚。又詔蠲歷陽郡租輸三年，遣使巡慰，問人疾苦。癸亥，行幸尉氏，觀温泉。壬申，車駕至都，拜二廟，乃還宫。

夏四月甲子，詔自今非臨軍戰陣，一不得專殺；其罪人重辟者〔六〇〕，皆依舊先上須報，有司嚴加聽察，犯者以殺人罪論。

五月丙子，詔自今刺史守宰動人興軍，皆須手詔施行〔六一〕；惟邊隅外警及姦釁内發，變起倉卒者，不從此例。

六月戊申，蠕蠕、高麗等國並遣使朝貢。

秋七月乙亥，進高麗王高璉位車騎大將軍、開府儀同三司。

八月乙丑，立皇子子孟爲淮南王、子産爲臨賀王。車駕幸建康、秣陵縣訊獄囚。

九月庚寅，以南徐州刺史新安王子鸞爲兼司徒。乙未，幸廷尉訊獄囚。丙申，立皇子子嗣爲東平王。

冬十月壬寅，皇太子冠，賜王公以下帛各有差。戊申，車駕巡南豫州，奉太后以行。癸丑，行幸江寧縣訊獄囚。加車騎將軍、揚州刺史豫章王子尚開府儀同三司。癸亥，以開府儀同三司東海王禕爲司空，加中軍將軍義陽王昶開府儀同三司。己巳，校獵於姑孰。

十一月丙子，曲赦南豫州殊死以下。巡幸所經，詳減今歲田租。乙酉，詔祭晉大司馬桓温、征西將軍毛璩墓。上於行所訊溧陽、永世、丹陽縣囚。癸巳，祀梁山，大閲水師於中江，有白雀二集華蓋，有司奏改元爲「神雀」，詔不許。乙未，原放行獄徒繫。浙江東諸郡大旱。

十二月壬寅，遣使開倉賑恤，聽受雜物當租。丙午，行幸歷陽。甲寅，大赦，賜歷陽郡女子百户牛酒，蠲郡租十年。己未，加太宰江夏王義恭尚書令。於博望梁山立雙闕。癸亥，至自歷陽〔六二〕。

八年春正月辛巳，祀南郊。是日，還宗祀文帝于明堂。甲戌，詔曰：「東境去歲不稔，宜廣商貨，遠近販鬻米粟者，可停道中雜税。其以仗自防，悉勿禁。」夏閏五月壬寅，以太宰江夏王義恭領太尉。庚申，帝崩於玉燭殿，時年三十五。七月丙午，葬于丹陽秣陵縣巖山景寧陵。

帝末年爲長夜之飲，每旦寢興，盥漱畢，仍復命飲，俄頃數斗，憑几惛睡，若大醉者。或外有奏事，便肅然整容，無復酒色。外内服其神明，莫敢弛惰。

前廢帝諱子業，小字法師，孝武帝長子也。元嘉二十六年正月甲申生。孝武鎮尋陽，帝留都下。三十年，孝武入伐，元凶因帝於侍中下省，將加害者數矣，卒得無恙。及孝武踐祚，立爲皇太子。始未之東宮，中庶子、二率並入直永福省。大明二年，出東宮〔六三〕。七年，加元服。

八年閏五月庚申〔六四〕，孝武崩，其日，太子即皇帝位，大赦。加驃騎大將軍柳元景尚書令。甲子，置録尚書官，以太宰江夏王義恭録尚書事，加驃騎大將軍柳元景開府儀同三司。

秋七月庚戌，婆皇國遣使朝貢。崇皇太后爲太皇太后，皇后曰皇太后。乙卯，罷南北二馳道，改孝建以來所變制度，還依元嘉。丙辰，追崇獻妃爲獻皇后。

八月己丑〔六五〕，皇太后崩。

九月乙卯，文穆皇后祔葬景寧陵。

冬十二月乙酉，以尚書右僕射顔師伯爲尚書僕射。壬辰，以王畿諸郡爲揚州，以揚州爲東揚州。癸巳，加車騎將軍、揚州刺史豫章王子尚位司徒。

去歲及是歲，東諸郡大旱，甚者米一斗數百，都下亦至百餘，餓死者十六七。孝建以來，又立錢署鑄錢，百姓因此盜鑄，錢轉僞小，商貨不行。

景和元年春正月乙未朔，大赦，改元爲永光。乙巳，省諸州臺傳。

二月乙丑，減州郡縣田祿之半。庚寅，鑄二銖錢。

夏五月，魏文成皇帝崩。

秋八月庚午，以尚書僕射顔師伯爲左僕射，吏部尚書王景文爲右僕射。癸酉，帝自率宿衞兵誅太宰江夏王義恭、尚書令柳元景、左僕射顔師伯、廷尉劉德願。改元爲景和。甲戌，以司徒、揚州刺史豫章王子尚領尚書令。乙亥，帝釋素服，御錦衣。以始興公沈慶之爲太尉。庚辰，以石頭城爲長樂宮，東府城爲未央宮。甲申，以北邸爲建章宮，南第爲長楊宮。己丑，復立南北二馳道。

九月癸巳，幸湖熟，奏鼓吹。戊戌，還宮。帝自以爲昔在東宮，不爲孝武所愛，及即位，將掘景寧陵，太史言於帝不利而止。乃縱糞於陵，肆駡孝武帝爲「齇奴」，又遣發殷貴嬪墓，忿其爲孝武所寵。初，貴嬪薨，武帝爲造新安寺，乃遣壞之。又欲誅諸遠近僧尼。辛丑，免南徐州刺史新安王子鸞爲庶人，賜死。丁未，加衞將軍湘東王彧開府儀同三司。己酉，車駕討徐州刺史義陽王昶，内外戒嚴，昶奔魏。戊午，解嚴。開百姓鑄錢。

冬十月癸亥，曲赦徐州。丁卯〔六六〕，東陽太守王藻下獄死。以文帝第十女新蔡公主爲貴嬪夫人，改姓謝氏。加武賁鈒戟〔六七〕，鸞輅龍旂，出警入蹕。矯言公主薨，空設喪事焉。

乙酉，以豫州刺史山陽王休祐爲鎮軍大將軍、開府儀同三司。

十一月壬辰，寧朔將軍何邁下獄死。癸巳，殺新除太尉沈慶之。壬寅，立皇后路氏，四廂奏樂。曲赦揚、南徐二州。丁未，皇子生，少府劉曚之子也〔六八〕。大赦，贓污淫盜，悉皆原蕩，賜爲父後者爵一級。壬子，以護軍將軍建安王休仁爲驃騎大將軍、開府儀同三司。戊午，南平王敬猷、廬陵王敬先、安南侯敬深並賜死〔六九〕。

時帝凶悖日甚，誅殺相繼，内外百官〔七〇〕，不保首領。先是，訛言湘中出天子，帝將南巡荆、湘以厭之，期旦誅除四叔，然後發引。是夜湘東王彧與左右阮佃夫、王道隆、李道兒密結帝左右壽寂之、姜産之等十一人，謀共廢帝。先是，帝好遊華林園竹林堂，使婦人倮身相逐，有一婦人不從命，斬之。經少時，夜夢游後堂，有一女子罵曰：「帝悖虐不道，明年不及熟矣。」帝怒，於宫中求得似所夢者一人戮之。其夕復夢所戮女罵曰：「汝枉殺我，已訴上帝。」至是，巫覡云「此堂有鬼」。帝與山陰公主及六宫綵女數百人隨羣巫捕鬼，屏除侍衞，帝親自射之。事畢，將奏靡靡之聲，壽寂之懷刀直入，姜産之爲副，諸姬迸逸，廢帝亦走。追及之，大呼：「寂！寂！」如此者三，手不能舉，乃崩於華光殿，時年十七。太皇太后令奉湘東王彧纂承皇統。於是葬帝於丹陽秣陵縣南郊壇西。

帝蠭目鳥喙，長頸鋭下，幼而狷急，在東宫每爲孝武所責。孝武西巡，帝啓參承起居，書迹不謹，上詰讓之曰：「書不長進，此是一條耳。聞汝比素業都懈，狷戾日甚，何以頑固乃爾！」初踐祚，受璽紱，懒然無哀容。蔡興宗退而歎曰：「昔魯昭不戚，叔孫請死，國家之禍，其在此乎。」帝始猶難諸大臣及戴法興等，既殺法興，諸大臣莫不震慴。於是又誅羣公，元、凱以下，皆被毆棰牽曳，内外危懼，殿省騷然。太后疾篤，遣呼帝，帝曰：「病人間多鬼，可畏，那可往！」太后怒，語侍者曰：「將刀來破我腹，那得生寧馨兒！」及太后崩後數日，帝夢太后謂曰：「汝不仁不孝，本無人君之相，子尚愚悖如此，亦非運祚所及。孝武險虐滅道，怨結人神，兒子雖多，並無天命；大命所歸，應還文帝之子。」故帝聚諸叔都下，慮在外爲患。

山陰主淫恣過度，謂帝曰：「妾與陛下雖男女有殊，俱託體先帝，陛下後宮數百，妾惟駙馬一人，事不均平，一何至此！」帝乃爲立面首左右三十人，進爵會稽郡長公主，秩同郡王，湯沐邑二千户，給鼓吹一部，加班劍二十人。帝每出，公主與朝臣常共陪輦。

帝少好讀書，頗識古事，粗有文才，自造孝武帝誄及雜篇章，往往有辭采。以魏武有發丘中郎將、摸金校尉，乃置此二官，以建安王休仁、山陽王休祐領之，其餘事迹，分見諸列傳。

論曰：文帝幼年特秀，自禀君德。及正位南面，歷年長久，綱維備舉，條禁明密，罰有恒科，爵無濫品。故能内清外晏，四海謐如。而授將遣師，事乖分閫。才謝光武，而遥制兵略，至於攻戰日時，咸聽成旨，雖覆師喪旅，將非韓、白，而延寇蹙境，抑此之由。及至言泄衽袵，難結凶豎，雖禍生非慮，蓋亦有以而然。夫盡人命以自養，蓋惟桀、紂之行；觀夫大明之世，其將盡人命乎。雖周公之才之美，亦當終之以亂，由此言之，得殁亦爲幸矣。至如廢帝之事，行著于篇，假以中才之君，有一於此，足以致霣，況乎兼斯衆惡，不亡其可得乎！

校勘記

〔一〕州府佐吏並稱臣　「佐吏」，殿本及宋書卷五文帝紀、通鑑卷一二〇宋紀二元嘉元年作「佐史」，下同此不再出校。

〔二〕甲戌　按上文僅出景平二年，則此甲戌不知屬何月。據宋書卷五文帝紀、通鑑卷一二〇宋紀二元嘉元年，當在七月。

〔三〕冬十一月庚午　「庚午」，宋書卷五文帝紀作「癸酉」。按是月壬子朔，十九日庚午，二十二日癸酉，未審孰是。

〔四〕西河河南國並遣使朝貢　「西河」，宋書卷四少帝紀、卷九八氏胡大且渠蒙遜傳、本書卷一宋本紀上作「河西」。按宋書、册府等書「河西」、「西河」互見，並指河西涼州之地，晉、宋之際可通用。

〔五〕遣右將軍到彥之侵魏　「右」，原作「左」，據宋書卷五文帝紀改。按宋書卷三三五行志四、卷九五索虜傳、魏書卷九七島夷劉裕傳附義符傳、通鑑卷一二一宋紀三元嘉七年及本卷下文，均稱到彥之爲右將軍。

〔六〕林邑闍婆娑州訶羅單國並遣使朝貢　「闍婆娑州」，宋書卷五文帝紀作「闍婆州」，建康實録卷一二作「闍婆」。本卷下文有「闍婆娑達」，本書卷七八夷貊傳上有「闍婆達國」，宋書卷九七夷蠻傳有「闍婆婆達國」，皆同一地名之異譯。

〔七〕是月且渠蒙遜死　按宋書卷九八氏胡大且渠蒙遜傳、通鑑卷一二二宋紀四，沮渠蒙遜死於元嘉十年四月，魏書卷九九盧水胡沮渠蒙遜傳同。南史與十一月連書，不當，「是月」疑當作「是歲」。

〔八〕以大且渠茂虔爲征西大將軍涼州刺史封西河王　「涼州」，原作「梁州」，據宋書卷五文帝紀、卷九八氐胡大且渠蒙遜傳、通鑑卷一二二宋紀四元嘉十一年改。

〔九〕米穀百萬斛　「穀」，宋書卷五文帝紀、通志卷一一作「數」。

〔一〇〕八月乙亥　按是年八月丙戌朔，無乙亥，「乙亥」疑爲「己亥」之訛。

〔一二〕戊戌鳳凰二見于都下衆鳥隨之改其地曰鳳凰里　按宋書卷二八符瑞志中：元嘉十四年三月丙申，「大鳥二集秣陵民王顗園中」，「改鳥所集永昌里曰鳳皇里」。御覽卷一五七引宋略，載其事於「太祖十三年春」。是年正月丁丑朔，二十二日戊戌；三月丙子朔，二十一日丙申。

〔一三〕河南西河訶羅單國並遣使朝貢　「朝貢」，原作「朝賀」，據宋乙本壹、南監本、北監本、汲本、殿本改。

〔一三〕十五年春二月　「二月」，原作「正月」，據宋書卷五文帝紀改。按宋書文帝紀十五年春二月下有「丁未」二字。是年正月辛未朔，無丁未；二月辛丑朔，初七日丁未。

〔一四〕以平東將軍吐谷渾慕延爲鎮西將軍秦河二州刺史封隴西王　「慕延」，宋書卷五文帝紀作「慕容延」，魏書卷四世祖紀上、北史卷九六吐谷渾傳、通鑑卷一二三宋紀五元嘉十五年作「慕利延」。「鎮西將軍秦河二州刺史」，宋書卷九六鮮卑吐谷渾傳、通鑑卷一二三宋紀五元嘉十五年作「鎮西大將軍西秦河二州刺史」，册府卷九六三作「鎮西將軍西秦河二州刺史」。

〔一五〕又命丹陽尹何尚之立玄素學　「玄素學」，宋書卷六六何尚之傳、卷九三隱逸雷次宗傳作「玄學」。

〔一六〕葬元皇后于長寧陵　「元皇后」，南監本、北監本、汲本、殿本作「袁皇后」。按「元」爲袁皇后謚號。

〔一七〕戊辰武都河南百濟等國並遣使朝貢　按宋書卷五文帝紀：「戊辰，以南豫州刺史始興王濬爲揚州刺史，湘州刺史武陵王駿爲南豫州刺史，南平王鑠爲湘州刺史。是歲，武都王、河南王、百濟國遣使獻方物。」南史疑有脱略。

〔一八〕河水汎溢　「河水」，宋書卷五文帝紀作「沔水」，卷三三五行志四作「江水」，册府卷一九五作「汴水」。

〔一九〕始奉初祠　「初祠」，宋書卷五文帝紀各本原同，册府卷二〇七作「礿祀」。

〔二〇〕以楊文德爲征西將軍北秦州刺史封武都王　「征西將軍」，宋書卷九八氐胡略陽清水氐楊氏傳、通鑑卷一二四宋紀六元嘉二十年作「征西大將軍」。

〔二一〕辛酉親耕藉田大赦　宋書卷五文帝紀無「親耕藉田」，繫「大赦天下」於「己亥」下。按正月丁酉朔，初三日己亥，二十五日辛酉。

〔二二〕冬十月己亥　按是月癸亥朔，十三日乙亥，無己亥，下文「丙子」爲十四日，此「己亥」疑爲「乙亥」之訛。

〔二三〕交州刺史檀和之伐林邑國剋之　宋書卷九七夷蠻林邑國傳、通鑑卷一二四宋紀六元嘉二十三年書其事於五月，通鑑考異云：「本紀在六月，傳在五月。當是六月賞檀和之等。今從傳。」

〔二四〕夏四月河濟俱清　按宋書卷二九符瑞志下、册府卷二〇一載其事於是年二月戊戌。

〔二五〕立皇子渾爲汝陰王　「汝陰王」，原作「汝陽王」，據南監本、汲本改。按宋書卷五文帝紀、卷七九武昌王渾傳、建康實録卷一二、通鑑卷一二五宋紀七元嘉二十四年並作「汝陰王」。

〔二六〕五月己卯　「己卯」，原作「乙卯」，據宋書卷五文帝紀改。按是年五月辛未朔，初九日己卯，無乙卯。

〔二七〕三月丁巳宴于丹徒宫　按是月丁卯朔，無丁巳及下文之癸亥日。宋書卷一五禮志二與上文二月事連書。上文載宋文帝於二月己亥「幸丹徒，謁京陵」。二月丁酉朔，初三日己亥，二十一日丁巳，二十七日癸亥。疑此襲宋書卷五文帝紀而誤將二月事繫於三月下。

〔二八〕壬午至自丹徒　「壬午」上疑脱「五月」二字。按三月丁卯朔，無「壬午」及下文「丙戌」「壬辰」，五月丙寅朔，有此三日辰。宋書卷五文帝紀即繫在五月。

〔二九〕以揚州刺史始興王濬爲征北將軍開府儀同三司徐兖二州刺史　「徐兖二州」，宋書卷五文帝紀、卷九九二凶始興王濬傳作「南徐兖二州」。

〔三〇〕丁巳婆皇國戊戌河南國並遣使朝貢　按是月甲申朔，無丁巳，此乃襲宋書卷五文帝紀而訛。

〔三一〕太子詹事徐湛之爲左僕射護軍將軍　「左僕射」，宋書卷五文帝紀作「尚書僕射」，通鑑卷一二六宋紀八元嘉二十八年作「僕射」。按宋書卷七一徐湛之傳、本書卷一五徐羨之傳附徐湛之傳，亦載其所任爲「尚書僕射」而非「左僕射」。

〔三二〕進安東將軍倭王綏濟爲安東大將軍　「綏濟」，宋書卷五文帝紀作「倭濟」，卷九七夷蠻倭國傳及本書卷七九倭國傳作「濟」。

〔三三〕可量加救贍　「救」，原作「赦」，據宋乙本壹、大德本貳、南監本、汲本及宋書卷五文帝紀、通志卷一一改。

〔三四〕戊午立皇子休仁爲建安王　「戊午」，宋書卷五文帝紀、建康實録卷一二、通鑑卷一二六宋紀八元嘉二十九年作「庚午」。按宋書此條上文記「庚申」事，是月庚戌朔，初九日戊午，十一日庚申，二十一日庚午，「戊午」疑誤。

〔三五〕九月丁亥　「丁亥」，原作「乙亥」，據宋乙本壹及宋書卷五文帝紀、建康實録卷一二、通鑑卷一二六宋紀八元嘉二十九年改。按是月丁丑朔，十一日丁亥，無乙亥。

〔三六〕以平西將軍吐谷渾拾寅爲安西將軍秦河二州刺史封河南王　「秦河二州」，宋書卷六孝武帝紀、卷九六鮮卑吐谷渾傳作「西秦河二州」，通鑑卷一二六宋紀八元嘉二十九年作「西秦河沙三州」。

〔三七〕小字道人　「道人」，宋書卷六孝武帝紀、建康實録卷一三作「道民」，此避唐諱改。

〔三八〕十二年立爲武陵王　「十二年」，疑爲「十三年」之誤。按宋書卷五文帝紀，孝武帝劉駿於元嘉十三年九月癸丑封武陵王。

〔三九〕以江州刺史撫軍將軍蕭思話爲尚書左僕射　按宋書卷六孝武帝紀、卷七四臧質傳，江州刺史乃臧質所加官之一，此處誤屬蕭思話。

〔四〇〕丙申剋建鄴　「丙申」，本書卷一四元凶劭傳、建康實録卷一三世祖孝武皇帝作「丙子」。按本月癸酉朔，二十四日丙申，此條下同月又見初八日庚辰、初九日辛巳、二十二日甲午，日序倒錯。丙子爲初四，合。

〔四一〕甲午謁初寧陵　「謁初寧陵」，建康實録卷一三作「初謁長寧陵」，通鑑卷一二七宋紀九元嘉三十年作「謁長寧初寧陵」。按宋書卷一五禮志二：「自元嘉以來，每歲正月，輿駕必謁初寧陵，復漢儀也。世祖、太宗亦每歲拜初寧、長寧陵。」

〔四二〕庚午以丹陽尹褚湛之爲尚書右僕射　「庚午」，宋書卷六孝武帝紀作「庚戌」。按是月壬寅朔，二十九日庚午，然此條上見同月初五日丙午，下見十九日庚申、二十日辛酉，日序不合。庚戌爲初九，合。

〔四三〕「庚申加太傅」至「揚州刺史」　按宋書卷六孝武帝紀、通鑑卷一二七宋紀九元嘉三十年並載此事於甲午日，是月壬申朔，無庚申，二十三日甲午；且宋書孝武帝紀此事在甲申蠲租布之後，本書反置於前，日序亦不協。

〔四四〕二月庚午　「庚午」，原作「庚子」，據宋書卷六孝武帝紀改。按建康實録卷一三作「辛未」。是月戊辰朔，初三日庚午，初四日辛未，無庚子。

〔四五〕兗州刺史徐遺寶舉兵反　「徐遺寶」，原作「徐道寶」，據宋書卷六孝武帝紀改。按張森楷南史校勘記：「宋書『道』作『遺』，據義宣及垣護之傳並作『遺寶』，則『道』字誤也。」

〔四六〕三月癸亥　按宋書卷六孝武帝紀，本月下文依次記辛丑、癸卯、丙寅事，通鑑卷一二八宋紀一〇孝建元年考異:「宋本紀、宋略皆作癸亥,下有辛丑。按長曆,是月戊戌朔,癸亥二十六日,辛丑乃四日也。當作己亥。」

〔四七〕二年春二月己丑婆皇國遣使朝貢　按此條下記「丙寅」條事,是月壬戌朔,初五日丙寅,二十八日己丑,己丑不當在丙寅前。初三日乙丑,疑「己丑」爲「乙丑」之形訛。

〔四八〕斤陀利國遣使朝貢　「斤陀利國」,宋書卷九七夷蠻傳、御覽卷七八七引宋起居注作「斤陁利國」。按御覽卷七八七又載「干陁利國」,本書卷六梁本紀上、卷九陳本紀上、卷七八夷貊傳上、梁書卷五四諸夷傳作「干陁利國」,爲譯名用字之異。

〔四九〕九月丁亥　按是月己丑朔,無丁亥。八月庚申朔,二十八日丁亥。

〔五〇〕夏四月甲子　按是月乙酉朔,十日甲午,無甲子。建康實録卷一三後又載戊戌(十四日)事,疑此「甲子」爲「甲午」之形訛。

〔五一〕以丹陽尹劉遵考爲尚書右僕射　「尚書右僕射」,原作「尚書左僕射」,據宋書卷五一營浦侯遵考傳、通鑑卷一二八宋紀一〇孝建三年改。按宋書卷六孝武帝紀大明三年春正月己丑,「尚書右僕射劉遵考爲領軍將軍」,亦可證「右」是而「左」非。

〔五二〕丙寅　按上記「乙卯」「癸酉」、下記「乙亥」事,是月己酉朔,初七日乙卯,十八日丙寅,二十五日癸酉,二十七日乙亥。下景陽樓有紫氣出事,宋書卷二九符瑞志下載於是月壬子(初四)日。

〔五三〕清暑殿西甍鴟尾中央生嘉禾　「清暑殿」，原作「清景殿」，據南監本、北監本、汲本、殿本改。按宋書卷二九符瑞志下、建康實録卷一三、御覽卷一八八、卷八七三引沈約宋書並作「清暑殿」。宋書卷三一五行志二：「時人曰：『清暑』者，反言『楚聲』也。」御覽卷一七五引晉中興書：「識者曰：『清暑』，反語『楚聲』也。」晉書卷九孝武帝紀：太元「二十一年春正月，造清暑殿」。則此作「清暑殿」爲是。下同。

〔五四〕秋七月己巳　「七月」，原作「八月」，據宋書卷六孝武帝紀改。按八月丙申朔，無己巳及下文辛未、丙子、丙戌諸日。

〔五五〕冬十一月甲子　按是年十一月乙丑朔，無甲子；十月乙未朔，三十日甲子。

〔五六〕各遣使朝貢　「各」字前原衍一「各」字，據通志卷一一刪。

〔五七〕光禄大夫開府儀同三司何尚之薨　「光禄大夫」，宋書卷六孝武帝紀、建康實録卷一三作「左光禄大夫」。據本卷上文大明二年六月及宋書卷六六、本書卷三〇何尚之傳，其所任爲「左光禄大夫」。

〔五八〕八月乙丑　「乙丑」，宋書卷六孝武帝紀、建康實録卷一三作「乙亥」。按是月己酉朔，十七日乙丑，二十七日乙亥，未審孰是。

〔五九〕以右衛將軍顔師伯爲尚書右僕射　「尚書右僕射」，原作「尚書左僕射」，據宋書卷六孝武帝紀、卷七七顔師伯傳改。按是時劉遵考爲尚書左僕射，顔師伯繼王僧朗爲尚書右僕射。

〔六〇〕其罪人重辟者　「人」，宋書卷六孝武帝紀、册府卷一九一並作「甚」，通鑑卷一二九宋紀一一大明七年作「應」。

〔六一〕皆須手詔施行　「手詔」，原作「守詔」，據宋乙本壹及宋書卷六孝武帝紀、通鑑卷一二九宋紀一一大明七年、通志卷一一改。

〔六二〕癸亥至自歷陽　「癸亥」，原作「癸未」，據宋書卷六孝武帝紀改。按是月辛丑朔，二十三日癸亥，無癸未。

〔六三〕出東宫　「出」，建康實録卷一三、册府卷二五六作「出居」。

〔六四〕八年閏五月庚申　「庚申」，原作「庚午」，據宋書卷七前廢帝紀、建康實録卷一三、册府卷一八八、通志卷一一改。按是月戊戌朔，二十三日庚申，無庚午。

〔六五〕八月己丑　「己丑」，原作「乙丑」，據建康實録卷一三、通鑑卷一二九宋紀一一大明八年改。按是月丁卯朔，二十三日己丑，無乙丑。

〔六六〕丁卯　宋書卷七前廢帝紀、通鑑卷一三〇宋紀一二泰始元年作「己卯」。按是月庚申朔，初八日丁卯，二十日己卯，未審孰是。

〔六七〕加武賁鈒戟　「加」，原作「以」，據宋乙本壹及宋書卷七前廢帝紀、建康實録卷一三、通志卷一一改。

〔六八〕少府劉矇之子也　「劉矇」，本書卷一四建安王休仁傳、建康實録卷一三作「劉蒙」，宋書卷七孝武帝紀、册府卷一九七作「劉勝」，通志卷一一作「劉朦」。

〔六九〕安南侯敬深　「敬深」，宋書卷七前廢帝紀作「敬淵」，此避唐諱改。

〔七〇〕内外百官　「百官」，宋乙本壹及宋書卷七前廢帝紀、通志卷一一作「百司」。

南史卷三

宋本紀下第三

太宗明皇帝諱彧，字休景〔一〕，小字榮期，文帝第十一子也。元嘉十六年十月生。二十五年，封淮陽王，二十九年改封湘東王。孝武踐祚，累遷鎮軍將軍、雍州刺史〔二〕。是歲入朝，時廢帝疑畏諸父，以上付廷尉，明日將加禍害，上乃與腹心阮佃夫、李道兒等密謀。時廢帝左右直閤將軍宗越、譚金、童太一等是夜並外宿〔三〕，佃夫、道兒因結壽寂之等，十一月二十九日，弒廢帝於後堂〔四〕。建安王休仁便稱臣，奉引升西堂，登御坐。事出倉卒，上失履，跣，猶著烏紗帽，休仁呼主衣以白紗代之。未即位，凡衆事悉稱令書。己未，司徒豫章王子尚、山陰公主並賜死，宗越、譚金、童太一伏誅。

十二月庚申朔，令書以東海王禕爲中書監、太尉，以晉安王子勛爲車騎將軍、開府儀同三司。癸亥，以建安王休仁爲司徒、尚書令、揚州刺史。乙丑，改封安陸王子綏爲江夏王。

泰始元年即大明九年也，魏和平六年〔五〕。冬十二月丙寅，皇帝即位于太極前殿，大赦，改元。辛未，改封臨賀王子産爲南平王，晉熙王子輿爲廬陵王。壬申，以王景文爲尚書僕射。乙亥，追尊所生沈婕妤曰宣皇太后。戊寅，改太皇太后爲崇憲太后，立皇后王氏。罷二銖錢。

江州刺史晉安王子勛舉兵反，鎮軍長史袁顗赴之，鄧琬爲其謀主〔六〕。壬午，謁太廟。甲申，郢州刺史安陸王子綏、會稽太守尋陽王子房、臨海王子頊並舉兵同逆。

二年春正月乙未〔七〕，晉安王子勛僭即僞位於尋陽，年號義嘉。壬辰，徐州刺史薛安都舉兵反。甲午，内外戒嚴，司徒建安王休仁都督諸軍南討。丙申，徐州刺史申令孫、司州刺史龐孟虯、豫州刺史殷琰、青州刺史沈文秀、冀州刺史崔道固、湘州行事何慧文、廣州刺史袁曇遠、益州刺史蕭惠開、梁州刺史柳元怙並同逆〔八〕。丙午，車駕親御六軍，頓中興堂。辛亥，南豫州刺史山陽王休祐改爲豫州刺史，西討。吴郡太守顧琛、吴興太守王曇生、義興太守劉延熙、晉陵太守袁標、山陽太守程天祚並舉兵反。鎮東將軍巴陵王休若統軍東討。壬子，崇憲皇太后崩。

二月乙丑，以蔡興宗爲尚書右僕射。壬申，吴興太守張永、右將軍蕭道成東討〔九〕，平晉陵。丁亥，建武將軍吴喜公率諸軍破賊於吴興、會稽〔一〇〕，平定三郡，同逆皆伏誅。輔國將軍蕭道成前鋒北討，輔國將軍劉勔前鋒西討。劉胡衆四萬據赭圻。

三月庚寅，撫軍將軍殷孝祖攻赭圻，死之。以輔國將軍沈攸之代爲南討前鋒。賊衆稍盛，袁顗頓鵲尾，連營至濃湖，衆十餘萬。丙申，南徐州刺史桂陽王休範總統北討諸軍事。戊戌，貶尋陽王子房爵爲松滋縣侯。癸卯，令人入米七百石者除郡，減此各有差。壬子，斷新錢，專用古錢。

夏五月甲寅，葬崇憲皇太后於脩寧陵。

秋七月丁酉，以仇池太守楊僧嗣爲北秦州刺史，封武都王。

八月己卯，司徒建安王休仁率衆軍大破賊，斬僞尚書僕射袁顗，進討江、郢、荆、湘、雍五州，平之。晉安王子勛、安陸王子綏、臨海王子頊、邵陵王子元並賜死，同黨皆伏誅。諸將帥封賞各有差。

九月癸巳，六軍解嚴。戊戌，以王玄謨爲左光禄大夫、開府儀同三司，領護軍將軍。

冬十月乙卯，永嘉王子仁、始安王子真、淮南王子孟、南平王子産、廬陵王子輿、松滋侯子房並賜死。丁卯，以沈攸之爲中領軍，與張永俱北討。戊寅，立皇子昱爲皇太子。

十一月壬辰，立建平王景素子延年爲新安王。

十二月，薛安都要引魏軍，張永、沈攸之大敗，於是遂失淮北四州及豫州淮西地。

是歲，魏天安元年。

三年春正月庚子，以農役將興，詔太官停宰牛。癸卯，曲赦豫、南豫二州。

閏正月庚午，都下大雨雪，遣使巡行，振貸各有差。

二月甲申，爲戰亡將士舉哀。丙申，曲赦青、冀二州。

夏四月丙戌，詔以故丞相江夏文獻王、故太尉巴東忠烈公柳元景、故司空始興襄公沈慶之、故征西將軍洮陽肅侯宗慤陪祭孝武廟庭。庚子，立桂陽王休範第二子德嗣爲廬陵王〔一〕，立侍中劉韞第二子銑爲南豐王〔二〕，以奉廬江昭王、南豐哀王祀。

五月丙辰，詔宣太后崇寧陵禁内墳瘞遷徙者給葬直，蠲復其家。壬戌，以太子詹事袁粲爲尚書僕射。

秋八月壬寅，以中領軍沈攸之行南兗州刺史，率衆北伐。

九月戊午，以皇后六宫以下雜衣千領、金釵千枚，賜北伐將士。

冬十月壬午，改封新安王延年爲始平王。辛丑，以鎮西大將軍、西秦河二州刺史吐谷渾拾寅爲征西大將軍。

十一月，立建安王休仁第二子伯猷爲江夏王。

是歲，魏皇興元年。

四年春正月丙辰朔，雨草于宮。乙亥，零陵王司馬勗薨。

二月乙巳，左光禄大夫、開府儀同三司王玄謨薨。

三月，交州人李長仁據州叛。祆賊攻廣州，殺刺史羊希，龍驤將軍陳伯紹討平之。

夏四月丙申，改封東海王禕爲廬江王，山陽王休祐爲晉平王。

秋九月戊辰，詔定黥刖之制。有司奏：「自今凡劫竊執官仗、拒戰邏司、攻剽亭寺及傷害吏人〔三〕，并監司將吏自爲劫，皆不限人數，悉依舊制斬刑。若遇赦，黥及兩頰『劫』字，斷去兩脚筋，徙付交、梁、寧州。五人以下止相逼奪者，亦依黥作『劫』字，斷去兩脚筋，徙付遠州。若遇赦，原斷徙猶黥面〔一四〕，依舊補冶士。家口應及坐，悉依舊結讁。」及上崩，其例乃寢。庚午，上備法駕幸東宮。

冬十月癸酉朔，日有蝕之，發諸州兵北伐。

五年春正月癸亥，親耕藉田。乙丑，魏剋青州，執刺史沈文秀以歸。

二月丙申，以廬江王禕爲車騎將軍、開府儀同三司、南豫州刺史。

夏六月辛未，立晉平王休祐子宣曜爲南平王。

秋七月壬戌，改輔國將軍爲輔師將軍。

九月甲寅，立長沙王纂子延之爲始平王。

冬十月丁卯朔，日有蝕之。

十一月丁未，魏人來聘。

十二月庚申，分荆、益之五郡置三巴校尉。

六年春正月乙亥，初制間二年一祭南郊，間一年一祭明堂。

夏四月癸亥，立皇子燮爲晉熙王。

六月癸卯，以王景文爲尚書左僕射、揚州刺史，以袁粲爲右僕射。己未，改臨賀郡爲臨慶郡。

秋七月丙戌，臨慶王智井薨。

九月戊寅，立總明觀，徵學士以充之。置東觀祭酒、訪舉各一人，舉士二十人，分爲儒、道、文、史、陰陽五部學，言陰陽者遂無其人。

冬十月辛卯，立皇子贊爲武陵王。

十二月癸巳，以邊難未息，制父母隔在異域者，悉使婚宦。

七年春正月甲戌，置散騎奏舉郎。

二月癸巳〔一五〕，征西將軍、荆州刺史巴陵王休若進號征西大將軍，及征南大將軍、江州刺史桂陽王休範並開府儀同三司。甲寅，南徐州刺史晉平王休祐薨。

三月辛酉，魏人來聘。

夏五月戊午，鴆司徒建安王休仁。庚午，以袁粲爲尚書令，褚彦回爲右僕射〔一六〕。丙戌，追免晉平王休祐爲庶人。

秋七月丁巳，罷散騎奏舉郎。乙丑，江州刺史巴陵王休若賜死。

八月戊子，以皇子躋繼江夏文獻王義恭。庚寅，帝疾間。戊戌，立皇子準爲安成王。

是歲，魏孝文帝延興元年。

泰豫元年春正月甲寅朔，上以疾未痊，故改元。丁巳，巨人跡見西池冰上。夏四月己亥，上疾大漸。加江州刺史桂陽王休範位司空，以劉勔爲尚書右僕射，蔡興宗爲征西將軍、開府儀同三司、荊州刺史，沈攸之進號安西將軍。袁粲、褚彥回、劉勔、蔡興宗、沈攸之入閤被顧命。是日，上崩于景福殿，時年三十四。五月戊寅，葬臨沂縣莫府山高寧陵。

帝好讀書，愛文義，在藩時撰江左以來文章志，又續衞瓘所注論語二卷。及即大位，舊臣才學之士多蒙引進。末年好鬼神，多忌諱，言語文書有禍敗凶喪疑似之言應回避者，犯即加戮。改「騧」馬字爲「馬」邊「瓜」，以「騧」字似「禍」故也。嘗以南苑借張永，云：「且給三百年，期盡更請。」宣陽門謂之白門，上以白門不祥，諱之。尚書右丞江謐嘗誤犯，上變色曰：「白汝家門！」路太后停屍漆床移出東宮，上幸宮見之，怒，免中庶子，以之坐死者數十人。內外常慮犯觸，人不自保。移床脩壁，先祭土神，使文士爲祝策，如大祭饗。

阮佃夫、楊運長、王道隆皆擅威權，言爲詔敕，郡守令長一缺十除，內外混然，官以賄命，王、阮家富於公室。中書舍人胡母顥專權，奏無不可。時人語曰：「禾絹閉眼諾，胡母大張橐。」「禾絹」謂上也。及泰始、泰豫之際，左右失旨，往往有刳剒斷截，禁中懍懍若踐在刀劍。夜夢豫章太守劉愔反，遣就郡殺之。軍旅不息，府藏空虛，内外百官並斷禄奉。在朝造官者皆市井傭販之子。而又令小黄門於殿内埋錢以爲私藏。以蜜漬鱁鮧，一食數升，噉腊肉常至二百臠。奢費過度，每所造制，必爲正御三十，副御、次副三十〔一七〕。須一物，輒造九十枚。天下騷然，民不堪命。宋氏之業，自此衰矣。

後廢帝諱昱，字德融，明帝長子也。大明七年正月辛丑，生於衞尉府。帝母陳氏，李道兒妾，明帝納之，故人呼帝爲李氏子，帝亦自稱李將軍。明帝諸子在孕，皆以周易筮之，即以所得卦爲小字，故帝小字慧震。泰始二年，立爲皇太子。六年，出東宫。又制太子元正朝賀，服衮冕九章衣。明帝崩，庚子，太子即皇帝位，大赦。尚書令袁粲、護軍將軍褚彦回共輔朝政，班劍依舊入殿。

六月乙巳，尊皇后曰皇太后，立皇后江氏。

秋七月戊辰，拜帝所生陳貴妃爲皇太妃。

八月戊午，中書監、左光禄大夫、開府儀同三司蔡興宗薨。

冬十一月己亥，新除郢州刺史劉彦節爲尚書左僕射〔一八〕。

元徽元年春正月戊寅，大赦，改元。詔自元年以前徙放者並聽還本〔一九〕。魏人來聘。

夏六月乙卯，壽陽大水。

秋八月，都下旱。庚午，陳留王曹銑薨。

九月丁亥，立衡陽王嶷子伯玉爲南平王。

冬十二月癸卯朔，日有蝕之。乙巳，進桂陽王休範位太尉。癸亥，立前建安王世子伯融爲始安縣王。

二年夏五月壬午，江州刺史桂陽王休範舉兵反。庚寅，内外戒嚴，中領軍劉劻、右衛將軍蕭道成前鋒南討，出屯新亭；征北將軍張永屯白下；前南兗州刺史沈懷明戍石頭；衛將軍袁粲、中軍將軍褚彦回入衛殿省。壬辰，賊奄至，攻新亭壘，道成拒擊，大破之。越騎校尉張苟兒斬休範，賊黨杜黑蠡、丁文豪分軍向朱雀航〔二〇〕，劉劻拒賊，敗績，死之。右將軍王道隆奔走〔二一〕，遇害。張永潰于白下，沈懷明自石頭奔散。甲午，車騎典籤茅恬開東府納賊〔二二〕，賊入屯中堂，羽林監陳顯達擊，大破之。丙申，張苟兒等又破賊，進平東府城，梟禽羣賊。丁酉，大赦，解嚴。荆州刺史沈攸之、南徐州刺史建平王景素、郢州刺史晋熙王燮、湘州刺史王僧虔、雍州刺史張興世並舉義兵赴建鄴〔二三〕。

六月癸卯，晉熙王燮遣軍剋尋陽，江州平。壬戌，改輔師將軍還爲輔國。

秋七月庚辰，立皇弟友爲邵陵王。乙酉，南徐州刺史建平王景素進號征北將軍、開府儀同三司〔二四〕。

九月丁酉，以袁粲爲中書監，領司徒。加護軍將軍褚彦回爲尚書令。

冬十一月丙戌，帝加元服。

十二月癸亥，立皇弟躋爲江夏王，贊爲武陵王。

三年春三月己巳，都下大水。

夏六月，魏人來聘。

秋七月庚戌，以袁粲爲尚書令。

九月丙辰，征西大將軍河南王吐谷渾拾寅進號車騎征西大將軍〔二五〕。

四年夏六月乙亥，加蕭道成尚書左僕射。

秋七月戊子，建平王景素據京城反。己丑，内外纂嚴。遣驍騎將軍任農夫、冠軍將軍黄回北討，蕭道成總統衆軍。始安王伯融、都鄉侯伯猷並賜死。乙未，剋京城，斬景素，同逆皆伏誅。

八月丁卯，立皇弟翽爲南陽王，嵩爲新興王，禧爲始建王。

九月戊子，驍騎將軍高道慶有罪，賜死。己丑，車騎將軍、揚州刺史安成王準進號驃騎大將軍、開府儀同三司。

冬十月辛酉，以王僧虔爲尚書右僕射。

五年夏四月甲戌，豫州刺史阮佃夫、步兵校尉申伯宗、朱幼謀廢立，皆伏誅。

五月，地震。

六月甲戌，誅司徒左長史沈勃、散騎常侍杜幼文、游擊將軍孫超之、長水校尉杜叔文。

七月戊子夜，帝遇弑於仁壽殿，時年十五。己丑，皇太后令貶帝爲蒼梧郡王，葬丹陽秣陵縣郊壇西。

初帝之生夕，明帝夢人乘馬，馬無頭及後足，有人曰：「太子也。」及在東宮，五六歲能緣漆帳竿，去地丈餘，如此者半食。漸長，喜怒乖節，左右失旨者手加撲打，徒跣蹲踞〔一六〕。

及嗣位，内畏太后，外畏大臣〔一七〕，猶未得肆志。自加元服，三年，好出入，單將左右，或十里、二十里，或入市里，遇慢駡則悦而受焉。四年，無日不出，與左右解僧智、張五兒恒夜出開承明門，夕去晨反，晨出暮歸，從者並執鋋矛，行人男女及犬馬牛驢逢無免者。人間擾懼，晝日不開門，道無行人。嘗著小袴，不服衣冠。有白梢數十，各有名號，鉗鑿錐鋸，不離左右，爲擊腦、槌陰、剖心之誅，日有數十。常見卧屍流血，然後爲樂。左右人見有嚬眉者，帝令其正立，以矛刺洞之。曜靈殿上養驢數十頭，所自乘馬，養於御牀側。與右衛翼輦營女子私通，每從之遊，持數千錢爲酒肉之費。出逢婚姻葬送，輒與挽車小兒羣聚飲酒，以爲歡適。阮佃夫腹心人張羊爲佃夫委信，佃夫敗，叛走，復捕得，自於承明門以車轢殺之。殺杜延載、杜幼文，躬運矛鋋，手自臠割。察孫超有蒜氣，剖腹視之。執楯馳馬，自往刺杜叔文於玄武北湖。孝武帝二十八子，明帝殺其十六，餘皆帝殺之。吴興沈勃多寶貨，往劫之，揮刀獨前，左右未至，勃時居喪在廬，帝望見之，便投鋋，不中。勃知不免，手搏帝耳，唾駡之曰：「汝罪踰桀、紂，屠戮無日！」遂見害，帝自臠割。制露車一乘，施篷，乘以出入，從數十人，羽儀追之，恒不相及。又各慮禍，亦不敢追，但整部伍，别在一處瞻望而已。凡諸鄙事，過目則能，鍛銀、裁衣、作帽，莫不精絶。未嘗吹篪，執管便韻。天性好殺，一日無事，輒慘慘不樂。内外憂惶，夕不及旦。領軍將軍蕭道成與直閤將軍王敬則謀之。七月戊子，帝微行出北湖，單馬先走，羽儀不及，左右張五兒馬墜湖，帝怒，自馳騎刺馬，屠割之。與左右作羌胡伎爲樂。又於蠻岡賭跳〔二八〕，因乘露車，無復鹵簿，往青園尼寺。新安寺偷狗〔二九〕，就曇度道人煮之飲酒。楊玉夫常得意，忽然見憎，遇輒切齒，曰：「明日當殺小子，取肝肺。」是夜七夕，令玉夫伺織女度，報己，因與内人穿針訖，大醉，卧於仁壽殿東阿氈幄中。帝出入無禁，王敬則先結玉夫、陳奉伯、楊萬年等合二十五人，其夕玉夫候帝眠熟，至乙夜，與萬年同入氈幄内，取千牛刀殺之。

順皇帝，諱準，字仲謀〔三〇〕，小字知觀，明帝第三子也。泰始五年七月癸丑生。七年，封安成王。帝姿貌端華，眉目如畫，見者以爲神人。廢帝即位，加揚州刺史。元徽二年，加都督揚、南豫二州諸軍事。四年，進號驃騎大將軍。及廢帝殞，蕭道成奉太后令迎王入居朝堂。

昇明元年秋七月壬辰，皇帝即位，大赦，改元徽五年爲昇明元年。甲午，蕭道成出鎮東城，輔政。荆州刺史沈攸之進號車騎大將軍，蕭道成司空、録尚書事。以袁粲爲中書監、司徒，以褚彦回爲衞將軍，劉彦節爲尚書令，加中軍將軍。辛丑，以王僧虔爲尚書僕射。癸卯，車駕謁太廟。

八月癸亥，司徒袁粲鎮石頭。戊辰，崇拜帝所生陳昭華爲皇太妃。庚午，以蕭道成爲驃騎大將軍、開府儀同三司〔三一〕，録尚書如故。

九月己酉，廬陵王暠薨。

十二月丁巳，荆州刺史沈攸之舉兵，不從執政。丁卯，蕭道成入守朝堂，侍中蕭嶷鎮東府。戊辰，中外纂嚴。壬申，司徒袁粲據石頭，謀誅道成，不果，旋見覆滅。乙亥，以王僧虔爲左僕射，王延之爲右僕射。吴郡太守劉遐據郡不從執政，令張瓌攻斬之。

閏月辛巳〔三二〕，屯騎校尉王宜興貳於執政，見誅。癸巳，沈攸之攻郢城，前軍長史柳世隆固守。己亥，中外戒嚴，假蕭道成黄鉞。乙巳，道成出頓新亭。

是歲，魏太和元年。

二年春正月丁卯，沈攸之敗，己巳，華容縣人斬攸之首送之。辛未，雍州刺史張敬兒剋江陵，荆州平。丙子，解嚴。以柳世隆爲尚書右僕射。蕭道成旋鎮東府。

二月庚辰，以王僧虔爲尚書令，王延之爲左僕射。癸未，蕭道成加授太尉，以褚彦回爲中書監、司空。丙戌，撫軍將軍、揚州刺史晉熙王燮進號中軍將軍。

三月己酉朔，日有蝕之。

夏四月，南兗州刺史黄回貳于執政，賜死。

五月戊午，以倭國王武爲安東大將軍。

六月丁酉，以輔國將軍楊文弘爲北秦州刺史，封武都王。

秋九月乙巳朔，日有蝕之。丙午，加太尉蕭道成黄鉞、都督中外諸軍事、太傅，領揚州牧，賜殊禮。以揚州刺史晉熙王燮爲司徒。

冬十月壬寅，立皇后謝氏。

十一月，立故武昌太守劉琨息頒爲南豐縣王。癸亥，誅臨澧侯劉晃。甲子，改封南陽王翽爲隨郡王。

十二月丙戌，皇后見于太廟。

三年春正月辛亥，領軍將軍蕭賾加尚書右僕射〔三〕，進號中軍大將軍、開府儀同三司。

二月丙子，南豫州刺史邵陵王友薨。丙申，地震建陽門。

三月癸卯朔，日有蝕之。甲辰，加蕭道成相國，總百揆，封十郡爲齊公，備九錫之禮。庚戌，誅臨川王綽。

夏四月壬申，進齊公蕭道成爵爲王。壬午，安西將軍武陵王贊薨〔三四〕。辛卯，帝禪位於齊。壬辰，遜于東邸。是日，王敬則以兵陳于殿庭，帝猶居内，聞之，逃于佛蓋下。太后懼，自帥閹豎索，扶幸板輿。黄門或促之，帝怒，抽刀投之，中項而殞。帝既出，宫人行哭，俱遷。備羽儀，乘畫輪車，出東掖門。封帝爲汝陰王，居丹徒宫〔三五〕，齊兵衛之。建元元年五月己未，帝聞外有馳馬者，懼亂作；監人殺王而以疾赴，齊人德之，賞之以邑。六月乙酉，葬于遂寧陵，謚曰順帝。宋之王侯無少長皆幽死矣。

論曰：文帝負扆南面，實有人君之美，經國之義雖弘，而隆家之道不足。彭城照不窺古，本無卓爾之資，徒見昆弟之義深，未識君臣之禮異。以此家情，行之國道，主忌而猶犯，恩離而未悟。致以陵逼之愆，遂成滅親之禍。開端樹隙，垂之後人。明帝因猜忍之情〔三六〕，據已行之典，翦落洪支，欲不待慮〔三七〕。既而本根莫庇，幼主孤立，下無磐石之託，上有累卵之危。方復藏璽懷紱，魚服忘反，危冠短制，匹馬孤征，以至覆亡，理固然矣。神器以勢弱傾移，靈命隨樂推回改。斯蓋履霜有漸，夫豈一夕，何止區區汝陰揖讓而已。

校勘記

〔一〕字休景　「休景」，宋書卷八明帝紀作「休炳」，此避唐諱而改。

〔二〕累遷鎮軍將軍雍州刺史　建康實録卷一四「雍州刺史」前有「景和中位」四字。據宋書卷七前廢帝紀、卷八明帝紀，湘東王彧爲雍州刺史在前廢帝永光（景和）元年，而非孝武帝世。

〔三〕時廢帝左右直閤將軍宗越譚金童太一等是夜並外宿　「宗越」，原作「宋越」，據宋書卷八明帝紀、建康實録卷一四、通鑑卷一三〇宋紀一二泰始元年改。按宋書卷八三、本書卷四〇有宗越傳。本卷下文徑改不再出校。

〔四〕十一月二十九日弒廢帝於後堂　「二」字原脱，據宋書卷八明帝紀、建康實録卷一四補。按宋書卷七前廢帝紀，帝於景和元年十一月戊午被殺，是月庚寅朔，二十九日戊午。

〔五〕泰始元年即大明九年也魏和平六年　王鳴盛商榷卷五四：「按世祖孝武帝大明之號終於八年，是歲在甲辰閏五月帝崩。……然則大明本無九年，何得自相矛盾？」馬宗霍校證疑「即大明九年也魏和平六年」二句爲後人妄寫沾於泰始元年旁，傳寫中誤入正文。

〔六〕鎮軍長史袁顗赴之鄧琬爲其謀主　據宋書卷八明帝紀、卷八四鄧琬傳袁顗傳、建康實録卷一四、御覽卷一二八引宋書，當作「鎮軍長史鄧琬爲其謀主，雍州刺史袁顗赴之」。

〔七〕二年春正月乙未　按下記「壬辰」「甲午」事，是月己丑朔，初四日壬辰，初六日甲午，初七日乙未，則「乙未」不當在「壬辰」「甲午」前。

〔八〕「丙申」至「並同逆」　「丙申」，原作「丙戌」，據宋書卷八明帝紀、通鑑卷一三一宋紀一三泰始二年改。按是年正月己丑朔，初八日丙申，無丙戌。「袁曇遠」原作「袁曇」，「柳元怙」原作「柳元怡」，據宋書卷八明帝紀、卷八四鄧琬傳、本書卷四〇鄧琬傳、通鑑卷一三一宋紀一三泰始二年改。

〔九〕右將軍蕭道成東討　「右將軍」，宋書卷八明帝紀作「右軍將軍」。按本書卷四齊本紀上載蕭道成時任「右軍將軍」。

〔一〇〕破賊於吴興會稽　「吴興會稽」，宋書卷八明帝紀作「吴吴興會稽」。按下文有「平定三郡」，此處疑脱一「吴」字。

〔一一〕立桂陽王休範第二子德嗣爲廬陵王　「第二子」，原作「第三子」，據宋書卷八明帝紀、卷六一武三王廬陵王義真傳、册府卷二六四改。

〔一二〕立侍中劉韞第二子銑爲南豐王　「劉韞」，原作「劉韜」，據宋書卷八明帝紀、卷五一宗室劉韞傳、本書卷一三宋宗室及諸王上長沙景王道憐傳附韞傳、建康實録卷一四、通志卷一一改。「二」，原作「三」，據宋書卷八明帝紀、卷六一武三王江夏文獻王義恭傳附朗傳改。

〔一三〕自今凡劫竊執官仗拒戰邏司攻剽亭寺及傷害吏人　「吏」，原作「更」，據宋書卷八明帝紀、建康實録卷一四、通志卷一一改。

〔一四〕原斷徙猶黥面　「徙」，南監本、北監本、汲本、殿本作「徒」。

〔一五〕二月癸巳　「癸巳」，原作「癸丑」，據宋書卷八明帝紀改。按宋書卷八明帝紀下文載有戊戌、己亥，是年二月己丑朔，初五日癸巳，初十日戊戌，十一日己亥，二十五日癸丑。

〔一六〕褚彦回爲右僕射　褚彦回，即褚淵，傳見南齊書卷二三，此避唐諱而稱其字。

〔一七〕副御次副三十　南監本、北監本、汲本、殿本及宋書卷八明帝紀「三十」上有「又各」二字。按魏書卷九七島夷劉裕傳作「副御三十次副三十」。

〔一八〕新除郢州刺史劉彦節爲尚書左僕射　「劉彦節」，宋書卷九後廢帝紀作「劉秉」。按秉字彦節，此避唐諱而改稱其字。

〔一九〕詔自元年以前徙放者並聽還本　「徙」，原作「徒」，據宋書卷九後廢帝紀、建康實録卷一四、册府卷二〇七、通志卷一一改。

〔二〇〕賊黨杜黑蠡丁文豪分軍向朱雀航　「杜黑蠡」，宋書卷七九文五王桂陽王休範傳、建康實録卷一四、册府卷一八四作「杜墨蠡」，魏書卷九七島夷劉裕傳作「杜墨騾」，通鑑卷一三三宋紀一五元徽二年作「杜黑騾」。按通鑑考異：「宋書、南齊書作『黑蠡』，今從宋略。」

〔二一〕右將軍王道隆奔走　「右將軍」，宋書卷九後廢帝紀、建康實録卷一四、通鑑卷一三三宋紀一五元徽二年作「右軍將軍」。按宋書卷九四王道隆傳、本書卷二九蔡廓傳附蔡興宗傳，王道隆所任爲「右軍將軍」。

〔二二〕車騎典籤茅恬開東府納賊　「車騎典籤茅恬」，宋書卷九後廢帝紀、卷七九文五王桂陽王休範傳作「撫軍典籤茅恬」，本書卷一四宋宗室及諸王傳下桂陽王休範傳、通鑑卷一三三宋紀一五元徽二年作「撫軍長史褚澄」，建康實録卷一四作「護軍典籤茅恬」。按通鑑考異：「宋書作『撫軍典籤茅恬開東府納賊』，南齊書作『車騎典籤茅恬』，蓋皆爲褚澄諱耳。」

〔二三〕湘州刺史王僧虔雍州刺史張興世並舉義兵赴建鄴　「王僧虔雍州刺史」七字原脱，據宋書卷九後廢帝紀、卷五〇張興世傳、南齊書卷三三王僧虔傳、建康實録卷一四、通鑑卷一三三宋紀一五元徽二年補。

〔二四〕南徐州刺史建平王景素進號征北將軍開府儀同三司　「南徐州」，原作「徐州」，據南監本、北監本、汲本及宋書卷九後廢帝紀、建康實録卷一四、通鑑卷一三三宋紀一五元徽二年、通志卷一一改。按宋書卷七二文九王建平王宏傳附景素傳，知其所任爲南徐州刺史，又本書上文同年五月條亦載「南徐州刺史建平王景素」云云。

〔二五〕征西大將軍河南王吐谷渾拾寅進號車騎征西大將軍　「車騎征西大將軍」，汲本及宋書卷九後廢帝紀、册府卷九六三作「車騎大將軍」。按張森楷南史校勘記：「拾寅本號征西大將軍，車騎在征西上一等，故進之。無征西大將軍仍兼本號之理也。」其説是。

〔二六〕徒跣蹲踞　「跣」，原作「路」，據北監本、殿本及宋書卷九後廢帝紀、建康實録卷一四、御覽卷一二八引宋書、通志卷一一改。

〔二七〕外畏大臣　「畏」，大德本貳、南監本、北監本、汲本、殿本及宋書卷九後廢帝紀、建康實録卷一

四、御覽卷一二八引宋書、通鑑卷一三四宋紀一六昇明元年、通志卷一一作「憚」。

〔二八〕又於鑾岡賭跳　「鑾岡」，建康實録卷一四作「岡巒」，通鑑卷一三四宋紀一六昇明元年作「臺岡」。按通鑑考異：「南史作鑾岡，今從宋書。」然今本宋書無此文字。胡三省注：「臺岡，意即臺城之來岡也。」

〔二九〕往青園尼寺新安寺偷狗　宋書卷九後廢帝紀「新安寺」前有「晚至」二字。

〔三〇〕字仲謨　「仲謨」，宋書卷一〇順帝紀、册府卷一八二作「仲謀」。

〔三一〕庚午以蕭道成爲驃騎大將軍開府儀同三司　「庚午」，宋書卷一〇順帝紀、建康實録卷一四、通鑑卷一三四宋紀一六昇明元年作「庚辰」，疑是。

〔三二〕閏月辛巳　「辛巳」，原作「辛亥」，據宋書卷一〇順帝紀、建康實録卷一四、通志卷一一改。按閏月庚辰朔，初二日辛巳，無辛亥。

〔三三〕領軍將軍蕭賾加尚書右僕射　「尚書右僕射」，宋書卷一〇順帝紀、南齊書卷三武帝紀、通鑑卷一三五齊紀一建元元年作「尚書僕射」。

〔三四〕壬午安西將軍武陵王贊薨　「壬午」，宋書卷一〇順帝紀、通鑑卷一三五齊紀一建元元年作「甲戌」。按建康實録卷一四繫其事於「壬申」下。是月壬申朔，初三日甲戌，十一日壬午，未審孰是。

〔三五〕居丹徒宮　「丹徒宮」，宋書卷一〇順帝紀、御覽卷一二八引宋書作「丹陽宮」，通志卷一一作

「丹徒」。按通鑑卷一三五宋紀一七建元元年云「築宮丹楊」，南齊書卷二高帝紀下云「築宮丹陽縣故治」。

〔三六〕明帝因猜忍之情 「因」字原脱，據南監本、北監本、汲本、殿本補。

〔三七〕飲不待慮 「飲」，宋書卷八明帝紀史臣曰作「願」。按通鑑卷一三三宋紀一五引沈約論曰作「不待顧慮」，疑當作「顧」。

南史卷四

齊本紀上第四

齊太祖高皇帝諱道成，字紹伯，小字鬬將，姓蕭氏。其先本居東海蘭陵縣中都鄉中都里，晉元康元年，惠帝分東海郡爲蘭陵，故復爲蘭陵郡人。中朝喪亂，皇高祖淮陰令整，字公齊，過江居晉陵武進縣之東城里，寓居江左者，皆僑置本土，加以「南」名，更爲南蘭陵人也。

皇曾祖儁，字子武，位即丘令。皇祖樂子，字閏子，位輔國參軍，宋昇明中贈太常。皇考承之，字嗣伯，少有大志，才力過人，仕宋爲漢中太守。梁州之平，以功加龍驤將軍，後爲南太山太守，封晉興縣五等男，遷右軍將軍〔一〕。元嘉二十四年殂，梁土思之，於峨公山立廟祭祀。昇明二年，贈散騎常侍、金紫光禄大夫。

高帝以宋元嘉四年丁卯歲生，姿表英異，龍顙鍾聲，長七尺五寸，鱗文徧體。舊宅在武進縣，宅南有一桑樹，擢本三丈，横生四枝，狀似華蓋。帝年數歲，好戲其下，從兄敬宗曰：「此樹爲汝生也。」儒生雷次宗立學於雞籠山，帝年十三，就受禮及左氏春秋。十七年，宋大將軍彭城王義康被黜，徙豫章，皇考領兵防守，帝捨業南行。十九年，竟陵蠻動，宋文帝遣帝領偏軍討沔北蠻。二十三年，雍州刺史蕭思話鎮襄陽，啓帝自隨，初爲左軍中兵參軍。二十九年，領偏軍征仇池，破其武興、蘭皋二壘，遂從谷口入關。未至長安八十里，梁州刺史劉秀之遣司馬馬汪助帝〔二〕，攻拔談提城〔三〕。魏救兵至，帝軍力疲少，又聞文帝崩，乃燒城還南鄭。

後襲爵晉興縣五等男。爲建康令，有能名。少府蕭惠開雅有知人鑒，謂人曰：「昔魏武爲洛陽北部時，人服其英，今看蕭建康，但當過之耳。」

宋明帝即位，爲右軍將軍。時四方叛，會稽太守尋陽王子房及在東諸郡皆起兵。明帝加帝輔國將軍，東討。至晉陵，一日破賊十二壘，分軍定諸縣。及徐州刺史薛安都據彭城歸魏，遣從子索兒攻淮陰，又徵帝討破之，索兒走鍾離，帝追至黯䵣而還。除驍騎將軍，封西陽縣侯，遷巴陵王衞軍司馬，隨鎮會稽。

江州刺史晉安王子勛遣臨川内史張淹自鄱陽嶠道入三吴，明帝遣帝討之。時朝廷器甲皆充南討，帝軍容寡闕，乃編欆皮爲馬具裝，折竹爲寄生，夜舉火進軍。賊望見恐懼，未戰而走。還，除桂陽王征北司馬、南東海太守，行南徐州事。及張永等敗於彭城，淮南孤弱，以帝爲假冠軍將軍、持節、都督北討前鋒諸軍事，鎮淮陰。還南兗州刺史，加督五州，督北討如故。

明帝嫌帝非人臣相，而人間流言，帝當爲天子，明帝愈以爲疑，遣冠軍將軍吴喜留軍破釜，自持銀壺酒，封以賜帝。帝戎服出門迎，懼鴆，不敢飲，將出奔，喜告以誠，先飲之，帝即酌飲之。喜還，明帝意乃悦。

泰始七年，徵還都，部下勸勿就徵。帝曰：「主上自誅諸弟，爲太子幼弱，作萬歲後計，何關佗族。惟應速發，事緩當見疑。今骨肉相害，自非靈長之運，禍難將興，方與卿等戮力耳。」至，拜散騎常侍、太子左衛率。明帝崩，遺詔爲右衛將軍，領衛尉，加兵五百人，與尚書令袁粲、護軍褚彦回、領軍劉勔共掌機事。尋解衛尉，加侍中，領石頭戍軍事。

元徽二年五月，江州刺史桂陽王休範舉兵於尋陽，朝廷惶駭，帝與褚彦回等集中書省計議，莫有言者。帝曰：「昔上流謀逆，皆因淹緩以敗，休範必遠懲前失，輕兵急下，乘我無備，請頓新亭以當其鋒。」因索筆下議，餘並注同。中書舍人孫千齡與休範有密契，獨曰：「宜依舊遣軍據梁山。」帝正色曰：「賊今已近，梁山豈可得至！新亭既是兵衝，所欲以死報國耳。」乃單車白服出新亭。加帝使持節、都督征討諸軍事、平南將軍，加鼓吹一部。築新亭城壘未畢，賊前軍已至，帝方解衣高卧，以安衆心。乃索白虎幡，登西垣，使寧朔將軍高道慶、羽林監陳顯達、員外郎王敬則，浮舸與賊水戰，大破之。未時，張敬兒斬休範首，臺軍及賊衆俱不知。其別率杜黑蠡急攻東壘，帝挺身上馬，帥數百人出戰，與黑蠡拒戰，自晡達明旦，矢石不息。其夜大雨，鼓叫不復相聞。將士積日不得寢食，軍中馬夜驚，城内亂走。帝執燭正坐，厲聲呵止之，如是者數四。

賊帥丁文豪設伏，破臺軍於皁莢橋，直至朱雀航，王道隆、劉勔並戰没。初，勔高尚其意，託造園宅，名爲「東山」，頗忽時務。帝謂曰：「將軍以顧命之重，此是艱難之日，而深尚從容，廢省羽翼，一朝事至，悔可追乎！」勔不納，竟敗。及賊進至杜姥宅，車騎典籤茅恬開東府納賊，冠軍將軍沈懷明於石頭奔散，張永潰於白下，宫内傳新亭亦陷，太后執蒼梧王手泣曰：「天下事敗矣。」帝遣軍主陳顯達、任農夫、張敬兒、周盤龍等從石頭濟淮，間道自承明門入衛宫闕。

時休範典籤許公與詐稱休範在新亭〔四〕，士庶惶惑，詣壘期赴休範，投名者千數，及至，乃是帝。隨得輒燒之。登城北謂曰：「劉休範父子先昨皆已死，戮屍在南岡下，身是蕭平南，諸軍善見觀〔五〕。汝等名皆已焚除，勿懼也。」臺分遣衆軍擊平賊，帝振旅凱入。百姓緣道聚觀，曰：「全國家者，此公也。」帝與袁粲、褚彦回、劉彦節引咎解職，不許。遷散騎常侍、中領軍、都督、南兗州刺史、鎮軍將軍，進爵爲公。與袁粲、褚彥回、劉彥節等更日入直決事，號爲「四貴」。

休範平後，蒼梧王漸行凶暴，屢欲害帝，嘗率數十人直入鎮軍府〔六〕。時暑熱，帝晝卧裸袒，蒼梧立帝於室內，畫腹爲射的，自引滿，將射之。帝神色不變，斂板曰：「老臣無罪。」蒼梧左右王天恩諫曰：「領軍腹大，是佳射堋，而一箭便死，後無復射，不如以雹箭射之。」乃取雹箭，一發即中帝齊。蒼梧投弓於地，大笑曰：「此手何如？」時建平王景素爲朝野歸心，潛爲自全計，布誠於帝，帝拒而不納。景素尋舉兵，帝出屯玄武湖，事平乃還。

帝威名既重，蒼梧深相猜忌，刻木爲帝形，畫腹爲射堋，自射之，又命左右，射中者加賞，皆莫能中。時帝在領軍府，蒼梧自來燒之，冀帝出，因作難，帝堅卧不動。蒼梧益懷忿患〔七〕，所見之物，呼之爲帝。加以手自磨鋋，曰：「明日當以刃蕭道成。」陳太妃罵之曰：「蕭道成有大功於國，今害之，誰爲汝盡力？」故止。高帝謀與袁、褚廢立，皆不見從。

五年七月戊子，楊玉夫等與直閤將軍王敬則通謀弒蒼梧。齎首，使左右陳奉伯藏衣袖中，依常行法稱敕開承明門出，囊貯之，以與敬則。敬則馳至領軍府，叩門大呼，自言報帝〔八〕，門猶不開，敬則自門窐中以首見帝，帝猶不信，乃於牆上投進其首，帝索水洗視，敬則乃踰垣入。帝跣出，敬則叫曰：「事平矣。」帝乃戎服，乘常所騎赤馬，夜入殿中，殿中驚怖；及知蒼梧死，咸稱萬歲。至帝踐祚，號此馬爲「龍驤赤」。明旦，召袁粲、褚彦回、劉彦節入會西鍾槐樹下計議。帝以事讓彦節，彦節未答。帝鬚髯盡張，眼光如電。次讓袁粲，又不受。敬則乃拔刀，在牀側躍麾衆曰：「天下之事，皆應關蕭公，敢有開一言者，血染敬則刀！」仍呼虎賁劍戟羽儀，手自取白紗帽加帝首，令帝即位，曰：「今日誰敢復動，事須及熱。」帝正色呵之曰：「卿都不自解。」粲欲有言，敬則又叱之，乃止。帝乃下議，備法駕，詣東城，迎立順帝。於是長刀遮粲、彦節等，失色而去。甲午，帝移鎮東府，與袁粲、褚彦回、劉彦節各甲仗五十人入殿。丙申，加侍中、司空、録尚書事、驃騎大將軍，封竟陵郡公，給油幢車，班劍三十人。帝固辭上台，即授以驃騎大將軍、開府儀同三司。

十二月，荆州刺史沈攸之反，稱太后詔己下都。乙卯，帝入居朝堂〔九〕，命諸將西討，平西將軍黄回爲都督前驅。先是，太后兄子前湘州刺史王藴，遭母喪罷任，還至巴陵，停舟與攸之密謀，乃下達郢州。武帝時爲郢州長史，藴伺武帝出弔，因作亂，據郢城。武帝知之，不出。藴還至東府前，又期見高帝，帝又不出弔。再計不行，外謀愈固。司徒袁粲、尚書令劉彦節見帝威權稍盛，慮不自安，與藴及黄回等相結舉事，殿内宿衛主帥無不協同。及攸之反問初至，帝往石頭詣粲謀，粲稱疾不相見，剋壬申夜起兵據石頭。其夜丹陽丞王遜告變。彦節從弟領軍韞及直閤將軍卜伯興等嚴兵爲内應〔一〇〕，帝命王敬則於宫内誅之。遣諸將攻石頭，王蘊將數百精手，帶甲赴粲，城門已閉，官軍又至，乃散。衆軍攻石頭，斬粲，彥節走額擔湖〔一一〕，蘊逃鬭場，並禽斬之。粲典籤莫嗣祖同粲謀，蘊嬖人張承伯藏匿蘊，高帝亦並赦而用之。時黃回頓新亭，聞石頭已下，因稱救援，高帝知而不言，撫之愈厚，遣回西上，流涕告別。

二年正月，沈攸之平〔一二〕。二月，宋帝進高帝太尉，都督十六州諸軍事，高帝表送黃鉞。三月己酉，增班劍四十人、甲仗百人入殿。丙子，加羽葆、鼓吹。大明、泰始以來，相承奢侈，百姓成俗，及高帝輔政，奏罷御府，省二尚方諸飾玩，至是，又上表禁人間華僞雜物，凡十七條。其中宮及諸王服用，雖依舊例，亦請詳制。

九月丙午，加帝假黃鉞、都督中外諸軍事、太傅，領揚州牧，劍履上殿，入朝不趨，贊拜不名，置左右長史、司馬、從事中郎、掾、屬各四人。固辭，詔遣敦勸，乃受黃鉞，辭殊禮。甲寅，給三望車。

三年正月乙丑〔一三〕，高帝表蠲百姓逋責〔一四〕。丙辰，加前部羽葆、鼓吹。丁巳，命太傅府依舊辟召。丁卯，給高帝甲仗五百人，出入殿省。甲午〔一五〕，重申前命，劍履上殿，入朝不趨，贊拜不名〔一六〕。三月甲辰，宋帝詔進帝位相國，總百揆，封十郡爲齊公，備九錫禮，加遠游冠，位在諸侯王上，加相國綠綟綬。甲寅，使以備物典禮進，策曰：

朕以不造，夙罹閔凶，嗣君失德，書契未紀，威武五行〔一七〕，虔劉九縣，神歇靈繹，海水羣飛〔一八〕，綴旒之殆，未足爲譬，豈直小宛興刺，黍離作歌而已哉。天贊皇宋，實啓明宰，爰登寡昧，纂承大業，高勳至德，振古絶倫，雖保衡翼殷，博陸匡漢，方斯蔑如也。今將授公典禮，其敬聽朕命：

乃者袁、鄧構禍，寔繁有徒，子房不臣，稱兵協亂，顧瞻宫掖，將成茂草，言念邦國，翦爲仇讎。當此之時，人無固志。公投袂徇難，超然奮發，登寅車而戒路，執金板而先驅，麾鉞一臨，凶黨冰泮，此則霸業之基，勤王之始也。安都背叛，竊據徐方，敢率犬羊，陵虐淮浦。索兒愚悖，同惡相濟，天祚無象，背順歸逆，北鄙黔黎，奄墜塗炭。公受命宗祊，精貫朝日，擁節和門，氣踰霄漢，破釜之捷，斬馘蔽野，石梁之戰，禽其渠帥，保境全人，江陽即序，此又公之功也。張淹迷昧，弗顧本朝，爰自南區，志圖東夏，潛軍間入，竊覬不虞。于時江服未夷，皇塗荐沮，公忠誠慷慨，在險彌亮，以寡制衆，所向風偃，朝廷無東顧之憂，閩、越有來蘇之慶，此又公之功也。匈奴野心，侵掠疆埸，醜羯侜張，勢振彭、泗。公奉辭伐罪，戒旦晨征，兵車始交，氛祲時蕩，弔死扶傷，弘宣皇澤，俾我淮、肥，復霑盛化，此又公之功也。自茲厥後，獫狁孔熾，封豕長蛇，重窺上國。而世故相仍，師出已老，角城高壘，指日淪陷。公眷言王事，發憤忘食，躬擐甲冑，視險若夷，分疆畫界，開創青、兗，此又公之功也。桂陽負衆，輕問九鼎，裂冠毀冕，拔本塞源，烈火焚于王城，飛矢集乎君屋，羣后憂惶，元戎無主。公按劍凝神，則奇謨冠世，把旄指麾，則懦夫成勇，信宿之間，宣陽底定，此又公之功也。皇室多難，釁起戚藩，建平失圖，興兵内侮，公指授六師，義形于色，役未踰旬，朱方寧晏，此又公之功也。蒼梧肆虐，諸夏糜沸，淫刑以逞，誰則無辜，黔首相悲，朝不謀夕，高祖之業已淪，文、明之軌誰嗣。公遠稽殷、漢之義，近遵魏、晉之典，猥以眇身，入奉宗祏，七廟清謐，九區反政，此又公之功也。袁、劉攜貳，成此亂階，醜圖潛構，危機竊發，據有石頭，志犯應、路。公神謀内運，霜鋒外舉，祅沴載澄，國塗悦穆，此又公之功也。沈攸苞禍，歲月滋彰，蠭目豺聲，阻兵安忍，乃眷西顧，緬同異域。而經綸惟始，九伐未申，長惡不悛，遂逞凶逆。公把鉞出關，凝威江甸，正情與皦日同亮，明略與秋雲競爽，至義所感，人百其心，積年逋誅，一朝顯戮，沮浦安流，章臺順軌，此又公之功也。

公有濟天下之勳，重之以明哲，道庇生靈，志匡宇宙，戮力肆心，劬勞王室，險阻艱難，備嘗之矣。若乃締構宗稷之勤，造物資始之澤，雲布霧散，光被六幽，弼予一人，永清四海。是以秬草騰芳於郊園，景星垂暉於清漢，遐方款關而慕義，荒服重譯而來庭，汪哉邈乎，無得而名也。朕聞疇庸表德，前王盛典，崇樹侯伯，有國攸同，所以文命成功，玄圭顯錫，姬旦宣哲，曲阜啓藩。或改玉以弘風，或胙土以宣化，禮絶常班，寵冠羣辟。爰逮桓、文，車服異數。惟公勳業超於先烈，而褒賞闕於舊章，古今之道，何其爽歟！靜言欽歎，良有缺然。今進授相國，以青州之齊郡、徐州之梁郡、南徐州之蘭陵魯郡琅邪東海晉陵義興、揚州之吴郡會稽，凡十郡，封公爲齊公。錫茲玄土，苴以白茅，定爾邦家，用建冢社。斯實尚父故藩，世作盟主，紀綱侯甸，率由舊則。往者周、召建國，師保兼任，毛、畢執珪，入作卿士，内外之寵，同規在昔。今命使持節、兼太尉、侍中、中書監、司空、衞將軍雩都縣開國侯彦回，授公相國印綬、齊公璽紱。持節、兼司空副、守尚書令僧虔授齊公茅土〔一九〕，金虎符第一至第五左，竹使符第一至第十左。相國位總百辟，秩踰三事，職以禮移，號隨事革，其以相國總百揆，去録尚書之稱，送所假節、侍中貂蟬、中外都督太傅太尉印綬、竟陵公印策，其驃騎大將軍、揚州牧、南徐州刺史如故。

又加公九錫，其敬聽後命：

以公執禮弘律，儀形區宇，遐邇一體，人無異業。是用錫公大輅、戎輅各一，玄牡二駟。公崇脩南畝，所寶惟穀，王府充實，百姓繁衍。是用錫公衮冕之服，赤舄副焉。公居身以謙，導物以義，鎔鈞庶品，罔不和悦。是用錫公軒縣之樂，八佾之儛〔二〇〕。公翼贊王猷，聲教遠洽，蠻夷竭歡，回首内附。是用錫公朱户以居。公明鑒人倫，澄辯涇、渭，官方與能，英乂克舉。是用錫公納陛以登。公保佑皇朝，厲身化下，杜漸防萌，含生寅式。是用錫公虎賁之士三百人。公禦宄以刑，禦姦以德，君親無將，將而必誅。是用錫公鈇鉞各一。公鳳舉四維，龍騰八表，威靈所振，異類同乂。是用錫公彤弓一、彤矢百、盧弓十、盧矢千。公明發載懷，肅恭禋祀，孝敬之重，義感靈祇。是用錫公秬鬯一卣，圭瓚副焉。齊國置丞相以下，敬遵舊式。往欽哉，其祗服朕命，經緯乾坤，宏亮洪業，茂昭爾大德，闡揚我高祖之休命。

高帝三讓，公卿敦勸固請，乃受之。丁巳，下令赦國内殊死以下。宋帝詔齊公十郡之外，隨宜除用。以齊國初建，給錢五百萬、布五千疋、絹五千疋。以太尉左長史王儉爲尚書右僕射，領吏部。

四月癸酉，宋帝又詔進齊公爲王，以豫州之南梁陳潁川陳留、南兗州之盱台山陽秦廣陵海陵南沛增王封爲二十郡[二]。使司空褚彦回奉策授璽紱，改立王社，餘如故。丙戌，命齊王冕十有二旒，建天子旌旗，出警入蹕，乘金根車，駕六馬，備五時副車，置旄頭雲罕，樂儛八佾，設鍾虡宮縣，王世子爲太子，王女、王孫爵命，一如舊儀。

辛卯，宋帝以歷數在齊，乃下詔禪位，是日遜于東邸[三]。壬辰，遣使奉策曰：

咨爾齊王：伊太古初陳，萬化紛綸，開曜靈以鑒品物，立元后以馭黎元。若夫容成、大庭之世，伏羲、五龍之辰，靡得而詳焉。自軒黄以降，墳素所紀，略可言者，莫崇乎堯、舜。披金繩而握天鏡，開玉匣而總地維，德之休明，宸居靈極，期運有終，歸禪與能。所以大唐遜位，謳然興歌，有虞揖讓，卿雲發采，遺風餘烈，光被無垠。漢、魏因循，不敢失墜，爰逮有晉，亦遵前典。昔我祖宗英叡，旁格幽明，末葉不造，仍世多故。惟王聖哲欽明，榮鏡區宇，仁育羣生，義征不憓，聲化遠洎，荒服無虞，殊類同規，華戎一族。是以五色來儀於軒庭，九穗含芳於郊牧。象緯昭徹，布新之符已顯，圖讖彪煥，受終之義既彰，靈祇乃眷，兆庶引領。

朕聞至道深微，惟人是弘，天命無常，惟德是與。所以仰鑒玄情，俯察羣議，敬禪神器，授帝位于爾躬。四海困窮，天禄永終。於戲！王其允執厥中，儀刑前式，以副率土之欣望。命司袞而謁蒼昊〔二三〕，奏雲門而升圓丘，時膺大禮，永保洪業，豈不盛歟！并命璽書，遣兼太保、司空褚彦回，兼太尉、守尚書令王僧虔奉皇帝璽綬，受終之禮，一依唐、虞故事。

高帝固讓，宋朝王公以下陳留王粲等，詣門陳請，帝猶未許。齊世子卿士以下固請；兼太史令、將作匠陳文建奏符瑞〔二四〕，因言漢自建武至建安二十五年，一百九十六年而禪魏；

魏自黄初至咸熙二年，四十六年而禪晉；晉自泰始至元熙二年，一百五十六年而禪宋；宋自永初元年至昇明三年，凡六十年；咸以六終六受。六，亢位也。驗往揆今，若斯昭著，敢以職任，備陳管穴，伏願順天時，膺符瑞。」二朝百辟又固請。尚書右僕射王儉奏：「被宋詔遜位，臣等參議，宜剋日受禪。」高帝乃許焉。

建元元年夏四月甲午，皇帝即位於南郊，柴燎告天曰：

皇帝臣道成，敢用玄牡，昭告于皇皇后帝：

夫肇自生靈，樹以司牧，所以闡極立則，開元創物，肆茲大道。天下惟公，命不于常。昔在虞、夏，受終上代，粵自漢、魏，揖讓中葉，咸焕諸方策，載在典謨。水德既微，仍世多故，寔賴道成匡救之功，以弘濟乎厥難。大造顛墜，再構區宇，誕惟天人，罔弗和會。迺仰協歸運，景屬與能，用集大命于茲。辭德匪嗣，至于累仍，而羣公卿士，庶尹御事，爰及黎獻，暨乎百蠻，僉曰皇天眷命，不可以固違，人神無統，不可以曠主。畏天之威，敢不祗順鴻曆。敬簡元辰，虔奉皇符，升壇受禪，告類上帝，以答人衷，式敷萬國。惟明靈是饗。

禮畢，備大駕，幸建康宮，臨太極前殿。大赦，改元。賜人爵二級，文武位二等，鰥寡孤獨不能自存者，穀人五斛。逋租宿責勿收。犯鄉論清議、贓汙淫盜者，一皆蕩滌，洗除先注，與之更始。長徒敕繫者，特加原遣。亡官失爵，禁錮奪勞，一依舊典。封宋帝爲汝陰王，築宮於丹陽故縣，行宋正朔，車旗服色，一如晉、宋故事，上書不爲表，答表不稱詔。宋諸王皆降爲公，郡公主爲縣君，縣公主爲鄉君。詔降宋南康郡公爲縣公，華容公爲侯〔二五〕，萍鄉侯爲伯，減户有差，以奉劉穆之、王弘、何無忌之祀。追尊皇考曰宣皇帝，皇妣曰孝皇后，陵曰永安。妃曰昭皇后，陵曰泰安〔二六〕。詔劫賊餘口没在臺府者，悉原赦。諸負釁流徙者，皆聽還本土。戊戌，以荆州刺史嶷爲尚書令、驃騎大將軍、開府儀同三司。斷四方上慶禮。己亥，詔二宫諸王，悉不得營立屯邸，封略山湖。乃停太官池塞税。庚子，詔宋帝后藩王諸陵，量置守衛。

五月丙午，以河南王吐谷渾拾寅爲驃騎大將軍。詔宋氏第秩，量所廢置。有司奏留襄陽郡公張敬兒等六十二人，除廣興郡公沈曇亮等一百二十二人。改元嘉曆爲建元曆，祖以正月卯，臘以十二月未。丁未，詔曰：「設募取將，縣賞購士，蓋出權宜，自今可斷衆募。」乙卯，河南國遣使朝貢。丙辰，詔遣兼散騎常侍十二人，巡行四方。己未，汝陰王殂，齊志也，追謚爲宋順帝。辛酉，誅陰安公劉燮等。

六月乙亥，詔宋末以來，枯骸毁櫬，宣下埋藏。庚辰，備法駕，奉七廟主于太廟。甲申，立齊太子賾爲皇太子。斷諸州郡禮慶，降死罪以下刑，并申前赦恩百日。立皇子嶷爲豫章王，映爲臨川王，晃爲長沙王，曅爲武陵王，暠爲安成王，鏘爲鄱陽王，鑠爲桂陽王，鑑爲廣興王，皇孫長懋爲南郡王。乙酉，葬宋順帝于遂寧陵。

秋七月丁未，曲赦交州部内。丁巳，詔南蘭陵桑梓本鄉，長蠲租布；武進王業所基，給復十年。

八月癸巳，省陳留國。丁巳，立皇子鈞爲衡陽王〔一七〕。

九月辛丑，詔以二吴、義興三郡遭水，減今年田租。乙巳，復置南蠻校尉官。丙午，加司空褚彦回尚書令。

冬十月丙子，立彭城劉胤爲汝陰王，奉宋後。己卯，享太廟。辛巳，汝陰王太妃王氏薨，追贈宋恭皇后。己丑，荆州天井湖出綿，人用與常綿不異。

二年春正月戊戌朔，大赦。以司空褚彦回爲司徒〔一八〕，以尚書右僕射王儉爲左僕射。辛丑，祀南郊。

二月丁卯，魏軍攻壽陽，豫州刺史垣崇祖破走之。癸巳，遣大使巡慰淮、肥、徐、豫邊人尤貧遘難者。

三月，百濟國遣使朝貢，以其王牟都爲鎮東大將軍。

夏四月丙寅，進高麗王樂浪公高璉號驃騎大將軍。

五月，立六門都墻。

秋九月甲午朔，日有蝕之。丙子，蠕蠕國遣使朝貢〔一九〕。

冬十二月戊戌，以司空褚彦回爲司徒。壬子，以驃騎豫章王嶷爲司空。

三年春正月壬戌朔，詔王公卿士薦讜言。丙子，立皇子鋒爲江夏王。

二月癸丑，罷南蠻校尉官。

夏四月辛亥，始制東宫臣僚用下官禮敬聞喜公子良等。

六月壬子，大赦。

秋七月己未朔，日有蝕之。

九月辛未，蠕蠕國王遣使，欲俱攻魏，獻師子皮袴褶。烏程令吴郡顧昌玄，坐父法秀宋泰始中北征死亡，屍骸不反，而昌玄宴樂嬉游，與常人無異。有司請加以清議。丙戌，置會稽山陰縣獄丞。

冬十月戊子，以河南王世子吐谷渾度易侯爲西秦河二州刺史、河南王。

十二月丁亥，高麗國遣使朝貢。命散騎常侍虞炎等十二人巡行諸州郡，觀省風俗。

四年春二月乙未，上不豫。庚戌，詔原都下囚繫有差，免元年以前逋責。

三月庚申，召司徒褚彦回、左僕射王儉受顧託〔三〇〕。壬戌，皇帝崩于臨光殿，年五十六。羣臣上謚曰高皇帝，廟號太祖。梓宫於東府前渚升龍舟。四月丙午，葬於武進泰安陵，於龍舟卒哭，内外反吉。

上少有大量，喜怒不形於色，深沈静默，常有四海之心。博學，善屬文，工草隸書，弈棊第二品。雖經綸夷險，不廢素業。及即位後，身不御精細之物，主衣中有玉介導，以長侈奢之源，命打破之。凡異物皆令隨例毁棄。後宫器物欄檻，以銅爲飾者，皆改用鐵。内殿施黄紗帳，宫人著紫皮履。華蓋除金華爪，用鐵回釘。每曰：「使我臨天下十年，當使黄金與土同價。」欲以身率下，移風易俗。性寬，嘗與直閤將軍周覆、給事中褚思莊共棊，累局不倦，覆乃抑上手，不許易行。其弘厚如此。所著文，詔中書侍郎江淹撰次之。又詔東觀學士撰史林三十篇，魏文帝皇覽之流也。

始帝年十七時，嘗夢乘青龍上天，西行逐日。帝舊塋在武進彭山，岡阜相屬，數百里不絶，其上常有五色雲，又有龍出焉。上時已貴矣，宋明帝甚惡之，遣善占墓者高靈文往墓所占相。靈文先給事太祖，還，詭答曰：「不過出方伯耳。」密白太祖曰：「貴不可言。」明帝意猶不已，遣人踐藉，以左道厭之。上後於所樹華表柱忽龍鳴，震響山谷。明帝寢疾，爲身後之慮，多翦功臣，上亦見疑，每云：「蕭道成有不臣相。」時鎮淮陰，每懷憂懼，忽見神人謂上曰：「無所憂，子孫當昌盛。」泰始三年，宋明帝遣前淮南太守孫奉伯往淮陰監元會〔三一〕。奉伯舊與帝款，是行也，帝與奉伯同室卧，奉伯夢上乘龍上天，於下捉龍脚，不得。及覺，敍夢，因謂曰：「兗州當大庇生靈，而弟不得與也。」奉伯竟卒於宋世。又參軍崔靈建夢天謂己：「蕭道成是我第十九子，我去年已使授其天子位。」考自三皇、五帝以降，受命之次，至帝爲十九也。及爲領軍，望氣者陳安寶見上身上恒有紫黃氣。安寶謂王洪範曰：「此人貴不可言。」所居武進縣有一道，相傳云「天子路」。或謂秦皇所游，或云孫氏舊迹。時訛言東城天子出。其後建安王休仁鎮東府，宋明帝懼，殺休仁，而常閉東府不居。明帝又屢幸，改「代」作「伐」，以厭王氣。又使子安成王代之。及蒼梧王敗，安成王代立，時咸言爲驗。術數者推之，上舊居武進東城村，「東城」之言，其在此也。昇明二年冬〔三二〕，延陵縣季子廟沸井之北，忽聞金石聲，疑其異，鑿深三尺，得沸井，奔涌若浪。其地又響，即復鑿之，復得一井，涌沸亦然。井中得一木簡，長一尺，廣二分，上有隱起字，曰：「廬山道人張陵再拜，詣闕起居。」簡大堅白〔三三〕，字色乃黃。瑞應圖云：「浪井不鑿自成，王者清靜，則仙人主之」。會稽剡縣有山，名刻石。父老相傳云，「山雖名刻石，而不知文字所在」。昇明末，縣人兒襲祖行獵，忽見石上有文字，凡三處，苔生其上，字不可識，乃去苔視之，其大石文曰：「此齊者，黃石公之化氣也〔三四〕。」立石文曰：「黃天星，姓蕭，字道成，得賢帥，天下太平。」小石文曰：「刻石者誰？會稽南山李斯刻秦望之風也〔三五〕。」孝經鉤命決曰：「誰者起，視名將。」將，帝小字也。河洛讖曰：「歷年七十水滅緒〔三六〕，風雲俱起龍鱗舉。」又曰：「肅肅草成，道德盡備。」案宋水德也。義熙元年，宋武帝王業之始，至齊受命，七十年。又讖曰：「蕭爲二士天下樂。」案二士，「主」字也。郭文舉金雄記曰：「當復有作，肅入草。」易曰：「聖人作，萬物覩。」「當復有作」，言聖人作也。王子年歌曰：「欲知其姓草肅肅，穀中最細低頭熟，鱗身甲體永興福。」穀中精細者，稻也，即道也，熟猶成也。又歌曰：「金刀利刃齊刈之。」金刀「劉」字，刈猶翦也。孔子河洛讖曰〔三七〕：「堨河梁，塞龍泉，消除水災泄山川。」水即宋也，宋氏爲災害，故曰水災。梁亦水也，堨河梁，則行路成矣。路，猶道也。消除水災，除宋水氏之災害也。河圖讖又曰：「上參南斗第一星，下立草屋爲紫庭。神龍之岡梧桐生，鳳鳥戢翼朔旦鳴〔三八〕。」南斗，吴分野，草屋者居上，「蕭」字象也。先是，益州有山，古老相傳曰齊后山。昇明三年四月二十三日，有沙門玄暢者，於此山立精舍，其日上登尊位。其月二十四日，滎陽郡人尹千〔三九〕，於嵩山東南隅見天雨石〔四〇〕，墜地石開，有玉璽在其中。璽方三寸，文曰：「戊丁之人與道俱，肅然入草應天符，掃平河、洛清魏都。」又曰：「皇帝運興。」千奉璽詣雍州刺史蕭赤斧，赤斧以獻。案宋武帝於嵩高山得玉璧三十二枚，神人云：「此是宋卜世之數。」三十二者，二「三十」也，宋自受命至禪齊凡六十年。然則帝之符應也若是，今備之云。

世祖武皇帝諱賾，字宣遠，高帝長子也。以宋元嘉十七年六月己未生於建康縣之青溪宮〔四一〕。將產之夕，孝皇后、昭皇后並夢龍據屋，故小字上爲龍兒。年十三，夢人以筆畫身左右爲兩翅，又著孔雀羽衣裳空中飛，舉體生毛，髮長至足。有人指上所踐地曰「周文王之田」。又於所住堂內得璽一枚，文曰「皇帝行璽」。又得異錢，文爲「北斗星」，雙刀、雙貝及有人形帶劍焉。

仕宋爲贛令。江州刺史晉安王子勛反，上不從命。南康相沈肅之繫上郡獄，族人蕭欣祖、門客桓康等破郡迎出上，上遂率部曲百餘人起義。避難揭陽山，有白雀來集，聞山中有清聲傳漏響。又於山累石爲佛圖，其側忽生一樹，狀若花蓋，青翠扶疎，有殊羣木。上將討戴凱之，大饗士卒。是日大熱，上各令折荆枝自蔽，言未終而有雲垂蔭，正當會所，會罷乃散。及爲廣興相，嶺南積旱，連水阻涸，商旅不通。上部伍既至，無雨而川流暴起，遂得利涉。

元徽四年，累遷晉熙王鎮西長史、江夏内史，行郢州事。順帝立，徵晉熙王燮爲撫軍、揚州刺史，以上爲左衞將軍，輔燮俱下。沈攸之事起，未得朝廷處分，上以中流可以待敵，即據盆口城爲戰守備。高帝聞之曰：「此真我子也。」於盆城掘壍，得一大錢，文曰「太平百歲」。于時城内乏水，欲引水入城，始鑿城内，遇伏泉涌出，如此者九處，用之不竭。上表求西討，不許，乃遣偏軍援郢，平西將軍黄回等，皆受上節度。昇明二年，事平，遷江州刺史，封聞喜縣侯。其年，徵侍中、領軍將軍。尋加督京畿諸軍事。三年，又加尚書僕射、中軍大將軍、開府儀同三司，進爵爲公，給班劍二十人。

齊國建，爲齊公世子。改加侍中、南豫州刺史，給油絡車、羽葆、鼓吹，增班劍爲三十人〔四二〕。以石頭爲世子宫，官置二率以下，坊省服章，一如東宫。進爲王太子。高帝即位，爲皇太子。

建元四年三月壬戌，高帝崩，是日，皇太子即皇帝位，大赦。征鎮州郡令長、軍屯營部，各行喪三日，不得擅離任。都邑城守，防備幢隊，一不得還。乙丑，稱先帝遺詔，以司徒褚彦回録尚書事，尚書左僕射王儉爲尚書令，車騎將軍張敬兒開府儀同三司。詔曰：

「喪禮雖有定制，先旨每存簡約，内官可三日一還臨，外官間日一還臨，後有大喪皆如之。」丁卯，以前將軍王奂爲尚書左僕射〔四三〕。庚午，以司空豫章王嶷爲太尉。癸酉，詔免逋城錢，自今以後，申明舊制。初晉、宋舊制，受官二十日，輒送脩城錢二千〔四四〕。宋泰始初，軍役大起，受官者萬計，兵戎機急，事有未遑，自是令僕以下，並不輸送。二十年中，大限不可勝計，文符督切，擾亂在所，至是除蕩，百姓悦焉。

夏四月辛卯，追尊穆妃爲皇后。

五月庚申，以高皇帝配南郊，高昭皇后配北郊。

六月甲申朔，立南郡王長懋爲皇太子〔四五〕。詔申壬戌赦恩百日。丙申，立皇太子妃王氏。進封聞喜公子良爲竟陵王，臨汝公子卿爲廬陵王，應城公子敬爲安陸王，江陵公子懋爲晉安王，枝江公子隆爲隨王，皇子子真爲建安王，皇孫昭業爲南郡王〔四六〕。戊戌，以水潦爲患，星緯乖序，剋日訊都下囚，諸遠獄委刺史以時察判。建康、秣陵二縣貧人加振賜，必令周悉。吴興、義興遭水縣，蠲降租調〔四七〕。以司徒褚彦回爲司空。

秋八月癸卯，司空褚彦回薨。

九月丁巳，以國哀故，罷國子學。辛未，以征南將軍王僧虔爲左光禄大夫、開府儀同三司。

冬十月乙未，以中書令王延之爲尚書左僕射。

十二月己丑，詔曰：「緣淮戍將，久處邊勞，三元行始，宜霑恩慶，可遣中書舍人宣旨臨會。」後每歲如之。

永明元年春正月辛亥，祀南郊。大赦，改元。壬子，詔內外羣僚，各進讜言，王公卿士，各舉所知。又詔守宰祿奉，蓋有恒準，往以邊虜告警，故沿時損益，今區宇寧晏，宜加優獎，郡縣丞尉，可還田秩〔四八〕。壬戌，立皇弟鋭爲南平王，鏗爲宜都王，皇子子明爲武昌王，子罕爲南海王。望氣者云：新林、婁湖、東府西有天子氣〔四九〕。甲子，築青溪舊宮，作新婁湖苑以厭之〔五〇〕。

二月庚寅〔五一〕，以征虜將軍楊炅爲沙州刺史，封陰平王。

三月丙辰，詔以星緯失序，陰陽愆度，申辛亥赦恩五十日，以期訖爲始。戊寅，詔四方見囚，罪無輕重，及劫賊餘口，長徒敕繫，悉皆原赦。

夏五月丁酉〔五二〕，車騎將軍張敬兒有罪伏誅。

秋八月壬申，魏人來聘。

冬十月丙寅，使驍騎將軍劉纘聘于魏。

十一月己卯，雷。

十二月乙巳朔，日有蝕之。

二年春正月乙亥，以護軍將軍柳世隆爲尚書右僕射，以南兗州刺史竟陵王子良爲護軍將軍，兼司徒。壬寅，以新除尚書右僕射柳世隆爲左僕射，以丹陽尹李安人爲右僕射〔五三〕。

秋七月甲申，立皇子子倫爲巴陵王。

八月丙午，幸舊宫，申都下獄及三署見徒，量所降宥。戊申，幸玄武湖講武。壬子，扶南國遣使朝貢，并獻頌章云。甲子，詔都下二縣，墳墓毁發，隨宜掩埋，遺骸未櫬者，並加斂瘞。疾困不能存者，詳加霑賚。

冬十二月庚申，魏人來聘。

三年春正月辛卯，祀南郊。赦三百里内罪應入重者降一等〔五四〕，餘依赦制。

三月甲寅，使輔國將軍劉纘聘于魏〔五五〕。

夏五月，省總明觀。

秋七月甲戌，左光禄大夫、開府儀同三司王僧虔薨。辛卯，於益州置平蠻校尉官。

八月乙未，幸中堂聽訟。乙巳，以行宕昌王梁彌頡爲河、涼二州刺史〔五六〕，封隴西公、宕昌王。

冬十月丙辰，魏人來聘〔五七〕。

十二月，以江州刺史王奂爲尚書右僕射。改封武昌王子明爲西陽王。

四年春閏正月癸巳，立皇子子貞爲邵陵王。丁未，以武都王楊集始爲北秦州刺史。辛亥，耕藉田。詔宥殊死以下。甲寅，幸閲武堂，勞酒小會，賜王公以下在位者帛有差。戊午，幸宣武堂講武。

二月丙寅，大風，吴興偏甚〔五八〕，樹葉皆赤。己未〔五九〕，立皇弟銶爲晉熙王，鉉爲河東王。壬午，使通直郎裴昭明聘于魏。

五年春正月戊子，以太尉豫章王嶷爲大司馬，車騎將軍竟陵王子良爲司徒，驃騎將軍臨川王映、衞將軍王儉、中軍將軍王敬則並以本號開府儀同三司。以尚書右僕射王奂爲尚書左僕射。辛卯，賜孤寡老疾各有差。

夏四月庚午，殷祀太廟，降諸囚徒。

先是，立商飆館於孫陵岡，世呼爲九日臺，秋九月辛卯，車駕幸焉。

冬十月，初起新林苑。

六年春三月甲申，詔皇太子於東宮玄圃園宣猷堂臨訊及三署徒隸。己亥，封皇子子響爲巴東王。

夏五月庚辰，左衞殿中將軍邯鄲超表陳射雉，書奏賜死。又潁川荀丕亦以諫諍，託他事及誅。

六月辛未，詔省州郡縣送故輸錢者。

秋七月，齊興太守劉元寶於郡城壍得錢三十七萬〔六〇〕，皆輪厚徑一寸半，以獻，上以爲瑞，班賜公卿。

九月壬寅，於琅邪城講武，習水步軍。

冬十月庚申，立冬，初臨太極殿讀時令。

十一月丙戌〔六一〕，土霧竟天，如煙，入人眼鼻，二日乃止。

七年春正月丙午，以鎮南將軍柳世隆爲尚書左僕射，以豫州刺史西昌侯鸞爲右僕射。

辛亥，祀南郊，大赦。申明不舉子之科，若有産子者，復其父。壬戌，驃騎將軍、開府儀同三司臨川王映薨。戊辰，詔以諸大夫年秩隆重，增俸，給見役。

三月甲寅，立皇子子岳爲臨賀王，子峻爲廣漢王，子琳爲宣成王，子珉爲義安王。

夏五月乙巳，尚書令、衞將軍、開府儀同三司王儉薨。甲子，以新除尚書左僕射柳世隆爲尚書令。

秋九月壬寅，魏人來聘。

冬十一月戊申，詔平南參軍顔幼明聘于魏。

八年春正月庚子，以領軍王奂爲尚書左僕射。丁巳，以行百濟王泰爲鎮東大將軍、百濟王。

二月辛卯，零陵王司馬藥師薨。

夏四月戊辰朔，詔公卿以下各舉所知。

六月己巳，魏人來聘。庚午，長沙王晃薨。丙申，大雷雨〔六二〕，有黃光竟天，照地狀如金。

乙酉，都下大風發屋。

秋七月癸卯，詔以陰陽舛和，緯象愆度，儲胤嬰患，淹歷旬晷，可大赦。

八月乙酉，以河南王世子休留代爲西秦、河二州刺史，封河南王。壬辰，荆州刺史巴東王子響反，遣丹陽尹蕭順之討之，子響伏誅〔六三〕。

冬十二月戊寅〔六四〕，詔量增尚書丞郎賜禄。己卯，改封宣城王子琳爲南康王，立皇子子建爲湘東王。

九年春正月甲午，省平蠻府。辛丑，祀南郊，降都下見囚。戊午，詔射聲校尉裴昭明聘于魏。

三月癸巳，明堂災。

夏五月丙申，林邑國獻金簟。丁未，魏人來聘。安成王暠薨。己未，樂游正陽堂災。

秋八月己亥，使司徒參軍蕭琛聘于魏。吴興、義興大水。乙卯，蠲二郡租。

九月戊辰，幸琅邪城講武，觀者傾都，普頒酒肉。

冬十月甲寅，魏人來聘。

十年春正月戊午，以司徒竟陵王子良領尚書令，以尚書右僕射西昌侯鸞爲左僕射。詔增内外有務衆官禄奉。丙戌，詔故太宰褚彦回、故太尉王儉、故司空柳世隆、驃騎大將軍王敬則、鎮軍大將軍陳顯達、故鎮東將軍李安人配饗太祖廟庭。

二月乙巳，使司徒參軍蕭琛聘于魏。

十一年春正月戊午〔六五〕，以驃騎大將軍、豫州刺史王敬則爲司空。乙亥，皇太子長懋薨。

二月，雍州刺史王奐有罪，伏誅〔六六〕。

三月丙寅，以金紫光禄大夫王晏爲尚書右僕射。

夏四月癸未，魏人來聘。甲午，立皇孫昭業爲皇太孫，賜天下爲父後者爵一級〔六七〕。

五月戊辰，以旱故，都下二縣、朱方、姑熟權斷酒。

秋七月丁巳，曲赦南兗兗豫司徐五州，南豫州之歷陽譙臨江廬江四郡三調，衆逋宿責，並同原除。其緣淮及青、冀新附僑人，復除已訖，更申五年。

先是魏地謠言，「赤火南流喪南國」。是歲，有沙門從北齎此火而至，色赤於常火而微，云以療疾。貴賤爭取之，多得其驗。二十餘日，都下大盛，咸云「聖火」。詔禁之不止。火灸至七炷而疾愈。吴興丘國賓密以還鄉，邑人楊道慶虚疾二十年，依法灸即差。

是月，上不豫，徙御延昌殿，始登階而殿屋鳴吒，上惡之。魏軍將至，上慮朝野憂惶，力疾召樂府奏正聲伎。戊寅，大漸，詔曰：「始終大期，聖賢不免，吾行年六十，亦復何恨。但皇業艱難，萬機自重〔六八〕，不能無遺慮耳。太孫進德日茂，社稷有寄，子良善相毗輔，思弘正道。內外衆事無大小，悉與鸞參懷。尚書是職務根本，悉委王晏、徐孝嗣。軍旅捍邊之略，委王敬則、陳顯達、王廣之、王玄邈、沈文季、張瓌、薛深等〔六九〕。百辟庶僚，各奉爾職，謹事太孫，勿有懈怠。」又詔曰：「我識滅後，身上著夏衣畫天衣，純烏犀導，絓諸器服〔七〇〕，悉不得用寶物及織成等，唯裝複裌衣各一通。常所服刀長短二口，鐵環者，隨入梓宮。祭敬之典，本在因心，靈上慎勿以牲爲祭。祭惟設弊、茶飲、干飯、酒脯而已。天下貴賤，咸同此制。未山陵前，朔望設菜食。陵墓萬世所宅，意常恨休安陵未稱，今可用東三處地最東邊以葬我，名爲景安陵。喪禮每存省約，不須煩人，百官停六時入臨，朔望祖日可依舊。諸主六宮，並不須從山陵。內殿鳳華、壽昌、曜靈三處，是吾所改制。夫貴有天下，富兼四海，宴處寢息，不容乃陋，謂此爲奢儉之中，慎勿壞去。顯陽殿玉像諸佛及供養，具如別牒，可盡心禮拜供養之。絓有功德事，可專在中。自今公私皆不得出家爲道，及起立塔寺，以宅爲精舍，並嚴斷之。惟年六十，必有道心，聽朝賢選序，已有別詔。諸小小賜乞，及閣內處分，亦有別牒。內外禁衞勞舊主帥左右，悉令蕭諶優量驅使之。」是日上崩于延昌殿，年五十四。羣臣上謚曰武皇帝，廟號世祖。九月丙寅，葬景安陵。

上剛毅有斷，政總大體，以富國爲先。頗喜游宴、彫綺之事，言常恨之，未能頓遣。臨崩，又詔：「凡諸游費，宜從休息。自今遠近薦獻，務存節儉，不得出界營求，相高奢麗。金粟繒纊，敝人已甚，珠玉玩好，傷俗尤重，嚴加禁絶。」

論曰：齊高帝基命之初，武功潛用，泰始開運，大拯時艱。及蒼梧暴虐，釁結朝野，而百姓懔懔，命縣朝夕。權道既行，兼濟天下。元功振主，利器難以假人，羣方戮力，實懷尺寸之望，豈惟天厭水行，固已人希木德，歸功與能，事極乎此。武帝雲雷伊始，功參佐命，雖爲繼體，事實艱難。御衮垂旒，深存政典，文武授任，不革舊章，明罰厚恩，皆由己出。外表無塵，内朝多豫，機事平理，職貢有恒，府藏内充，人鮮勞役〔七一〕。宮室苑囿，未足以傷財，安樂延年，衆庶所同幸，亦有齊之良主也。據齊、梁紀録，並云出自蕭何，又編御史大夫望之以爲先祖之次。案何及望之於漢俱爲勳德，而望之本傳不有此陳，齊典所書，便乖實録。近秘書監顔師古博考經籍，注解漢書，已正其非，今隨而改削云。

校勘記

〔一〕遷右軍將軍　「右軍」，文選卷五九齊故安陸昭王碑文李善注引蕭子顯齊書作「冠軍」。右軍將軍爲禁衛武官，與龍驤、冠軍等軍號非同一序列，冠軍將軍資序正合。

〔二〕梁州刺史劉秀之遣司馬馬汪助帝　「馬汪」，南齊書卷一高帝紀上、册府卷一八四明本並作「馬注」。

〔三〕攻拔談提城　「談提城」，南齊書卷一高帝紀上、册府卷一八四作「談堤城」。

〔四〕時休範典籤許公與詐稱休範在新亭　「許公與」，宋書卷七九文五王桂陽王休範傳、金樓子卷三説蕃篇、册府卷一八四、通鑑卷一三三宋紀一五元徽二年作「許公輿」。

〔五〕諸軍善見觀　「軍」，南齊書卷一高帝紀上作「君」。按南齊書此處「君」字所指應爲上文「士庶惶惑」之「士庶」。王鳴盛商榷卷五五：「『南齊書作『君』，是。』」

〔六〕嘗率數十人直入鎮軍府　「鎮軍府」，南齊書卷二二豫章文獻王傳、御覽卷三七一引齊書、通鑑卷一三四宋紀一六昇明元年、通志卷一二作「領軍府」。按本卷下文有蕭道成「在領軍府，蒼梧自來燒之」之語，疑當作「領軍府」。

〔七〕蒼梧益懷忿患　「忿患」，通志卷一二作「忿恚」，疑是。

〔八〕叩門大呼自言報帝　「呼」字原脱，據通鑑卷一三四宋紀一六昇明元年補。北監本、汲本、殿本作「叩門大聲言報帝」，南齊書卷二六王敬則傳作「於門外大呼，曰是敬則耳」。

〔九〕乙卯帝入居朝堂　「乙卯」，宋書卷一〇順帝紀作「丁卯」。按宋書本紀丁卯前有丁巳，十二月庚戌朔，初六日乙卯，初八日丁巳，十八日丁卯，當以「丁卯」爲是。

〔一〇〕彦節從弟領軍韞及直閤將軍卜伯興等嚴兵爲内應　「領軍」，宋書卷五一宗室長沙王道憐傳、册府卷二八九作「中領軍」。

〔一一〕彦節走領擔湖　「領擔湖」，南齊書卷一高帝紀上作「雒檐湖」，宋書卷五一宗室長沙王道憐傳、魏書卷九八島夷蕭道成傳作「額檐湖」，通鑑卷一三四宋紀一六昇明元年作「額檐湖」。

〔一二〕二年正月沈攸之平　按宋書卷一〇順帝紀，元徽五年七月即位，改元昇明，「沈攸之平」即在昇明二年正月。南史不載順帝即位後改元事，遂使此「二年」無所屬。

〔一三〕三年正月乙丑　「乙丑」，南齊書卷一高帝紀上作「乙巳」。按下文記丙辰、丁巳事，是月癸卯朔，初三日乙巳，十四日丙辰，十五日丁巳，二十三日乙丑，當以「乙巳」爲是。

〔一四〕高帝表蠲百姓逋責　「逋責」，南齊書卷一高帝紀上作「逋負」。

〔一五〕甲午　按正月癸卯朔，無甲午，二月癸酉朔，二十二日甲午，疑此「甲午」上脱「二月」二字。

〔一六〕贊拜不名　「贊」，原作「奏」，據南監本、北監本、汲本、殿本及南齊書卷一高帝紀上、通志卷一二改。

〔一七〕威武五行　「武」，南監本、北監本、汲本、殿本及南齊書卷一高帝紀上作「侮」。

〔一八〕神歇靈繹海水羣飛　「歇」，原作「猒」，據南齊書卷一高帝紀上、册府卷一八四宋本改。按文選卷四八揚子雲劇秦美新云「神歇靈繹，海水羣飛」。

〔一九〕持節兼司空副守尚書令僧虔授齊公茅土　「副」字原脱，據南齊書卷一高帝紀上、册府卷一八四補。按宋書卷五二褚叔度傳附褚淵傳，其時褚淵爲司空，王僧虔則當爲司空副。

〔二〇〕八佾之儛　「八佾」，南齊書卷一高帝紀上作「六佾」。按春秋穀梁傳隱公五年：「天子八佾，諸公六佾，諸侯四佾。」時蕭道成封爲齊公，「八佾」疑當作「六佾」。

〔二一〕以豫州之南梁陳潁川陳留南兗州之盱台山陽秦廣陵海陵南沛增王封爲二十郡　「豫州」，原作「徐州」，據南齊書卷一高帝紀上改。按宋書卷三六州郡志二，梁、陳、潁川、陳留四郡屬豫州。據南齊書卷一四州郡志上豫州梁郡下本注引永元元年地志，梁郡即南梁郡。

〔二二〕辛卯宋帝以歷數在齊乃下詔禪位是日遜于東邸　按宋書卷一〇順帝紀作「辛卯，天祿永終，禪位于齊。壬辰，帝遜位于東邸」。南齊書卷二六王敬則傳、通鑑卷一三五齊紀一建元元年亦載順帝遜位於東邸在壬辰。

〔二三〕命司裘而謁蒼昊　「裘」，原作「喪」，據殿本及南齊書卷一高帝紀上改。按「司裘」見周禮天官冢宰。

〔二四〕兼太史令將作匠陳文建奏符瑞　「陳文建」原作「文建陳」，「奏」原作「天」，並據南齊書卷一高帝紀上改。

〔二五〕詔降宋南康郡公爲縣公華容公爲侯　南齊書卷二高帝紀下作「南康縣公華容縣公可爲侯」。按本書卷一六劉穆之傳載其曾孫彪，「建元初降封南康縣侯」，與南齊書本紀合；而南齊書卷三六劉祥傳載其從祖兄彪，「建元初降封南康縣公」，又與此相合，未審孰是。

〔二六〕追尊皇考曰宣皇帝皇妣曰孝皇后陵曰永安妃曰昭皇后陵曰泰安　按此事本書記於四月甲午之後，南齊書卷二高帝紀下、通鑑卷一三五齊紀一建元元年記於五月丙寅。

〔二七〕丁巳立皇子鈞爲衡陽王　按通鑑卷一三五齊紀一建元元年繫此於五月丁卯。是年八月庚午朔，無丁巳；五月壬寅朔，二十六日丁卯。

〔二八〕以司空褚彦回爲司徒　按下文「冬十二月戊戌」又記「以司空褚彦回爲司徒」，此兩條皆本於南齊書卷二高帝紀下。錢大昕考異卷三五謂「二文重出，蓋承南齊書之誤」。據南齊書卷二三褚淵傳及本書卷二八褚彦回傳，建元元年與建元二年兩次授司徒均「固讓」。通鑑卷一三五齊紀一建元二年「以司空褚淵爲司徒」後記「淵不受」語，通鑑考異云：「蓋二年正月辭，十二月受耳。紀、傳前後各不相顧。」

〔二九〕丙子蠕蠕國遣使朝貢　「丙子」，通鑑卷一三五齊紀一建元二年作「丙午」。按是月甲午朔，十三日丙午，無丙子。

〔三〇〕召司徒褚彦回左僕射王儉受顧託　「召」，南監本、北監本、汲本、殿本及南史詳節卷二作「詔」。

〔三一〕泰始三年宋明帝遣前淮南太守孫奉伯往淮陰監元會　「三年」，南齊書卷一八祥瑞志作「七年」，册府卷二〇三明本作「二年」。按蕭道成泰始二年鎮淮陰，七年徵還京師，此事當在二年後、七年前。又按宋書卷八明帝紀，泰始四年三月戊辰以「譙南太守孫奉伯爲交州刺史」，

「譙」、「淮」蓋形近而誤，疑作「三年」爲是。

〔三二〕昇明二年冬　南齊書卷一八祥瑞志書此事於建元元年四月。

〔三三〕簡大堅白　「大」，御覽卷一八九引南史、册府卷二〇三、通志卷一二同，南監本、北監本、汲本、殿本作「文」，南齊書卷一八祥瑞志、册府卷二〇二作「木」。疑當作「木」。

〔三四〕黄石公之化氣也　「黄石公」，南齊書卷一八祥瑞志、册府卷二〇三作「黄公」。

〔三五〕會稽南山李斯刻秦望之風也　「風」，南齊書卷一八祥瑞志作「封」，册府卷二〇三作「峰」。按水經注卷四〇漸江水：「又有秦望山，在州城正南，爲衆峰之傑。」當以「峰」爲是。

〔三六〕歷年七十水滅緒　「七十」，南齊書卷一八祥瑞志作「七七」。按本卷下文云，「義熙元年，宋武帝王業之始，至齊受命，七十年」。而南齊書祥瑞志下文則云，「義熙十四年」至「昇明三年」，「凡七十七年，故曰七七也」。按義熙元年（四〇五）至昇明三年（四七九）僅得七十五年。可知兩説均讖緯家附會之説，不盡準確。

〔三七〕孔子河洛讖曰　「孔子」，南齊書卷一八祥瑞志作「老子」。

〔三八〕鳳鳥戢翼朔旦鳴　南齊書卷一八祥瑞志作「鳳鳥舒翼翔且鳴」。

〔三九〕滎陽郡人尹千　「尹千」，南齊書卷一八祥瑞志作「尹午」。

〔四〇〕於嵩山東南隅見天雨石　「隅」，南齊書卷一八祥瑞志作「澗」。

〔四一〕以宋元嘉十七年六月己未生於建康縣之青溪宮　「十七」，原作「二十七」，據南齊書卷一八祥瑞志、册府卷二〇三改。按張森楷南史校勘記：「帝若以元嘉二十七年生，則數至永明十一年帝崩之年爲四十四年，與帝年五十四崩之文，與行年六十之詔尤謬。疑此『二』字衍文，則帝年適合。」「青溪宫」，南齊書卷三武帝紀、册府卷一八二宋本、卷二〇三作「青溪宅」。御覽卷一二九引齊書、册府卷一八二明本並作「清溪宅」。

〔四二〕增班劍爲三十人　「三十」，南齊書卷三武帝紀作「四十」。

〔四三〕丁卯以前將軍王奂爲尚書左僕射　「左僕射」，疑爲「右僕射」之誤。按南齊書卷四九王奂傳：「進號前將軍，世祖即位，徵右僕射。」同書卷三武帝紀亦載建元四年九月辛未以「尚書右僕射王奂爲湘州刺史」。

〔四四〕輒送脩城錢二千　「二千」，北監本、殿本作「一千」。

〔四五〕立南郡王長懋爲皇太子　「南郡王」，原作「河南王」，據南齊書卷二高帝紀下、卷二一文惠太子傳、通鑑卷一三五齊紀一建元四年改。按本卷上文高帝建元元年六月，亦載「皇孫長懋爲南郡王」。

〔四六〕皇孫昭業爲南郡王　「南郡王」，原作「河南郡王」，據南齊書卷三武帝紀、通鑑卷一三五齊紀一建元四年改。按錢大昕考異卷三五：「『河』字衍。」

〔四七〕蠲降租調　「降」，南齊書卷三武帝紀、通志卷一二作「除」。

〔四八〕可還田秩　「田」，原作「旧」，據大德本壹、南監本、汲本及南齊書卷三武帝紀、册府卷五〇五改。

〔四九〕新林婁湖東府西有天子氣　「天子」二字原脱，據通志卷一二補。按本書卷五齊本紀下：「又永明中，望氣者云新林、婁湖、青溪並有天子氣，於其處大起樓苑宮觀，武帝屢游幸以厭之。」

〔五〇〕作新婁湖苑以厭之　按本卷上文有「新林、婁湖、東府西有天子氣」，疑「新婁湖苑」當爲「新林婁湖苑」。

〔五一〕二月庚寅　「庚寅」，南齊書卷三武帝紀、通鑑卷一三五齊紀一永明元年作「辛巳」。按是月庚辰朔，初二日辛巳，十一日庚寅，未審孰是。

〔五二〕夏五月丁酉　按是月己酉朔，無丁酉，閏五月戊寅朔，二十日丁酉，疑作閏五月爲是。

〔五三〕以丹陽尹李安人爲右僕射　「李安人」，通鑑卷一三六齊紀二永明二年作「李安民」。按南齊書卷二七有李安民傳，此避唐諱改。

〔五四〕赦三百里内罪應入重者降一等　「赦」，南齊書卷三武帝紀、册府卷二〇七作「大赦」。南齊書卷三武帝紀、册府卷二〇七「三百」前有「都邑」二字。

〔五五〕三月甲寅使輔國將軍劉纘聘于魏　按是月戊辰朔，無甲寅。

〔五六〕乙巳以行宕昌王梁彌頡爲河涼二州刺史　「乙巳」，南齊書卷三武帝紀作「丁巳」。按是月乙未朔，十一日乙巳，二十三日丁巳，未審孰是。

〔五七〕冬十月丙辰魏人來聘　「十月」，原作「十一月」，據通志卷一二改。按十一月甲子朔，無丙辰；十月乙未朔，二十二日丙辰。按魏書卷七高祖紀上記此事於太和九年（齊永明三年）十月，通鑑卷一三六齊紀二永明三年十月亦載此事。

〔五八〕吴興偏甚　「吴興」，通志卷一二作「吴郡」。

〔五九〕己未　按是月壬戌朔，無己未。

〔六〇〕秋七月齊興太守劉元寶於郡城壍得錢三十七萬　南齊書卷一八祥瑞志載此事於永明七年，「三十七萬」作「百萬」。

〔六一〕十一月丙戌　按是月丙午朔，無丙戌。

〔六二〕丙申大雷雨　按此上記「庚午」事，下記「乙酉」事，兩干支之間無「丙申」，「丙申」蓋誤。是月丁卯朔，十九日乙酉，三十日丙申。若「丙申」不誤，則當在「乙酉」後。

〔六三〕「八月乙酉」至「子響伏誅」　「乙酉」事原在「壬辰」事後，據南齊書卷三武帝紀乙正。按是月丙寅朔，二十日乙酉，二十七日壬辰。「休留代」，南齊書卷三武帝紀作「休留成」，卷五九河南傳作「休留茂」，魏書卷一〇一吐谷渾傳、通鑑卷一三七齊紀三永明八年作「伏連籌」。疑作「休留成」是，「代」、「茂」形近致誤。

〔六四〕冬十二月戊寅　「十二月」，原作「十一月」，據南齊書卷三武帝紀改。按十一月乙未朔，無戊寅；十二月甲子朔，十五日戊寅。

〔六五〕十一年春正月戊午　「戊午」，南齊書卷三武帝紀作「癸丑」。按永明十一年正月壬子朔，初二日癸丑，初七日戊午。未審孰是。
〔六六〕二月雍州刺史王奐有罪伏誅　「二月」，南齊書卷三武帝紀、通鑑卷一三八齊紀四永明十一年作「三月」。
〔六七〕賜天下爲父後者爵一級　「父」，原作「人」，據南監本、北監本、汲本、殿本及南齊書卷三武帝紀、建康實録卷一五、通志卷一二改。
〔六八〕萬機自重　「自」，南齊書卷三武帝紀、御覽卷一二九引齊書、通志卷一二、南史詳節卷二作「事」。
〔六九〕薛深　南齊書卷三武帝紀作「薛淵」，此避唐諱改。
〔七〇〕絓諸器服　「絓」，南齊書卷三武帝紀作「應」。按絓、應均有「凡」意。
〔七一〕人鮮勞役　「人鮮」二字原互倒，據南齊書卷三武帝紀乙正。

南史卷五

齊本紀下第五

廢帝鬱林王諱昭業，字元尚，小字法身，文惠太子長子也。高帝爲相王，鎮東府，時年五歲，牀前戲。高帝方令左右拔白髮，問之曰：「兒言我誰耶？」答曰：「太翁。」高帝笑謂左右曰：「豈有爲人作曾祖而拔白髮者乎。」即擲鏡、鑷。其後問訊，高帝指示賓客曰：「我基於此四世矣。」及武帝即位，封爲南郡王，時年十歲。

永明五年十一月戊子，冠於東宮崇正殿。其日小會，賜王公以下帛各有差，給南郡王扶二人。

七年，有司奏給班劍二十人，鼓吹一部。高選友、學，禮絶羣王。十一年，給皂輪三望車。文惠太子薨，立南郡王爲皇太孫，居東宮。

其年七月戊寅，武帝崩，皇太孫即帝位，大赦。

八月壬午，詔稱遺詔，以護軍將軍武陵王曄爲衞將軍，征南大將軍陳顯達即本號，並開府儀同三司。以尚書左僕射西昌侯鸞爲尚書令，右僕射王晏爲左僕射，吏部尚書徐孝嗣爲右僕射。癸未，加司徒竟陵王子良位太傅，增班劍三十人。蠲除三調及衆逋在今年七月三十日以前者。省御府及無用池田邸治，減關市征稅。先是，每有蠲原之詔，多無事實，督責如故。是時西昌侯鸞任知朝政，天下咸望風來蘇，至此恩信兩行，海內莫不欣然。

九月辛酉，追尊文惠皇太子爲世宗文皇帝。

冬十月壬寅，尊皇太孫太妃爲皇太后，立皇后何氏。

十一月庚戌，魏人來聘。辛亥，立臨汝公昭文爲新安王，曲江公昭秀爲臨海王，皇弟昭粲爲永嘉王。

隆昌元年春正月丁未，大赦，改元。加太傅竟陵王子良殊禮。鎮軍將軍西昌侯鸞即本號爲大將軍，給鼓吹一部，親兵五百人。以領軍鄱陽王鏘爲尚書右僕射。詔百僚極陳得失。又詔王公以下各舉所知。辛亥，祀南郊，宥隆昌元年以來流人。戊午，拜崇安陵。甲戌，使司徒參軍劉斅聘于魏。

二月辛卯，祀明堂。

夏四月辛巳，衞將軍、開府儀同三司武陵王曄薨。戊子，太傅竟陵王子良薨。丁酉，以驃騎將軍廬陵王子卿爲衞將軍，尚書右僕射鄱陽王鏘爲驃騎將軍，並開府儀同三司。

閏月丁卯，以鎮軍大將軍西昌侯鸞即本號開府儀同三司。

五月甲戌朔，日有蝕之。

秋七月癸巳，皇太后令廢帝爲鬱林王。

帝少美容止，好隸書，武帝特所鍾愛，敕皇孫手書不得妄出以貴之。進退音吐，甚有令譽。生而爲竟陵文宣王所攝養，常在袁妃間。竟陵王移住西州，帝亦隨住焉。性甚辯慧，哀樂過人。接對賓客，皆款曲周至。矯情飾詐，陰懷鄙慝。與左右無賴羣小二十許人共衣食，同卧起。妃何氏擇其中美貌者，皆與交歡。密就富市人求錢，無敢不與。及竟陵王移西邸，帝獨住西州，每夜輒開後堂閤，與諸不逞小人，至諸營署中淫宴。凡諸小人，並逆加爵位，皆疏官名號於黄紙，使各囊盛以帶之，許南面之日，即便施行。又别作籥鉤，兼善效人書，每私出還，輒扃籥，封題如故，故人無知者。師史仁祖、侍書胡天翼聞之，相與謀曰：「若言之二宫，則其事未易，若於營署爲異人所毆打，及犬物所傷，豈直罪止一身，亦當盡室及禍。年各已七十，餘生寧足吝邪。」數日中，二人相係自殺，二宫不知也。武帝以既陽縣寒人給事中綦母珍之代仁祖〔一〕，剡縣寒人馬澄代天翼。文惠太子每禁其起居，節其用度。帝謂豫章王妃庾氏曰：「阿婆，佛法言有福生帝王家，今見作天王，便是大罪，左右主帥，動見拘執，不如市邊屠酤富兒百倍。」

文惠太子自疾及薨，帝侍疾及居喪，哀容號毀，旁人見者，莫不嗚咽。裁還私室，即歡笑酣飲，備食甘滋。葬畢，立爲皇太孫。問訊太妃，截壁爲閣，於太妃房内往何氏間，每入輒彌時不出。武帝往東宮，帝迎拜號慟，絶而復蘇，武帝自下輿抱持之，寵愛日隆。又在西州令女巫楊氏禱祀，速求天位。及文惠薨，謂由楊氏之力，倍加敬信，呼楊婆。宋氏以來，人間有楊婆兒哥，蓋此徵也。武帝有疾，又令楊氏日夜禱祈，令宮車早晏駕。時何妃在西州，武帝未崩數日，疾稍危，與何氏書，紙中央作一大「喜」字，而作三十六小「喜」字繞之。侍武帝疾，憂容慘慼，言發淚下。武帝每言及存亡，帝輒哽咽不自勝。武帝以此謂爲必能負荷大業，謂曰：「五年中一委宰相，汝勿厝意。五年以後，勿復委人。若自作無成，無所多恨。」臨崩，執帝手曰：「阿奴，若憶翁，當好作。」如此再而崩。大斂始畢，乃悉呼武帝諸伎，備奏衆樂，諸伎雖畏威從事，莫不哽咽流涕。

素好狗馬，即位未逾旬，便毀武帝所起招婉殿，以材賜閹人徐龍駒，於其處爲馬埒。馳騎墜馬，面額並傷，稱疾不出者數日。多聚名鷹快犬，以粱肉奉之。及武帝梓宮下渚，帝於端門内奉辭，轀輬車未出端門，便稱疾還内。裁入閤，即於内奏胡伎，鞞鐸之聲，震響内外。時司空王敬則問新除射聲校尉蕭坦之曰：「便如此，不當怱怱邪？」坦之曰：「此政是内人哭響徹耳。」自山陵之後，便於閤内乘内人車問訊，往皇后所生母宋氏間，因微服游走市里。又多往文帝崇安陵隧中，與羣小共作諸鄙褻擲塗賭跳、放鷹走狗雜狡獪。

帝既失道，朝事大小，皆決之西昌侯鸞，鸞有諫，多不見從。極意賞賜左右，動至百數十萬。每見錢曰：「我昔思汝一箇不得，今日得用汝未？」武帝聚錢上庫五億萬，齋庫亦出三億萬，金銀布帛不可稱計。即位未朞歲，所用已過半，皆賜與諸不逞羣小。諸寶器以相擊剖破碎之〔二〕，以爲笑樂。及至廢黜，府庫悉空。

其在内，常裸袒，著紅紫錦繡新衣、錦帽、紅縠褌〔三〕，雜采衵服〔四〕。好鬬雞，密買雞至數千價。武帝御物甘草杖，宫人寸斷用之。徐龍駒爲後閤舍人〔五〕，日夜在六宫房内。帝與文帝幸姬霍氏淫通，改姓徐氏，龍駒勸長留宫内，聲云度霍氏爲尼，以餘人代之。皇后亦淫亂，齋閤通夜洞開，内外淆雜，無復分别。中書舍人綦母珍之、朱隆之，直閤將軍曹道剛、周奉叔並爲之羽翼。

西昌侯鸞屢諫不納；既而尼媪外入，頗傳異語，乃疑鸞有異志。中書令何胤以皇后從叔見親，使直殿省。常隨后呼胤爲三父。與胤謀誅鸞，令胤受事，胤不敢當，依違杜諫，乃止。又謀出鸞於西州，中敕用事，不復關諮。鸞慮變，先使蕭諶、坦之等於省誅曹道剛、朱隆之等，率兵自尚書省入雲龍門，戎服加朱衣於上。比入門，三失履，王晏、徐孝嗣、蕭坦之、陳顯達、王廣之、沈文季係進。帝在壽昌殿，裸身與霍氏相對〔六〕，聞外有變，使閉內殿諸房閤，令閹人登興光樓望，還報云：「見一人戎服，從數百人，急裝，在西鍾樓下。」須臾，蕭諶領兵先入宮，帝走向愛姬徐氏房，拔劍自刺不入，以帛纏頸，輿接出延德殿。諶初入殿，宿衛將士皆執弓楯欲戰〔七〕，諶曰：「所取自有人，卿等不須動。」宿衛信之。及帝出，各欲自奮，帝竟無一言。出西弄，遇弒，年二十二。舁尸出徐龍駒宅，殯葬以王禮。霍氏及廣昌君宋並賜死，餘黨亦見誅。

先是文惠太子立樓館於鍾山下，號曰「東田」，太子屢游幸之，「東田」反語爲「顛童」也。武帝又於青溪立宮，號曰「舊宮」，反之「窮厩」也。果以輕狷而至於窮。又武帝時有小史姓皇名太子，武帝曰「皇太子非名之謂」，於是移點於外，易名爲犬子。處士何點曰：「太子者，天地之所懸，三才之所係，今化而爲犬，不得立矣。」既而文惠太子薨，鬱林、海陵相繼廢黜，此其驗也。永明中，百姓忽著破後帽，始自建業，流于四遠，貴賤翕然服之，此服祆也。帽自蕭諶之家，其流遂遠，天意若曰：武穆、文昭皆當滅，而諶亦誅死之効焉。

廢帝海陵恭王諱昭文，字季尚，文惠太子第二子也。永明四年，封臨汝公，鬱林王即位，改封新安王。及鬱林廢，西昌侯鸞奉帝纂統。

延興元年秋七月丁酉，皇帝即位，大赦，改元，賜文武位二等。以鎮軍大將軍西昌侯鸞爲驃騎大將軍、開府儀同三司、録尚書事、都督、揚州刺史，加班劍爲三十人，封宣城郡公，出鎮東城。以尚書左僕射王晏爲尚書令〔八〕，以丹陽尹徐孝嗣爲左僕射，以領軍將軍沈文季爲右僕射，以車騎大將軍陳顯達爲司空，以驃騎大將軍鄱陽王鏘爲司徒。命宣城公鸞甲仗百人入殿，陳顯達、王晏、徐孝嗣、蕭諶各五十人入殿。

八月壬辰〔九〕，魏人來聘。甲午，以前司空王敬則爲太尉〔一〇〕。辛丑，復置南蠻校尉官。甲辰，詔使者觀省風俗。

九月癸未，誅新除司徒鄱陽王鏘、中軍大將軍隨王子隆〔一一〕。遣平西將軍王廣之誅南兗州刺史安陸王子敬。於是江州刺史晉安王子懋起兵，遣中護軍王玄邈討誅之。乙酉，又誅湘州刺史南平王鋭、郢州刺史晉熙王銶、南豫州刺史宜都王鏗。丁亥，以衛將軍廬陵王子卿爲司徒，以撫軍將軍桂陽王鑠爲中軍將軍、開府儀同三司。

冬十月丁酉，加宣城公鸞黄鉞〔一二〕，進授都督中外諸軍事、太傅，領大將軍、揚州刺史〔一三〕，加殊禮，進爵爲王。戊戌，誅新除中軍將軍桂陽王鑠、撫軍將軍衡陽王鈞、侍中秘書監江夏王鋒、鎮軍將軍建安王子真、左將軍巴陵王子倫。是時宣城王鸞輔政，帝起居皆諮而後行。思食蒸魚菜，太官令答無録公命，竟不與。辛亥，皇太后令廢帝爲海陵王，使宣城王入纂皇統。建武元年，詔海陵王依漢東海王彊故事，給虎賁、旄頭、畫輪車，設鍾簴宮縣。十一月，稱王有疾，數遣御師往視，乃殞之。給温明秘器，斂以衮冕之服，大鴻臚監護喪事。葬給輼輬車，九旒大輅，黄屋左纛，前後部羽葆、鼓吹，挽歌二部，依東海王彊故事，謚曰恭。

先是武帝立禪靈寺於都下，當世以爲壯觀，天意若曰「禪」者禪也，「靈」者神明之目也，武帝晏駕而鼎業傾移也。永明世，市里小兒以鐵相擊於地，謂之「鬬鑿」，「鑿」之爲言「族」也，至是宗室族滅矣。又武帝時以燕支爲朱衣，朝士皆服之，及明帝以宗子入纂，此又奪朱之效也。時又多以生紗爲帽，半其裙而析之，號曰「倚勸」。先是人間語好云「擾攘建武」，至是朝士勸進，實爲怱遽，「倚勸」「擾攘」之言，於是驗矣。

高宗明皇帝諱鸞，字景栖，始安貞王道生之子也，小字玄度。少孤，高帝撫育過諸子。

宋泰豫元年，爲安吉令，有嚴能之名。昇明中，累遷淮南、宣城二郡太守，進號輔國將軍。高帝踐祚，封西昌侯，位郢州刺史。永明元年，爲侍中，領驍騎將軍。王子侯舊乘纏帷車，帝獨乘下帷，儀從如素士。公事混撓，販食人擔火誤燒牛鼻，豫章王以白武帝，帝笑焉。轉爲散騎常侍、左衞將軍，清道而行。十年，累遷尚書左僕射。領右衞將軍。武帝遺詔爲侍中、尚書令，尋加鎮軍將軍，給班劍二十人。隆昌元年，即本號爲大將軍，給鼓吹一部，親兵五百人。尋加中書監、開府儀同三司。

海陵王立，爲驃騎大將軍、録尚書事、揚州刺史，加都督，增班劍爲三十人，封宣城郡公，鎮東府城，給兵五千人，錢二百萬，布千匹。九江事難，假黄鉞，事寧，表送之。尋加黄鉞、都督中外諸軍事、太傅，領大將軍、揚州牧，增班劍爲四十人，給幢絡三望車，前後部羽葆、鼓吹，劍履上殿，入朝不趨，贊拜不名，置左右長史、司馬、從事中郎、掾、屬各四人，封宣城王。未拜，太后令廢海陵王，以上入纂高帝爲第三子，羣臣三請，乃受命。

建武元年冬十月癸亥，皇帝即位，大赦，改元，文武賜位二等。以太尉王敬則爲大司馬，以司空陳顯達爲太尉。乙丑，詔斷遠近上禮。丁卯，詔「自今雕文篆刻，歲時光新，可悉停省。藩牧守宰，或有薦獻，事非任土，嚴加禁斷」。

十一月壬申，日有蝕之。帝宿沐浴，不御内。其日，潔齋蔬食，斷朝務，屏人，單衣帢危坐，以至事畢。追尊始安貞王爲景皇，妃江氏爲懿后，别立寢廟，號陵曰脩安。封桂陽王鑠等諸王子皆爲列侯。凡諸王侯得罪者，諸子皆復屬籍。又詔遣大使觀省四方。癸酉，革永明之制，依晉、宋舊典，太子以師禮敬少傅。甲戌，進大司馬尋陽公王敬則等十三人爵邑各有差。省新林苑，先是百姓地者，悉以還主。廢南蠻校尉官。己卯，追崇妃劉氏爲敬皇后，號陵曰興安。庚辰，立皇子寶義爲晉安王，寶玄爲江夏王，寶源爲廬陵王，寶夤爲建安王，寶融爲隨郡王，寶攸爲南平王。甲申，斷官長貢獻及私餉遺。以安陸昭王緬第二子寶晊襲封安陸王。丁亥，詔細作、中署、材官、車府，凡諸工可悉開番假，遞令休息。戊子，立皇子寶卷爲皇太子，賜天下爲父後者爵一級。己丑，詔東宫肇建，遠近或有慶禮，可悉斷之。永明中，御史中丞沈深表百官年登七十者〔四〕，皆令致仕，並窮困私門。庚子，詔「自縉紳年及，可一遵永明七年以前銓敘之科」。

十二月庚戌，宣德太僕劉朗之、游擊將軍劉璩之子，坐不贍給兄子，致使隨母他嫁，免官，禁錮終身，付之鄉論。

是歲，魏孝文皇帝遷都洛陽。

二年春正月辛未，降都下繫囚殊死以下。詔王公以下各舉所知，内外羣僚各進忠言，無有所諱。魏攻豫、司、徐、梁四州。壬申，遣鎮軍王廣之督司州〔一五〕，右衛將軍蕭坦之督徐州，尚書右僕射沈文季督豫州，以拒魏。己卯，詔都下二縣，有毁發墳壠，隨宜修理。乙未，魏軍攻鍾離，徐州刺史蕭惠休破之。丙申，加太尉陳顯達使持節、都督西北道諸軍事。丁酉，内外纂嚴。

三月己未〔一六〕，司州刺史蕭誕與衆軍攻敗魏軍。詔雍、豫、司、南兖、徐五州遭遇兵戎之家，悉停今年税調。丙寅，停青州麥租。魏軍自壽春退。甲申，解嚴。

夏四月己亥朔，親録三百里内獄訟，自外委州郡訊察，三署徒隸，原遣有差。魏軍圍漢中，梁州刺史蕭懿拒退之。

五月甲午，寢廟成，詔監作長帥賜位一等。

六月壬戌，誅領軍蕭諶、西陽王子明、南海王子罕、邵陵王子貞。

秋九月己丑，改封南平王寶攸爲邵陵王，蜀郡王子文爲西陽王，廣漢王子峻爲衡陽王，臨海王昭秀爲巴陵王，永嘉王昭粲爲桂陽王。

冬十月癸卯〔一七〕，詔罷東田，毁興光樓〔一八〕，并詔水衡量省御乘。乙卯，納皇太子妃褚氏，大赦〔一九〕，王公以下班賜各有差，斷四方上禮。

十二月丁酉，詔晉帝諸陵，悉皆修理，并增守衞。吴、晉陵失稔之鄉，蠲三調有差。

三年春正月丁酉〔二〇〕，以陰平王楊炅子崇祖爲沙州刺史，封陰平王。己巳，詔申明守長六周之制，事竟不行。乙酉〔二一〕，詔以去歲魏攻緣邊諸州郡，將士有臨陣及病死者，並送還本土。

三月壬午，詔車府乘輿有金銀飾者〔二二〕，皆剔除之。

夏四月，魏軍攻司州，櫟城戍主魏僧岷擊破之。

冬閏十二月戊寅，皇太子冠，賜王公以下帛各有差，爲父後者賜爵一級，斷遠近上禮。

四年春正月庚午，大赦〔二三〕。壬寅〔二四〕，詔「人産子者，蠲其父母調役一年，又賜米十斛。新婚者，蠲夫役一年」。壬辰，誅尚書令王晏〔二五〕。

二月以尚書左僕射徐孝嗣爲尚書令。

秋八月甲午〔二六〕，追尊景皇所生王氏爲恭太后。魏軍攻沔北。

冬十月，又逼司、雍二州。甲戌，遣太子中庶子蕭衍、右軍司馬張稷禦之。

十一月丙辰〔二七〕，以氐楊靈珍爲北秦刺史，封仇池公、武都王。

十二月丁丑，遣度支尚書崔慧景率衆救雍州。

永泰元年春正月癸未朔，大赦。中軍大將軍徐孝嗣即本號開府儀同三司。沔北諸郡，爲魏所攻，相繼亡敗，新野太守劉忌隨宜應接〔二八〕，食盡，煮土爲粥，而救兵不至，城被剋，死之。乙巳，遣太尉陳顯達持節救雍州。丁未，誅河東王鉉、臨賀王子岳、西陽王子文、衡陽王子峻、南康王子琳、永陽王子珉、湘東王子建、南郡王子夏、巴陵王昭秀、桂陽王昭粲。

二月癸丑，遣左衞將軍蕭惠休假節援壽陽。辛未，豫州刺史裴叔業敗魏軍於淮北。

三月丙午〔二九〕，蠲雍州遇魏軍之縣租布。戊申，詔增仲尼祭秩。

上以疾患不瘳，望氣者云宜改元，夏四月甲寅，大赦，改元，文武賜位二等。己未，立武陵昭王子子坦爲衡陽王。丁丑〔三〇〕，大司馬會稽太守王敬則舉兵反。

五月壬午，遣輔國將軍劉山陽率軍東討。乙酉，斬敬則，傳首建鄴，曲赦浙東吴、晉陵等七郡。

秋七月己酉，帝崩于正福殿，年四十七。遺詔：「徐孝嗣可重申八命，中書監、本官悉如故。沈文季可尚書左僕射，常侍、護軍如故。江祏可右僕射，江祀可侍中，劉暄可衞尉卿。軍政大事委陳太尉。内外衆事無大小委徐孝嗣、遥光、坦之、江祏，其大事與沈文季、江祀、劉暄參懷。心腹之任，可委劉悛、蕭惠休、崔慧景。」羣臣上謚曰明皇帝，廟號高宗，葬興安陵。

帝明審有吏才，持法無所借。制御親幸，臣下肅清。驅使寒人，不得用四幅繖。大存儉約，罷武帝所起新林苑，以地還百姓。廢文惠太子所起東田，斥賣之。永明中，輿輦舟乘，悉剔取金銀，還主衣庫，以牙角代之。嘗用皁莢，訖，授餘濼與左右，曰：「此猶堪明日用。」太官進御食，有裹蒸，帝十字畫之，曰：「可四片破之，餘充晚食。」而武帝掖庭中宫殿服御，一無所改。其儉約如此。

性猜忌，亟行誅戮。信道術，用計數。每出行幸，先占利害。簡於出入，將南則詭言之西，將東則詭言之北，皆不以實，竟不南郊。初有疾，無輟聽覽，羣臣莫知。及疾篤，敕臺省府署文簿求白魚以爲藥，外始知之。身衣絳衣，服飾皆赤，以爲厭勝。巫覡云「後湖水頭經過宫内，致帝有疾」。帝乃自至太官行水溝，左右啓「太官無此水則不立」。決意塞之，欲南引淮流，會崩，事寢。

廢帝東昏侯諱寶卷，字智藏，明帝第二子也。本名明賢，明帝輔政後改焉。建武元年，立爲皇太子。

永泰元年七月己酉，明帝崩，太子即皇帝位。

八月庚申，鎮北將軍晉安王寶義進號征北大將軍、開府儀同三司。

冬十月己未，詔删省律科。癸亥，詔蕭坦之、江祏更直殿省，總監宿衛。辛未，詔劉暄、江祏更直延明殿省。

十一月戊子，立皇后褚氏。庚寅，尚書令徐孝嗣議：「王侯貴人昏，連卺以真銀盃，蓋出近俗；又牢燭侈績，亦虧曩制。今除金銀連鎖，自餘新器，悉用埏陶，牢燭華侈，亦宜停之。」奏可。

永元元年春正月戊寅朔，大赦，改元。辛卯，祀南郊。丁酉，改封隨王寶融爲南康王，安陸王寶晊爲湘東王，竟陵王昭胄爲巴陵王〔三〕。

二月，太尉陳顯達敗績於馬圈。

夏四月丙午朔，魏孝文皇帝崩。己巳，立皇子誦爲皇太子，大赦，賜爲父後者爵一級。

五月癸亥〔三二〕，加撫軍大將軍始安王遥光開府儀同三司。

六月甲子，詔原雍州今年三調。

秋七月辛未〔三三〕，淮水變赤如血。丙戌，殺尚書右僕射江祏、侍中江祀〔三四〕。地震自此至來歲，晝夜不止，小屋多壞。丁亥，都下大水，死者甚衆。賜死者材器，並加振恤。

八月乙巳，蠲遇水資財漂蕩者今年調稅。又詔爲馬圈戰亡將士舉哀。丙辰，揚州刺史始安王遥光據東府反。詔曲赦都下，中外戒嚴，遣領軍將軍蕭坦之致討。戊午，斬遥光〔三五〕，傳首。己巳，以尚書令徐孝嗣爲司空，以領軍蕭坦之爲尚書左僕射〔三六〕。

閏月丙子，以江陵公寶覽爲始安王。

九月甲辰，殺尚書左僕射蕭坦之、右衛將軍曹武〔三七〕。戊午，殺領軍將軍劉暄。壬戌，以頻殺大臣，大赦。

冬十月乙未，誅尚書令新除司空徐孝嗣、右僕射新除鎮軍將軍沈文季〔三八〕。庚子，以吴興太守蕭惠休爲尚書右僕射。辛丑，以侍中王亮爲左僕射。

十一月丙辰，太尉、江州刺史陳顯達舉兵反於尋陽。乙丑，加護軍將軍崔慧景平南將軍，督衆軍南討。

十二月甲申，陳顯達至都，宮城嚴警。乙酉，斬顯達〔三九〕，傳其首。餘黨盡平。

二年春正月庚午，詔討豫州刺史裴叔業。

二月己丑〔四〇〕，叔業病死，兄子植以壽春降魏。

三月乙卯〔四一〕，命平西將軍崔慧景攻壽春。丙午〔四二〕，尚書右僕射蕭惠休卒。丁未，崔慧景於廣陵反，舉兵内向。壬子，命右衛將軍左興盛督都下水步衆軍禦之。南徐州刺史江夏王寶玄以京城納慧景。乙卯，遣中領軍王瑩率衆軍屯北籬門。壬戌，慧景至，瑩等敗績。甲子，慧景入建鄴，臺城内閉門拒守。豫州刺史蕭懿興兵入援。己巳，以懿爲尚書右僕射。

夏四月癸酉，慧景棄衆走，斬之。詔曲赦都下及南徐、南兗二州。乙亥，以新除尚書右僕射蕭懿爲尚書令。丙子，以中領軍王瑩爲尚書右僕射。

五月己酉，江夏王寶玄伏誅。壬子，赦。乙丑〔四三〕，曲赦都下及徐、兗二州〔四四〕。

六月庚寅，車駕於樂游苑内會，如三元，都下放女人觀。

秋七月甲申夜，宮内火〔四五〕，唯東閤内明帝舊殿數區及太極以南得存，餘皆蕩盡。

冬十月己卯〔四六〕，殺尚書令蕭懿。

十一月甲寅，西中郎長史蕭穎胄起兵於荆州。

十二月，雍州刺史蕭衍起兵於襄陽。

是歲，魏宣武皇帝景明元年。

三年春正月丙申朔，日有蝕之。帝與宫人於閱武堂元會，皇后正位，閹人行儀，帝戎服臨視。丁酉，以驃騎大將軍晉安王寶義爲司徒，以新除撫軍將軍建安王寶寅爲車騎將軍、開府儀同三司。乙巳，長星見，竟天。辛亥，祀南郊，大赦，詰百官陳讜言。

二月丙寅，乾和殿西廂火。壬午，詔遣羽林兵征雍州，中外纂嚴。始内横吹五部於殿内，晝夜奏之。壬戌〔四七〕，蚩尤旗見。

三月乙巳，南康王寶融即皇帝位於江陵。癸丑，遣平西將軍陳伯之西征。

六月，蕭穎胄弟穎孚起兵廬陵。戊子，赦江州安成、廬陵二郡。

秋七月癸巳，曲赦荆、雍二州。雍州刺史張欣泰、前南譙太守王靈秀率石頭文武奉建安王寶夤向臺〔四八〕，至杜姥宅，宫門閉，乃散走。丙辰，龍鬬于建康淮，激水五里。

八月辛卯，以太子左率李居士總督西討諸軍事，屯新亭。

九月甲辰，蕭衍至南豫州，輔國將軍、監南豫州事申胄軍二萬人於姑熟奔歸。丙辰，李居士與衍軍戰於新亭，見敗。

冬十月甲戌，王珍國又戰敗於朱雀航。戊寅，寧朔將軍徐元瑜以東府城降。青、冀二州刺史桓和入衞，屯東宫，尋亦降衍，於是閉宫城門自守。

十二月丙寅，新除雍州刺史王珍國、侍中張稷率兵入殿殺帝，時年十九。

帝在東宫，便好弄，不喜書學，明帝亦不以爲非，但勗以家人之行，令太子求一日再入朝，發詔不許，使三日一朝。在宫嘗夜捕鼠達旦，以爲笑樂。明帝臨崩，屬後事，以隆昌爲戒，曰：「作事不可在人後。」故委任羣小，誅諸宰臣，無不如意。性訥澀少言，不與朝士接。欲速葬，惡靈在太極殿，徐孝嗣固爭，得踰月。每當哭，輒云喉痛。太中大夫羊闡入臨，無髮，號慟俯仰，幘遂脱地，帝輟哭大笑，謂宦者王寶孫曰：「此謂秃秋啼來乎。」自江祏、始安王遥光等誅後，無所忌憚，日夜於後堂戲馬，鼓譟爲樂。合夕，便擊金鼓吹角，令左右數百人叫，雜以羌胡横吹諸伎。常以五更就卧，至晡乃起，王侯以下節朔朝見，晡後方前，或際暗遣出。臺閣案奏，月數十日乃報，或不知所在。閹豎以紙包裹魚肉還家，並是五省黄案。二年元會，食後方出，朝賀裁竟，便還殿西序寢，自巳至申，百僚陪位，皆僵仆菜色。比起就會，怱遽而罷。

太子所生母黄貴嬪早亡，令潘妃母養之。拜潘氏爲貴妃，乘卧輿，帝騎馬從後，著織成袴褶，金薄帽，執七寶縛矟。又有金銀校具，錦繡諸帽數十種，各有名字。戎服急裝縛袴，上著絳衫，以爲常服，不變寒暑。陵冒雨雪，不避阬穽。馳騁渴乏，輒下馬解取腰邊蠡器，酌水飲之，復上馳去。馬乘具用錦繡處，患爲雨所濕，織雜采珠爲覆蒙，備諸雕巧。教黄門五六十人爲騎客，又選營署無賴小人善走者爲逐馬鷹犬，左右數百人，常以自隨，奔走往來，略不暇息。置射雉場二百九十六處，翳中帷帳及步障，皆袷以緑紅錦，金銀鏤弩牙，瑇瑁帖箭。每出，輒與鷹犬隊主徐令孫、媒翳隊主俞靈韻齊馬而走，左右爭逐之。又甚有筋力，牽弓至三斛五斗。能擔幢，初學擔幢，每傾倒在幢杪者，必致踠傷。其後，白虎幢七丈五尺，齒上擔之，折齒不倦。擔幢諸校具服飾，皆自製之，綴以金華玉鏡衆寶。舍人、主書及至左右主帥，並皆侍側，逞諸變態，曾無愧顔。始欲騎馬，未習其事，俞靈韻爲作木馬，人在其中，行動進退，隨意所適，其後遂爲善騎。

陳顯達平〔四九〕，漸出游走，不欲令人見之，驅斥百姓，唯置空宅而已。是時率一月二十餘出，既往無定處，尉司常慮得罪，東行驅西，南行驅北，應旦出，夜便驅逐，吏司奔驅，叫呼盈路。打鼓蹋圍，鼓聲所聞，便應奔走，臨時驅迫，衣不暇披，乃至徒跣走出，犯禁者應手格殺。百姓無復作業，終日路隅。從萬春門由東宫以東至郊外，數十里，皆空家盡室。巷陌縣幔爲高障，置人防守，謂之「屏除」。高障之内，設部伍羽儀，復有數部，皆奏鼓吹羌胡伎，鼓角横吹。夜反，火光照天。每三四更中，鼓聲四出，幡戟横路，百姓喧走，士庶莫辨。或於市肆左側過親幸家，環繞宛轉，周徧都下，老小震驚，啼號塞道。處處禁斷，不知所過。疾患困篤者，悉掆移之。無人掆者，扶匐道側，吏司又加捶打，絶命者相係。從騎及左右因之入富家取物，無不蕩盡。工商莫不廢業，樵蘇由之路斷。至於乳婦昏姻之家，移産寄室，或輿病棄屍，不得殯葬。有棄病人於青溪邊者，吏懼爲監司所問，推置水中，泥覆其面，須臾便死，遂失骸骨。前魏興太守王敬賓新死未斂，家人被驅，不得留視，及家人還，鼠食兩眼都盡。如此非一。又嘗至沈公城，有一婦人當産不去，帝入其家，問：「何獨在？」答曰：「臨産不得去。」因剖腹看男女。又長秋卿王儇病篤，不聽停家，死於路邊。丹陽尹王志被驅急，狼狽步走，惟將二門生自隨，藏朱雀航南酒壚中，夜方得羽儀而歸。喜游獵，不避危險。至蔣山定林寺，一沙門病不能去，藏於草間，爲軍人所得，應時殺之。左右韓暉光曰：「老道人可念。」帝曰：「汝見麞鹿亦不射邪？」仍百箭俱發。故貴人富室者，皆數處立宅，以爲避圍之舍。每還宫，常至三更，百姓然後得反。禁斷又不即通，處處屯咽，或泥塗灌注，或冰凍嚴結，老幼啼號，不可聞見。時人以其所圍處號爲「長圍」。及建康城見圍，亦名長圍，識者以爲讖焉。

三年，殿内火，合夕便發，其時帝猶未還，宫内諸房閤已閉，内人不得出，外人又不敢輒開，比及開，死者相枕。領軍將軍王瑩率衆救火，太極殿得全。內外叫喚，聲動天地。帝三更中方還，先至東宮，慮有亂，不敢便入，參覘審無異，乃歸。其後出游，火又燒璿儀、曜靈等十餘殿及柏寢，北至華林，西至秘閣，三千餘間皆盡。左右趙鬼能讀西京賦，云「柏梁既災，建章是營」。於是大起諸殿，芳樂、芳德、仙華、大興、含德、清曜、安壽等殿，又別爲潘妃起神仙、永壽、玉壽三殿，皆帀飾以金璧。其玉壽中作飛仙帳，四面繡綺，窗間盡畫神仙。又作七賢，皆以美女侍側。鑿金銀爲書字，靈獸、神禽、風雲、華炬，爲之玩飾。椽桷之端，悉垂鈴佩。江左舊物，有古玉律數枚，悉裁以鈿笛。莊嚴寺有玉九子鈴，外國寺佛面有光相，禪靈寺塔諸寶珥，皆剥取以施潘妃殿飾。性急暴，所作便欲速成，造殿未施梁桷，便於地畫之，唯須宏麗，不知精密。酷不別畫，但取絢曜而已，故諸匠賴此得不用情。又鑿金爲蓮華以帖地，令潘妃行其上，曰：「此步步生蓮華也。」塗壁皆以麝香，錦幔珠簾，窮極綺麗。縶役工匠，自夜達曉，猶不副速，乃剔取諸寺佛刹殿藻井、仙人、騎獸以充足之。武帝興光樓上施青漆，世人謂之「青樓」，帝曰：「武帝不巧，何不純用瑠璃。」潘氏服御，極選珍寶，主衣庫舊物，不復周用，貴市人間金銀寶物，價皆數倍，虎珀釧一隻，直百七十萬。都下酒租，皆折輸金，以供雜用。猶不能足，下揚、南徐二州橋桁塘埭丁計功爲直，斂取見錢，供太樂主衣雜費。由是所在塘瀆，悉皆隳廢。又訂出雄雉頭、鶴氅、白鷺綟，百品千條，無復窮已。親倖小人，因緣爲姦，科一輸十。又各就州縣求爲人輸，準取見直，不爲輸送。守宰懼威，口不得道，須物之處，以復重求。如此相仍，前後不息，百姓困盡，號泣道路。少府太官，凡諸市買，事皆急速，催求相係。吏司奔馳，遇便虜奪，市廛離散，商旅靡依。

又以閱武堂爲芳樂苑，窮奇極麗。當暑種樹，朝種夕死，死而復種，率無一生。於是徵求人家，望樹便取，毁徹墻屋，以移置之。大樹合抱，亦皆移掘，插葉繫華，取玩俄頃。剗取細草，來植階庭，烈日之中，至便焦燥。紛紜往還，無復已極。山石皆塗以采色，跨池水立紫閣諸樓，壁上畫男女私褻之像。明帝時多聚金寶，至是金以爲泥，不足周用，令富室賣金〔五〇〕，不問多少，限以賤價，又不還直。張欣泰嘗謂舍人裴長穆曰："宫殿何事頓爾！夫以秦之富，起一阿房而滅，今不及秦一郡，而頓起數十阿房，其危殆矣。"答曰："非不悦子之道，顧言不用耳。"

潘妃放恣，威行遠近。父寶慶與諸小共逞姦毒，富人悉誣爲罪，田宅貲財，莫不啓乞。或云寄附隱藏，復加收没，計一家見陷，禍及親隣。又慮後患，男口必殺。明帝之崩，竟不一日蔬食，居處衣服，無改平常。潘妃生女，百日而亡，制斬衰絰杖，衣悉麤布。羣小來弔，盤旋地坐，舉手受執蔬膳，積旬不聽音伎。左右直長閹豎王寶孫諸人，共營肴羞，云爲天子解菜。

又於苑中立店肆，模大市，日游市中，雜所貨物，與宫人閹豎共爲裨販。以潘妃爲市令，自爲市吏録事，將鬬者就潘妃罰之。帝小有得失，潘則與杖，乃敕虎賁威儀不得進大荆子，閤内不得進實中荻。雖畏潘氏，而竊與諸姊妹淫通。每游走，潘氏乘小輿，宫人皆露褌，著緑絲屩，帝自戎服騎馬從後。又開渠立埭，躬自引船，埭上設店，坐而屠肉。于時百姓歌云：「閱武堂，種楊柳，至尊屠肉，潘妃酤酒。」

又偏信蔣侯神，迎來入宫，晝夜祈禱。左右朱光尚詐云見神，動輒諮啓，並云降福。始安之平，遂加位相國，末又號爲「靈帝」，車服羽儀，一依王者。又曲信小祠，日有十數，師巫魔媪，迎送紛紜。光尚輒託云神意。范雲謂光尚曰：「君是天子要人，當思百全計。」光尚曰：「至尊不可諫正，當託鬼神以達意耳。」後東入樂游，人馬忽驚，以問光尚，光尚曰：「向見先帝大瞋，不許數出。」帝大怒，拔刀與光尚等尋覓，既不見處，乃縛菰爲明帝形，北向斬之，縣首苑門。

上自永元以後，魏每來伐，繼以内難，揚、南徐二州人丁，三人取兩，以此爲率。遠郡悉令上米準行，一人五十斛，輸米既畢，就役如故。又先是諸郡役人，多依人士爲附隸，謂之「屬名」。又東境役苦，百姓多注籍詐病，遣外醫巫，在所檢占諸屬名，并取病身。凡屬名多不合役，止避小小假，並是役蔭之家。凡注病者，或已積年，皆攝充將役。又追責病者租布，隨其年歲多少。銜命之人，皆給貨賂，隨意縱捨。又横調徵求，皆出百姓。

羣小以陳顯達下數日便敗，崔慧景圍城正得十日，及蕭衍師至，亦謂爲然。裹糧食、樵芻，凡所須物，爲百日備。帝謂茹法珍曰：「須來至白門前，當一決。」及至近郊，乃聚兵爲固守計，召王侯分置尚書都坐及殿省。尚書舊事，悉充紙鎧。使冠軍將軍王珍國領三萬人據大桁〔五一〕，莫有鬭志，遣王寶孫督戰，呼爲王倀子〔五二〕。寶孫切罵諸將帥，直閤將軍席豪發憤突陣死。豪，驍將也，既斃，衆軍於是土崩。軍人從朱雀觀上自投及赴淮水死者無數。於是閉城自守，城内軍事委王珍國。兖州刺史張稷入衛〔五三〕，以稷爲副，實甲猶七萬人。

帝著烏帽袴褶，備羽儀，登南掖門臨望。又虚設鎧馬齋仗千人，皆張弓拔白，出東掖門，稱蔣王出盪。又受刀敕等教著五音兒衣，登城望戰。還與御刀左右及六宫於華光殿立軍壘，以金玉爲鎧仗，親自臨陣，詐被創勢，以板擱將去，以此厭勝。又於閱武堂設牙門軍頓，每夜嚴警。帝於殿内騎馬，從鳳莊門入徽明門，馬被銀蓮葉具裝鎧，雜羽孔翠寄生，逐馬左右衛從，晝眠夜起如平常。聞外鼓吹叫聲，被大紅袍，登景陽樓望，弩幾中之。衆皆怠怨，不爲致力，募兵出戰，至城門數十步，皆坐甲而歸。慮城外有伏兵，乃燒城傍諸府署，六門之内皆盡。城中閣道、西掖門内，相聚爲市，販死牛馬肉。蕭衍長圍既立，塹柵嚴固，然後出盪，屢戰不捷。

帝尤惜金錢，不肯賞賜，茹法珍叩頭請之，帝曰：「賊來獨取我邪，何爲就我求物？」後堂儲數百具榜，啓爲城防，帝曰：「擬作殿。」竟不與。城防巧手，而悉令作殿，晝夜不休。又催御府細作三百人精仗，須圍解以擬屏除。金銀雕鏤雜物，倍急於常。法珍、蟲兒又説帝曰：「大臣不留意，使圍不解，宜悉誅之。」珍國、張稷懼禍，乃謀應蕭衍，以計告後閤舍人錢强。强許之，密令游盪主崔叔智夜開雲龍門，稷及珍國勒兵入殿，分軍又從西上閤入後宫，御刀豐勇之爲内應。是夜，帝在含德殿。吹笙歌作女兒子，卧未熟，聞兵入，趨出北户，欲還後宫。清曜閤已閉，閹人禁防黄泰平刀傷其膝，仆地，顧曰：「奴反邪！」直後張齊斬首，送蕭衍。宣德太后令依漢海昏侯故事，追封東昏侯。

和帝諱寶融，字智昭，明帝第八子也。建武元年，封隨郡王。永元元年，改封南康王，出爲西中郎將、荆州刺史，督九州軍事〔五四〕。

二年十一月甲寅，長史蕭穎胄奉王舉兵。其日太白及辰星俱見西方。乙卯，教纂嚴。

丙辰，以雍州刺史蕭衍爲使持節、都督前鋒諸軍事。戊午，衍表勸進。

十二月乙亥，羣僚勸進，並不許。壬辰，驍騎將軍夏侯亶自建鄴至江陵，稱宣德太后令：「西中郎將南康王宜纂承皇祚，光臨億兆，可且封宣城王、相國、荆州牧，加黄鉞，置僚屬。」

三年正月乙巳，王受命，大赦；唯梅蟲兒、茹法珍等不在例。是日，長星見，竟天。甲寅，建牙于城南。二月己巳，羣僚上尊號，立宗廟及南北郊。

中興元年春三月乙巳，皇帝即位，大赦，改永元三年爲中興，文武賜位二等。是夜彗星竟天。以相國左長史蕭穎胄爲尚書令，加雍州刺史蕭衍尚書左僕射、都督征討諸軍。以晉安王寶義爲司空，廬陵王寶源爲車騎將軍、開府儀同三司。丙午，有司奏封庶人寶卷爲零陵侯〔五五〕，詔不許。又奏爲涪陵王，詔可。

夏四月戊辰，詔凡東討衆軍及諸向義之衆，普復除五年。

秋七月丁巳〔五六〕，魯山城主孫樂祖以城降。己未，郢城主薛元嗣降。

八月丙子，平西將軍陳伯之降。

九月己未〔五七〕，詔假黄鉞蕭衍，若定京邑，得以便宜從事。

冬十一月壬寅，尚書令、鎮軍將軍蕭穎胄卒。

十二月丙寅，建康城平。己巳，宣德皇太后令，以征東大將軍蕭衍爲大司馬、録尚書、驃騎大將軍、揚州刺史，封建安郡公，依晉武陵王遵承制故事。壬申，改封建安王寶夤爲鄱陽王。癸酉，以司徒、揚州刺史晉安王寶義爲太尉，領司徒。乙酉，以尚書右僕射王瑩爲左僕射。

二年春正月戊戌，宣德皇太后臨朝，入居内殿。壬寅，大司馬蕭衍都督中外諸軍事，加殊禮。己酉，以大司馬長史王亮爲守尚書令。甲寅，加大司馬蕭衍位相國，梁公，備九錫禮。

二月壬戌，誅湘東王寶晊。丙戌，進梁公蕭衍爵爲王〔五八〕。

三月辛丑，鄱陽王寶夤奔魏。誅邵陵王寶攸、晉熙王寶嵩、桂陽王寶貞〔五九〕。庚戌，車駕東歸至姑熟。丙辰，遜位于梁。丁巳，廬陵王寶源薨。

四月辛酉，禪詔至，皇太后遜居外宫。梁受命，奉帝爲巴陵王，宫于姑熟。戊辰，巴陵王殂，年十五。追尊爲齊和帝，葬恭安陵。

初，梁武帝欲以南海郡爲巴陵國邑而遷帝焉，以問范雲，雲俛眉未對〔六〇〕。沈約曰：

「今古殊事，魏武所云，『不可慕虚名而受實禍』。」梁武頷之。於是遣鄭伯禽進以生金，帝曰：「我死不須金，醇酒足矣。」乃引飲一升，伯禽就加摺焉。先是，文惠太子與才人共賦七言詩，句後輒云「愁和帝」〔六一〕，至是其言方驗。又永明中，望氣者云新林、婁湖、青溪並有天子氣，於其處大起樓苑宮觀，武帝屢游幸以厭之〔六二〕；又起舊宮於青溪，以弭其氣。而明帝舊居東府城西，延興末，明帝龍飛，至是梁武帝衆軍城於新林，而武帝舊宅亦在征虜。

百姓皆著下屋白紗帽，而反裙覆頂。東昏曰：「裙應在下，今更在上，不祥。」命斷之。於是百姓皆反裙向下，此服袄也。帽者首之所寄，今而向下，天意若曰，元首方爲猥賤乎。東昏又令左右作逐鹿帽，形甚窄狹，後果有逐鹿之事。東昏宫裏又作散叛髮，反髻根向後，百姓爭學之，及東昏狂惑，天下散叛矣。東昏又與羣小别立帽，騫其口而舒兩翅，名曰「鳳度三橋」。帬向後，總而結之，名曰「反縛黄麗」。東昏與刀敕之徒親自著之，皆用金寶，鏨以璧璫。又作著調帽，鏤以金玉，間以孔翠，此皆天意。梁武帝舊宅在三橋，而「鳳度」之名，鳳翔之驗也。「黄麗」者「皇離」，爲日而反縛之，東昏戮死之應也。「調」者，梁武帝至都，而風俗和調。先是，百姓及朝士皆以方帛填胸，名曰「假兩」，此又服袄。假非正名也，儲兩而假之，明不得真也。東昏誅，其子廢爲庶人，假兩之意也。

論曰：鬱林地居長嫡，瑕釁未彰，而武皇之心，不變周道，故得保茲守器，正位尊極。既而愆鄙內作，兆自宮闈，雖爲害未遠，而足傾社稷。郭璞稱永昌之名，有二日之象，隆昌之號，實亦同焉。明帝越自支庶，任當負荷，乘機而作，大致殲夷，流涕行誅，非云義舉，事苟非安〔六三〕，能無內愧。既而自樹本枝，根胤孤弱，貽厥所授，屬在凶愚，用覆宗祊，亦其理也。夫名以行義，往賢垂範，備而之禪，術士誡之，東昏以「卷」名〔六四〕，「藏」以終之，其兆先徵，蓋亦天所命矣。

校勘記

〔一〕武帝以既陽縣寒人給事中綦母珍之代仁祖　按南齊無「既陽縣」，南齊書卷一四州郡志上「暨陽縣」屬南徐州晉陵郡，似當以暨陽爲是。

〔二〕諸寶器以相擊剖破碎之　南齊書卷四鬱林王紀「諸」上有「取」字，「擊剖」作「剖擊」。

〔三〕著紅紫錦繡新衣錦帽紅縠褌　「新」，魏書卷九八島夷蕭道成傳作「雜」。按北齊書卷四文宣紀有「散髮胡服，雜衣錦彩」。疑作「雜」是。

〔四〕雜采袙服　「袙」，原作「袒」，據南齊書卷四鬱林王紀改。

〔五〕徐龍駒爲後閤舍人　「後閤」，原作「後宫」，據南齊書卷四鬱林王紀、通鑑卷一三九齊紀五建武元年改。按通鑑胡三省注：「後閤，禁中後閤也。」

〔六〕裸身與霍氏相對　按張森楷南史校勘記：「據上云霍氏改姓徐氏，則當書徐氏；而此仍從其實書霍氏。下又依南齊書紀稱『帝走向愛姬徐氏房』，遂若兩人然者。」

〔七〕宿衛將士皆執弓楯欲戰　「執」上原衍「衛」字，據建康實録卷一五删。

〔八〕以尚書左僕射王晏爲尚書令　此事與下文「以車騎大將軍陳顯達爲司空」、「以驃騎大將軍鄱陽王鏘爲司徒」二事均繫於七月丁酉，南齊書卷五海陵王紀、通鑑卷一三九齊紀五建武元年並繫此事於八月甲辰。按是年七月癸酉朔，二十五日丁酉；八月癸卯朔，初二日甲辰。

〔九〕八月壬辰　按是月癸卯朔，無壬辰及下文「甲午」、「辛丑」；七月癸酉朔，有此諸日辰。

〔一〇〕甲午以前司空王敬則爲太尉　按南齊書卷五海陵王紀、通鑑卷一三九齊紀五建武元年繫此於「甲辰」。

〔一一〕誅新除司徒鄱陽王鏘中軍大將軍隨王子隆　「中軍」，原作「中書」，據南齊書卷五海陵王紀、通志卷一二改。按南齊書卷四〇武十七王傳載隨郡王子隆「延興元年，轉中軍大將軍」。

〔一二〕冬十月丁酉加宣城公鸞黄鉞　下文又有戊戌。按是月壬寅朔，無丁酉、戊戌。南齊書卷五海陵王紀繫此事於九月乙未。通鑑卷一三九齊紀五建武元年繫此事於九月乙亥，通鑑考異曰：「齊帝紀作『乙未』，按是月壬申朔，而上有癸未，下有乙酉、丁亥，蓋癸未當作『癸酉』，乙未當作『乙亥』耳。」

〔一三〕領大將軍揚州刺史　「揚州刺史」，南齊書卷五海陵王紀、通鑑卷一三九齊紀五建武元年作「揚州牧」。按上文蕭鸞已爲揚州刺史，此處應作「揚州牧」。

〔一四〕御史中丞沈深表百官年登七十者　「沈深」，南齊書卷六明帝紀作「沈淵」，此避唐諱改。

〔一五〕遣鎮軍王廣之督司州　「鎮軍」，南齊書卷六明帝紀、卷二九王廣之傳、本書卷四六王廣之傳、通鑑卷一四〇齊紀六建武二年作「鎮南將軍」，當是。

〔一六〕三月己未　「三月」，通鑑卷一四〇齊紀六建武二年作「二月」。按下文有丙寅，是年二月庚子朔，二十日己未，二十七日丙寅；三月庚午朔，無己未、丙寅。

〔一七〕冬十月癸卯　通鑑卷一四〇齊紀六建武二年繫此事於十一月丁卯。按是年十月丙申朔，初八日癸卯；十一月丙寅朔，初二日丁卯。未審孰是。

〔一八〕毁興光樓　「興光」二字原互倒，據南齊書卷六明帝紀、御覽卷一二九引齊書、册府卷一九八、通鑑卷一四〇齊紀六建武二年乙正。

〔一九〕乙卯納皇太子妃褚氏大赦　通鑑卷一四〇齊紀六建武二年繫此於十一月己卯。按是年十月丙申朔，二十日乙卯；十一月丙寅朔，十四日己卯。

〔二〇〕三年春正月丁酉　「丁酉」，通鑑卷一四〇齊紀六建武三年作「丁卯」，通鑑考異曰：「齊本紀作『丁酉』。按長曆，是月乙丑朔，無丁酉。下有己巳，當作『丁卯』。」按是月乙丑朔，初三日丁卯，無丁酉。

〔二一〕「己巳」至「乙酉」　「己巳」前原有「二月」二字，據南齊書卷六明帝紀删。按是年正月乙丑朔，初五日己巳，二十一日乙酉；二月甲午朔，無己巳、乙酉。

〔二二〕詔車府乘輿有金銀飾者　「金銀飾」，南齊書卷六明帝紀、通鑑卷一四〇齊紀六建武三年作「金銀飾校」。胡三省注：「校，户教翻。校，欄格也。飾其校，飾其欄格也。又居效翻，義與鉸同，以金飾器謂之鉸。」

〔二三〕四年春正月庚午大赦　按是月己丑朔，無庚午。通鑑卷一四一齊紀七建武四年作「春正月大赦」。考異曰：「齊帝紀云：『庚午，大赦。』按長曆，是月己丑朔，無庚午，故不日。」

〔二四〕壬寅　原作「庚辰」，據南齊書卷六明帝紀改。按是月己丑朔，十四日壬寅，無庚辰。

〔二五〕壬辰誅尚書令王晏　「壬辰」，南齊書卷六明帝紀、通鑑卷一四一齊紀七建武四年作「丙辰」。按是月己丑朔，初四日壬辰，二十八日丙辰。

〔二六〕秋八月甲午　南齊書卷六明帝紀八月下無「甲午」，通鑑卷一四一齊紀七建武四年繫八月甲午下事於壬戌後。按八月丙辰朔，無甲午，初七日壬戌。

〔二七〕十一月丙辰　按是月甲申朔，無丙辰。

〔二八〕新野太守劉忌隨宜應接　「劉忌」，南齊書卷五七魏虜傳、通鑑卷一四一齊紀七永泰元年作「劉思忌」。

〔元〕三月丙午　「丙午」，南監本、北監本、汲本、殿本作「甲午」。按是月壬午朔，十三日甲午，二十五日丙午。

〔三〇〕丁丑　南齊書卷六明帝紀作「丁卯」，建康實録卷一五作「丁未」。通鑑卷一四一齊紀七永泰元年敍此事於庚午前。按南齊書卷一二天文志上：「永泰元年四月癸亥，月蝕，色赤如血。三日而大司馬王敬則舉兵。」是月壬子朔，無丁未，十二日癸亥，十六日丁卯，十九日庚午，二十六日丁丑，疑當作「丁卯」。

〔三一〕竟陵王昭胄爲巴陵王　「昭胄」，原作「昭冑」，據南齊書卷四〇武十七王傳、本書卷四四齊武帝諸子傳改。

〔三二〕五月癸亥　按是月丙子朔，無癸亥。

〔三三〕秋七月辛未　按是月乙亥朔，無辛未。下有丙戌，其前只有辛巳，疑「辛未」爲「辛巳」之訛。

〔三四〕丙戌殺尚書右僕射江祏侍中江祀　通鑑卷一四二齊紀八永元元年書此事於八月。

〔三五〕戊午斬遥光　南齊書卷四五宗室傳始安貞王道生傳附遥光傳、卷一二天文志上、通鑑卷一四二齊紀八永元元年繫此於八月己未。按八月甲辰朔，十五日戊午，十六日己未。

〔三六〕以領軍蕭坦之爲尚書左僕射　「尚書左僕射」，南齊書卷四二蕭坦之傳、通鑑卷一四二齊紀八永元元年作「尚書右僕射」。魏書卷九八島夷蕭道成傳亦載「其右僕射蕭坦之」。

〔三七〕九月甲辰殺尚書左僕射蕭坦之右衞將軍曹武　通鑑卷一四二齊紀八永元元年繫殺蕭坦之事

於閏八月。按南齊書卷四二蕭坦之傳：「遥光事平二十餘日，帝遣延明主帥黄文濟領兵圍坦之宅，殺之。」當以閏八月爲是。「曹武」，即「曹虎」，傳見南齊書卷三〇，此避唐諱而改。

〔三八〕右僕射新除鎮軍將軍沈文季　「右僕射」，南齊書卷四四、本書卷三七沈文季傳載永元元年沈文季爲尚書左僕射。按南齊書卷六明帝紀及本卷上文載明帝遺詔中有沈文季可尚書左僕射語，疑「右僕射」乃「左僕射」之訛。

〔三九〕乙酉斬顯達　「乙酉」，原作「己酉」，據汲本、殿本及南齊書卷七東昏侯紀、建康實録卷一五、通鑑卷一四二齊紀八永元元年、通志卷一二改。按是月壬申朔，十四日乙酉，無己酉。

〔四〇〕二月己丑　「己丑」，通鑑卷一四三齊紀九永元二年作「己亥」。按是月辛未朔，十九日己丑，二十九日己亥。

〔四一〕三月乙卯　按下文有「丙午」，是月辛丑朔，初六日丙午，十五日乙卯，「乙卯」不應在「丙午」前。且下文又出「乙卯」，故此「乙卯」當誤。南齊書卷七東昏侯紀「乙卯」上文又有「癸卯」，爲初三日；「癸卯」與「丙午」之間有「乙巳」，爲初五日。疑此「乙卯」乃「乙巳」之訛。

〔四二〕丙午　「丙午」前原有「夏四月」，據通鑑移於下文「癸酉」前。按丙午及下文丁未、壬子、乙卯、壬戌、甲子、己巳，本書原皆繫於四月下。通鑑卷一四三齊紀九永元二年於下文「癸酉」後，考異曰：「按長曆，是歲三月辛丑朔，四月庚午朔。丁未三月七日，壬子十二日，乙卯十五日，壬戌二十二日，甲子二十四日：四月皆無也。蓋四月當作三月；至癸酉，乃四月四日耳。」

〔四三〕乙丑　原作「己丑」，據南齊書卷七東昏侯紀改。按是月庚子朔，二十六日乙丑，無己丑。

〔四四〕曲赦都下及徐兗二州　「徐」，南齊書卷七東昏侯紀、通鑑卷一四三齊紀九永元二年作「南徐」。按上文四月下有「詔曲赦都下及南徐、南兗二州」，「南徐兗二州」即指「南徐南兗二州」。疑當作「南徐」。

〔四五〕秋七月甲申夜宮內火　南齊書卷七東昏侯紀、卷一九五行志書此事於八月。按是年七月己亥朔，無甲申；八月戊辰朔，十七日甲申，疑當作「八月」。

〔四六〕冬十月己卯　「己卯」，原作「己亥」，據南齊書卷七東昏侯紀、通鑑卷一四三齊紀九永元二年改。按是月丁卯朔，十三日己卯，無己亥。

〔四七〕壬戌　按二月乙丑朔，無壬戌。

〔四八〕「雍州刺史張欣泰」至「向臺」　按南齊書卷七東昏侯紀、通鑑卷一四四齊紀一〇中興元年書於七月「甲午」。

〔四九〕陳顯達平　「平」，原作「卒」，據南齊書卷七東昏侯紀、建康實録卷一五改。

〔五〇〕令富室賣金　「賣」，原作「買」，據通志卷一二改。

〔五一〕使冠軍將軍王珍國領三萬人據大桁　「三萬人」，南齊書卷七東昏侯紀汲本、局本作「萬人」，通志卷一二作「二萬人」。

〔五二〕呼爲王倀子　「王倀子」，南齊書卷七東昏侯紀作「王長子」。

〔五三〕兗州刺史張稷入衞　「兗州」，梁書卷一六張稷傳、卷一七張齊傳作「南兗州」。按南齊書卷一四州郡志上，南齊有南兗州、北兗州。

〔五四〕督九州軍事　南齊書卷八和帝紀作「督荆雍益寧梁南北秦七州軍事」。「九」當作「七」。

〔五五〕有司奏封庶人寶卷爲零陵侯　「零陵」，南齊書卷八和帝紀作「零陽」。按同書卷一五州郡志下荆州天門郡有零陽縣，郢州武陵郡有零陵縣。

〔五六〕秋七月丁巳　「丁巳」，原作「丁卯」，據通鑑卷一四四齊紀一〇中興元年改。按是月癸巳朔，二十五日丁巳，無丁卯。

〔五七〕九月己未　「己未」，南齊書卷八和帝紀、通鑑卷一四四齊紀一〇中興元年作「乙未」。按通鑑本月下文有丁酉、己亥、戊申，是月壬辰朔，初四日乙未，初六日丁酉，初八日己亥，十七日戊申，二十八日己未。似當作「乙未」。

〔五八〕丙戌進梁公蕭衍爵爲王　「丙戌」，南齊書卷八和帝紀作「戊辰」。按是月庚申朔，初九日戊辰，二十七日丙戌。

〔五九〕晉熙王寶嵩桂陽王寶貞　「寶嵩桂陽王」五字原脱，據南齊書卷八和帝紀、通鑑卷一四五梁紀一天監元年補。按南齊書卷五〇明七王傳有晉熙王寶嵩傳、桂陽王寶貞傳。

〔六〇〕雲俛眉未對　「眉」，南監本、北監本、汲本、殿本及建康實録卷一五作「首」。

〔六一〕愁和帝　南齊書卷一九五行志、册府卷八九四作「愁和諦」。馬宗霍校證云「『諦』與『帝』音同，蓋取同音而爲語讖，詩句原文當從五行志作『諦』」。

〔六二〕武帝屢游幸以厭之　「厭」，原作「應」，據通志卷一二改。按本書卷四齊本紀上記同一事有「作新婁湖苑以厭之」，「厭」通「壓」。

〔六三〕事苟非安　「非」，南齊書卷六明帝紀作「求」。

〔六四〕東昏以卷名　「名」，原作「矣」，據北監本、殿本及建康實録卷一五改。

南史卷六

梁本紀上第六

梁高祖武皇帝諱衍，字叔達，小字練兒，南蘭陵中都里人，姓蕭氏，與齊同承淮陰令整。整生皇高祖鎋，位濟陰太守。鎋生皇曾祖副子，位州治中從事。副子生皇祖道賜，位南臺治書侍御史。道賜生皇考，諱順之，字文緯，於齊高帝爲始族弟。

皇考外甚清和，而內懷英氣，與齊高少而款狎。嘗共登金牛山，路側有枯骨縱横，齊高謂皇考曰：「周文王以來幾年，當復有掩此枯骨者乎？」言之憹然動色。皇考由此知齊高有大志，常相隨逐。齊高每外討，皇考常爲軍副。及北討，薛索兒夜遣人入營，提刀徑至齊高眠牀，皇考手刃之。頻爲齊高鎮軍司馬、長史。時宋帝昏虐，齊高謀出外，皇考以爲一旦奔亡，則危幾不測，不如因人之欲，行伊、霍之事，齊高深然之。歷黄門郎，安西長史，吴郡内史，所經皆著名。吴郡張緒常稱：「文武兼資，有德有行，吾敬蕭順之。」袁粲之據石頭，黄回與之通謀，皇考聞難作，率家兵據朱雀橋，回覘人還告曰：「朱雀橋南一長者，英威毅然，坐胡牀南向。」回曰：「蕭順之也。」遂不敢出。時微皇考，石頭幾不據矣。及齊高創造皇業，推鋒決勝，莫不垂拱仰成焉。齊建元末，齊高從容謂皇考曰：「當令阿玉解揚州相授。」玉，豫章王嶷小名也。齊武帝在東宮，皇考嘗問訊，及退，齊武指皇考謂嶷曰：「非此翁，吾徒無以致今日。」及即位，深相忌憚，故不居台輔。以參豫佐命，封臨湘縣侯。歷位侍中，衞尉，太子詹事，領軍將軍，丹陽尹，贈鎮北將軍，謚曰懿。

帝以宋孝武大明八年歲次甲辰生于秣陵縣同夏里三橋宅〔一〕。初，皇妣張氏嘗夢抱日，已而有娠，遂產帝。帝生而有異光，狀貌殊特，日角龍顔，重岳虎顧，舌文八字，項有浮光，身映日無景，兩髆駢骨，頂上隆起〔二〕，有文在右手曰「武」。帝爲兒時，能蹈空而行。及長，博學多通，好籌略，有文武才幹。所居室中，常若雲氣，人或遇者〔三〕，體輒肅然。

初爲衞軍王儉東閤祭酒，儉一見深相器異，請爲户曹屬。謂廬江何憲曰：「此蕭郎三十内當作侍中，出此則貴不可言。」竟陵王子良開西邸，招文學，帝與沈約、謝朓、王融、蕭琛、范雲、任昉、陸倕等並游焉，號曰「八友」。融俊爽，識鑒過人，尤敬異帝，每謂所親曰：「宰制天下，必在此人。」累遷隨王鎮西諮議參軍。行經牛渚，逢風，入泊龍瀆，有一老人謂帝曰：「君龍行虎步，相不可言，天下方亂，安之者其在君乎？」問其名氏，忽然不見。尋以皇考艱去職，歸建鄴。

及齊武帝不豫，竟陵王子良以帝及兄懿、王融、劉繪、王思遠、顧暠之、范雲等爲帳内軍主。融欲因帝晏駕立子良，帝曰：「夫立非常之事，必待非常之人，融才非負圖，視其敗也。」范雲曰：「憂國家者，惟有王中書。」帝曰：「憂國欲爲周、召？欲爲豎刁邪？」懿曰：「直哉史魚，何其木强也！」

初，皇考之薨，不得志，事見齊魚復侯傳。至是，鬱林失德，齊明帝作輔，將爲廢立計，帝欲助齊明，傾齊武之嗣，以雪心恥〔四〕，齊明亦知之，每與帝謀。時齊明將追隨王，恐不從，又以王敬則在會稽，恐爲變，以問帝。帝曰：「隨王雖有美名，其寔庸劣，既無智謀之士，爪牙惟仗司馬垣歷生、武陵太守卞白龍耳。此並惟利是與，若啗以顯職，無不載馳。隨王止須折簡耳。敬則志安江東，窮其富貴，宜選美女以娛其心。」齊明曰：「亦吾意也。」即徵歷生爲太子左衞率，白龍游擊將軍，並至。續召隨王至都，賜自盡。

豫州刺史崔慧景既齊武舊臣，不自安，齊明憂之，乃起帝鎮壽陽，外聲備魏，實防慧景。師次長瀨，慧景懼罪，白服來迎，帝撫而宥之。將軍房伯玉、徐玄慶並曰：「慧景反跡既彰，實是見賊，我曹武將，譬如韝上鷹，將軍一言見命，便即制之。」帝笑曰：「其如掌中嬰兒，殺之不武。」於是曲意和釋之，慧景遂安。隆昌元年，拜中書侍郎，遷黄門侍郎。

建武二年，魏將王肅、劉昶攻司州刺史蕭誕甚急，齊明遣左衞將軍王廣之赴救，帝爲偏帥隸廣之。行次熨斗洲，有人長八尺餘，容貌衣冠皓然皆白，緣江呼曰：「蕭王大貴〔五〕。」帝既屢有徵祥，心益自負。時去誕百里，衆軍以魏軍盛，莫敢前。帝欲大振威略，謂諸將曰：「今屯下梁之城，塞鑿峴之險，守雉腳之路，據賢首之山，以通西關，以臨賊壘，三方掎角，出其不備，破賊必矣。」廣之等不從。後遣徐玄慶進據賢首山，魏絶其糧道，衆懼，莫敢援之，惟帝獨奮請先進。於是廣之益帝精甲，銜枚夜前。失道，望見如持兩炬者，隨之果得道，徑上賢首山，廣之軍因得前。魏軍來脅，帝堅壁不進。時王肅自攻城，一鼓而退，劉昶有疑心，帝因與書，間成其隙。一旦，有風從西北起，陣雲隨之來，當肅營，尋而風回雲轉，還向西北，帝曰：「此所謂歸氣，魏師遁矣。」令軍中曰：「望麾而進，聽鼓而動。」肅乃傾壁十萬，陣于水北，帝揚麾鼓譟，響振山谷，敢死之士，執短兵先登，長戟翼之。城中見援至，因出軍攻魏柵，魏軍表裏受敵，因大崩。肅、昶單馬走〔六〕，斬獲千計，流血絳野。得肅、昶巾箱中魏帝敕曰：「聞蕭衍善用兵，勿與爭鋒，待吾至；若能禽此人，則江東吾有也。」以功封建陽縣男。

尋爲司州刺史。有沙門自稱僧惲，謂帝曰：「君項有伏龍，非人臣也。」復求，莫知所之。帝在州，甚有威名。嘗有人餉馬，帝不受，餉者密以馬繫齋柱而去。帝出見馬，答書殷勤，縛之馬首，令人驅出城外，馬自還。還都爲太子中庶子〔七〕，領四廂直。出鎮石頭。齊明性猜忌，帝避時嫌，解遣部曲，常乘折角小牛車。齊明每稱帝清儉，勗勵朝臣。

四年，魏孝文帝自率大衆逼雍州，刺史曹武度沔守樊城，武舊齊武腹心，齊明忌之，欲使后弟劉暄爲雍州，暄不願出外，因江祏得留。齊明帝擬帝雍州，受密旨出頓，聲爲軍事發遣。又命五兵尚書崔慧景、征南將軍陳顯達相續援襄陽。慧景與帝進行鄧城，魏孝文帥十餘萬騎奄至，慧景引退，帝止之，不從，於是大敗。帝帥衆拒戰，獨得全軍。及魏軍退，以帝爲輔國將軍，監雍州事。

先是，雍州相傳樊城有王氣，至是謡言更甚。及齊明崩，遺詔以帝爲都督、雍州刺史。時揚州刺史始安王遥光、尚書令徐孝嗣、右僕射江祏、右將軍蕭坦之、侍中江祀、衞尉劉暄更直内省，分日帖敕，世所謂「六貴」。又有御刀茹法珍、梅蟲兒、豐勇之等八人，號爲「八要」，及舍人王咺之等四十餘人，皆口擅王言，權行國憲。帝謂張弘策曰：「政出多門，亂其階矣。當今避禍，惟有此地，勤行仁義，可坐作西伯；但諸弟在都，恐離時患，須與益州圖之耳。」時上長兄懿罷益州還，仍行郢州事，乃使弘策詣郢，陳計於懿，語在懿傳〔八〕。言既不從，弘策還，帝乃召弟偉及憺，是歲至襄陽。乃潛造器械，多伐竹木，沈於檀溪，密爲舟裝之備。時帝所住齋常有氣，五色回轉，狀若蟠龍。季秋出九日臺，忽暴風起，煙塵四合，帝所居獨白日清朗，其上紫雲騰起，形如繖蓋，望者莫不異焉。

尋而大臣相次誅戮。永元二年冬，懿又被害。信至，帝密召長史王茂、中兵呂僧珍、別駕柳慶遠、功曹史吉士瞻等謀之。既定，以十一月乙巳召僚佐集於聽事，告以舉兵。是日建牙，出檀溪竹木裝艑艦，旬日大辦。百姓願從者，得鐵馬五千匹，甲士三萬人〔九〕。

先是，東昏以劉山陽爲巴西太守，使過荆州就行事蕭穎胄以襲襄陽。帝知其謀，乃遣參軍王天武、龐慶國詣江陵〔一〇〕，偏與州府人書論軍事。天武既發，帝謂諮議參軍張弘策曰：「今日天武坐收天下矣〔一一〕。荆州得天武至，必回遑無計，若不見同，取之如拾地芥耳。斷三峽，據巴、蜀，分兵定湘中，便全有上流。以此威聲，臨九派，斷彭蠡，傳檄江南，風之靡草，不足比也，政小引日月耳。江陵本憚襄陽人，加脣亡齒寒，必不孤立，寧得不闇見同邪。挾荆、雍之兵，掃定東夏，韓、白重出，不能爲計，況以無筭之昏主，役御刀應敕之徒哉。」及山陽至巴陵，帝復令天武齎書與穎胄兄弟。去後，帝謂張弘策曰：「用兵之道，攻心爲上，攻城次之；心戰爲上，兵戰次之，今日是也。近遣天武往州府，人皆有書，今段止有兩封，與行事兄弟，云『一二天武口具』。及問天武，口無所說。天武是行事心膂，彼聞必謂行事與天武共隱其事〔一二〕，則人人生疑。山陽惑於衆口，判相嫌貳，則行事進退無以自明，是馳兩空函定一州矣。」山陽至江安，聞之，果疑不上。柳忱勸斬天武，送首山陽，穎胄乃謂天武曰：「天下之事，縣之在卿，今就卿借頭，以詐山陽；昔樊於期亦以頭借荆軻。」於是斬之，送首山陽，山陽信之，馳入城，將踰閾，縣門發，折其車轅，投車而走，中兵參軍陳秀拔戟逐之，斬于門外，傳首于帝。仍以南康王尊號之議來告，且曰：「時有未利〔一三〕，當須來年二月。遽便進兵，恐非廟筭。」帝答曰：「今坐甲十萬，糧用自竭，若頓兵十旬，必生悔吝。且太白出西方，杖義而動，天時人謀，有何不利？昔武王伐紂，行逆太歲，復須待年月乎？」竟陵太守曹景宗遣杜思沖勸帝迎南康，都襄陽，時正尊號〔一四〕，帝不從。王茂又私于張弘策曰：「今以南康置人手中，彼挾天子以令諸侯，節下前去爲人所使，此豈歲寒之計。」弘策言之於帝，帝曰：「若前途大事不捷，故自蘭艾同焚；若功業克建，誰敢不從？豈是碌碌受人處分！」於沔南立新野郡，以集新附。

三年二月，南康王爲相國〔一五〕，以帝爲征東將軍。戊申，帝發襄陽。自冬積霰，至是開霽，士卒咸悦。帝遂留弟偉守襄陽城，謂曰：「當置心於襄陽人腹中，推誠信之，勿有疑也。天下一家，乃當相見。」遂移檄建鄴，闡揚威武。及至竟陵，命長史王茂與太守曹景宗爲前軍，中兵參軍張法安守竟陵城。茂、景宗帥衆濟岸，進頓九里。其日，郢州刺史張沖迎戰，茂等大破之。荆州遣冠軍將軍鄧元起、軍主王世興、田安等會大軍於夏口。帝築漢口城以守魯山，命水軍主張惠紹、朱思遠等游遏中江，絶郢、魯二城信使。時張沖死，其衆推軍主薛元嗣及沖長史程茂爲主。

三月乙巳，南康王即帝位於江陵。遥廢東昏爲涪陵王，以帝爲尚書左僕射，加征東大將軍、都督征討諸軍〔一六〕，假黄鉞。西臺又遣冠軍將軍蕭穎達領兵來會。四月，帝出沔，命王茂、蕭穎達等逼郢城。五月己酉，帝移屯漢南。是日，有紫雲如蓋，蔭于壘幕。甲寅，東昏遣寧朔將軍吴子陽、光子衿等十三軍救郢州，進據巴口。七月，帝命王茂帥軍主曹仲宗、康絢、武會超等潛師襲加湖，將逼子陽。水涸不通艦，子衿喜。其夜流星墜其城，四更中無雨而水暴長，衆軍乘流齊進，鼓譟攻之，俄而大潰，子陽等竄走，衆盡溺于江，王茂虜其餘而旋。郢、魯二城相視奪氣。

先是，東昏遣冠軍將軍陳伯之鎮江州，爲子陽等聲援。帝謂諸將曰：「夫征討未必須實力，所聽威聲耳。今加湖之敗，誰不讋服。陳武牙即伯之之子〔一七〕，狼狽奔歸，彼間人情，理當兇懼。我謂九江傳檄可定也。」因命搜所獲俘囚，得伯之幢主蘇隆之，厚加賞賜，使致命焉。

戊午，魯山城主孫樂祖降。己未夜，郢城有數百毛人踰堞且泣，因投黄鵠磯，蓋城之精也。及旦，其城主程茂、薛元嗣遣參軍朱曉求降。帝謂曰：「城中自可不識天命，何意恒駡？」曉曰：「明公未之思耳，桀犬何嘗不吠堯。」初，郢城之閉，將佐文武男女口十餘萬人，疾疫流腫死者十七八。及城開，帝並加隱卹，其死者命給棺櫝。

東昏聞郢城没，乃爲城守計，簡二尚方二冶囚徒以配軍。其不可活者，於朱雀門内日斬百餘人。尚書令王亮苦諫，不從。陳伯之遣蘇隆之反命，求未便進軍。帝曰：「伯之此言，意懷首鼠，可及其猶豫逼之。」乃命鄧元起即日沿流。八月，天子遣兼黄門郎蘇回勞軍。帝登舟，命諸軍以進路〔一八〕，留上庸太守韋叡守郢城，行州事。鄧元起將至尋陽，陳伯之猶懼，乃收兵退保湖口，留其子武牙守盆城。及帝至，乃束甲請罪。

九月，天子詔帝平定東夏，以便宜從事。前軍之次蕪湖，南豫州刺史申胄棄姑熟走，至是大軍進據之。自發雍州，帝所乘艦恒有兩龍導引，左右莫不見者。緣道奉迎百姓，皆如挾纊。仍遣曹景宗、蕭穎達領馬步進頓江寧。東昏遣征虜將軍李居士迎戰，景宗擊走之。於是王茂、鄧元起、吕僧珍進據赤鼻邏，曹景宗、陳伯之爲游兵。是日，新亭城主江道林率兵出戰，衆軍禽之於陣。大軍次新林，建康士庶傾都而至，送款或以血爲書。命王茂進據越城，曹景宗據皁莢橋，鄧元起據道士墩，陳伯之據籬門。道林餘衆退屯航南，迫之，因復散走，退保朱雀，憑淮自固。時李居士猶據新亭壘，請東昏燒南岸邑屋，以開戰場。自大航以西，新亭以北，蕩然矣。

十月，東昏石頭軍主朱僧勇歸降。東昏又遣征虜將軍王珍國列陣於航南大路，悉配精手利器，尚十餘萬，閹人王倀子持白虎幡督諸軍。王茂、曹景宗等掎角奔之，珍國之衆，一時土崩。衆軍追至宣陽門〔一九〕，李居士以新亭壘，徐元瑜以東府城降，石頭、白下諸軍並宵潰。壬午，帝鎮石頭，命衆軍圍六門。東昏悉焚門內，驅逼營署官府並入城，有衆二十萬。青州刺史桓和紿東昏出戰，因降。先是，俗語謂密相欺變者爲「和欺」。於是蟲兒、法珍等曰：「今日敗於桓和，可謂和欺矣。」帝命諸軍築長圍。

初，衆軍既逼，東昏遣軍主左僧慶鎮京口，常僧景鎮廣陵，李叔獻屯瓜步。及申冑自姑熟奔歸，又使屯破墩，以爲東北聲援。至是帝遣曉喻，並降。帝乃遣弟輔國將軍秀鎮京口，輔國將軍恢屯破墩，從弟寧朔將軍景鎮廣陵〔二〇〕。吴郡太守蔡夤棄郡赴降。

十二月丙寅，兼衞尉張稷、北徐州刺史王珍國斬東昏，其夜以黄油裹首送軍。帝命吕僧珍、張彌勒兵封府庫及圖籍〔二一〕。帝乃入，收嬖妾潘妃誅之，及兇黨王咺之以下四十八人屬吏〔二二〕，以宮女二千人，分賚將士。宣德皇后令追廢涪陵王爲東昏侯，授帝中書監、大司馬、録尚書、驃騎大將軍、都督、揚州刺史，封建安郡公，食邑萬户，給班劍四十人，黄鉞、侍中、征討諸軍事並如故。依晉武陵王遵承制故事，百僚致敬。己卯，帝入屯閱武堂，下令大赦。丙戌，入鎮殿内。是日，鳳皇集建鄴。又下令：「凡昏制謬賦、淫刑濫役，外可詳檢前源，悉皆除蕩。其主守散失，諸所損耗，精立科條，咸從原例。」丁亥，遣豫州刺史李元履以兵五千慰勞東方十二郡。

二年正月辛卯，下令〔一三〕：「通檢尚書衆曹東昏時諸諍訟失理及主者淹停不時施行者，精加訊辯，依事議奏。其義師臨陣致命，疾病死亡者，並加葬斂，收恤遺孤。」甲午，天子遣兼侍中席闡文、兼黄門侍郎樂法才慰勞都下。追贈皇祖散騎常侍、左光禄大夫，皇考侍中、丞相。乙未，下令〔一四〕：「朱雀之捷，逆徒送死者，特許家人殯葬；若無親屬，或有貧苦，二縣長尉即爲埋掩。建康城内不達天命，自取淪滅，亦同此科。」又下令減損浮費，自非奉粢盛，脩紱冕，習禮樂之容，繕甲兵之備，此外一皆禁絶。御府中署，量宜罷省，命外詳爲條格。

戊戌，宣德皇后臨朝，入居内殿，拜帝大司馬，解承制，百僚致敬如前。壬寅，詔進帝都督中外諸軍事〔一五〕，劍履上殿，入朝不趨，贊拜不名，加前後部羽葆、鼓吹，置左右長史、司馬、從事中郎、掾、屬各四人，并依舊辟士，餘並如故。甲寅，齊帝進帝位相國，總百揆，封十郡爲梁公，備九錫之禮，加遠游冠，緑綟綬，位在諸王上。策曰：

上天不造，難鍾皇室，世祖以休明早崩，世宗以仁德不嗣。高宗襲統，宸居弗永，雖夙夜劬勞，而隆平不洽。嗣君昏暴，書契弗睹，朝權國柄，委之羣孽，剿戮忠賢，誅殘台輔，含冤抱痛，噍類靡餘。公藉昏明之期，因兆庶之願，爰率羣后，翊成中興，宗社之危已固，天人之望允塞，此實公紐我絶綱，大造皇家者也。

永明季年，邊隙大啓，荆河連率，招引戎荒。公受言本朝，輕兵赴襲，排危冒險，剛柔遞用，坦然一方，還成藩服，此又公之功也。在昔隆昌，洪基已謝，高宗慮深社稷，將行權道。公定策帷帳，激揚大節，廢帝立王，謀猷深著，此又公之功也。建武闡業，厥猷雖遠，戎狄內侵，憑陵關塞，司部危逼，淪陷指期。公總兵外討，卷甲長騖，焚廬毁帳，胡哭言歸，此又公之功也。樊、漢阽切，羽書續至。公星言鞠旅，稟命徂征，拯我邊危，重獲安堵，此又公之功也。漢南迥弱，咫尺勍寇。公作藩爰始，因資靡託，練兵訓卒，蒐狩有序，俾我危城，翻爲强鎮，此又公之功也。永元紀號，瞻烏已及，雖廢昏有典，而伊、霍難行。公首建大策，爰立明聖，義踰邑綸，勳高代入，此又公之功也。文王之風，雖被江、漢，京邑蠢蠢，湮爲洪流。公投袂萬里，事惟拯溺，義聲所覃，無思不韙，此又公之功也。魯城、夏汭，梗據中流，乘山置壘，縈川自固。公御此烏集，陵茲地險，費無遺矢，戰未窮兵，踐華之固，相望俱拔，此又公之功也。惟此羣凶，同惡相濟，緣江負險〔二六〕，蟻聚加湖〔二七〕。桴檐一臨，應時褫潰，此又公之功也。姦孽震皇，復懷舉斧，畜兵九派，用擬勤王。公稜威直指，勢踰風電，旌旆小臨，全州稽服，此又公之功也。姑孰衝要，密邇京畿，兇徒熾聚，斷塞津路。公兵威所震，望旗自駭，此又公之功也。羣豎猖狂，志在借一，豕突淮涘，武騎如雲。公爰命英勇，因機騁鋭，氣冠阪泉，勢踰洹水，此又公之功也。琅邪、石首，襟帶岨固，新壘、東墉，金湯是埒，憑險作守，兵食兼資，風激電駭，莫不震疊，城復于隍，於是乎在，此又公之功也。獨夫昏佷，憑城靡懼，鼓鍾鞳鞈，慠若有餘，狎是邪孽，忌斯冠冕，凶狡因之，將逞孥戮。公奇謀密運，威略潛回，忠勇之徒，得申厥效，白旗宣室，未之或比，此又公之功也。公有拯億兆之勳，重之以明德。爰初厲志，服道儒門，濯纓來仕，清猷映世。時運艱難，宗社危殆，崐岡已燎，玉石同焚，驅率貔貅，抑揚霆電，義等南巢，功齊牧野。若夫禹功寂寞，微管誰嗣，拯其將魚，驅其祖髮〔二八〕，解兹亂網，理此棼絲，復禮衽席，反樂河海。永平故事，聞之者歎息，司隸舊章，見之者隕涕，請我人命，還之斗極，憫憫縉紳，重符戴天之慶〔二九〕，哀哀黔首，復蒙履地之恩，德踰於嵩、岱，功隣於造物，超哉邈矣，越無得而言焉。

朕又聞之：疇庸命德，建侯作屏，咸用克固四維，永隆萬葉。是以二南流化，九伯斯征，王道淳洽，刑厝罔用。惟公經綸天地，寧濟區夏，道冠乎伊、稷，賞薄於桓、文，豈所以憲章齊、魯，長轡宇宙。敬惟前烈，朕甚懼焉。今進授相國，改揚州刺史爲牧，以豫州之梁郡歷陽、南徐州之義興、揚州之淮南宣城吴吴興會稽新安東陽十郡，封公爲梁公，錫茲白土，苴以白茅，爰定爾邦，用建冢社。在昔旦、奭，入居保佑，逮于畢、毛，亦作卿士，任兼内外，禮寔宜之。今命使持節、兼太尉王亮授相國揚州牧印綬、梁公璽紱；使持節、兼司空王志授梁公茅土，金虎符第一至第五左，竹使符第一至第十左。相國位冠羣后，任總百司，恒典彝數，宜與事革。其以相國總百揆，去録尚書之號，上所假節、侍中貂蟬、中書監印、中外都督大司馬印綬、建安公印策，驃騎大將軍如故。

又加公九錫，其敬聽後命：

以公禮律兼脩，刑德備舉，哀矜折獄，罔不用情。是用錫公大輅、戎輅各一，玄牡二駟。公勞心稼穡，念在人天，丕崇務本，惟穀是寶。是用錫公衮冕之服，赤舄副焉。公鎔鈞所被，變風以雅，易俗陶人，載和邦國。是用錫公軒縣之樂，六佾之儛。公文德廣覃，義聲遠洽，椎髻髽首，夷歌請吏。是用錫公朱户以居。公揚清抑濁，官方有序，多士聿興，棫樸流詠。是用錫公納陛以登。公正色御下，以身範物，式遏不虞，折衝惟遠。是用錫公虎賁之士三百人。公威同夏日，志清姦宄，放命圮族，刑茲罔赦。是用錫公鈇鉞各一。公跨躡嵩溟，陵厲區宇，譬諸日月，容光必至。是用錫公彤弓一、彤矢百，盧弓十、盧矢千〔三〇〕。公永言惟孝，至感通神，恭嚴祀典，祭有餘敬。是用錫公秬鬯一卣，圭瓚副焉。梁國置丞相以下，一遵舊式。欽哉，其敬循往策，祗服大禮，對揚天眷，用膺多福，以弘我太祖之休命。

帝固辭，府僚勸進，不許。

二月辛酉，府僚重請曰：「近以朝命藴策，冒奏丹誠，奉被還令，未蒙虚受，搢紳顒顒，深所未達。蓋聞受金於府，通人之弘致，高蹈海隅，疋夫之小節，是以履乘石而周公不以爲疑，贈玉璜而太公不以爲讓。況世哲繼軌，先德在人，經綸草昧，歎深微管，加以朱方之役，荆河是依，班師振旅，大造王室，雖復累繭救宋，重胝存楚，居今觀古，曾何足云。而惑甚盜鍾，功疑不賞，皇天后土，不勝其酷。是以玉馬駿奔，表微子之去，金板出地，告龍逢之冤。明公據鞍號哭，厲三軍之志，獨居掩涕，激義士之心，故能使海若登祇，罄圖効祉，山戎、孤竹，束馬景從，伐罪弔人，一匡靜亂，匪叨天功，寔勤濡足。龜玉不毁，誰之功歟，獨爲君子，將使伊、周何地。」於是始受相國、梁公之命。命焚東昏淫奢異服六十二種於都街。齊帝追贈梁公夫人爲梁國妃。

乙丑，南兗州隊主陳文興於宣武城内鑿井〔三一〕，得玉鏤騏驎、金鏤玉璧、水精環各二。又鳳凰見建康縣桐下里。宣德皇后稱美符瑞，歸于相國府。丙寅，詔梁國依舊選諸要職，悉依天朝之制。帝上表，以「前代選官，皆立選簿，請自今選曹，精加隱括，依舊立簿，使冠履無爽，名實不違，庶人識涯涘，造請自息。且聞中間立格，甲族以二十登仕，後門以過立試吏，豈所以弘獎風流，希向後進。此實巨蠹，尤宜刊革」。詔依表施行。丙戌，詔進梁公爵爲王，以豫州之南譙、廬江，江州之尋陽，郢州之武昌、西陽，南徐州之南琅邪、南東海、晉陵，揚州之臨海、永嘉十郡益梁國，并前爲二十郡。其相國、揚州牧、驃騎大將軍如故。帝固辭，有詔斷表。相國左長史王瑩等率百僚敦請。

三月癸巳，受梁王之命。下令赦國内殊死以下，鰥寡孤獨不能自存者，賜穀五斛，府州所統亦同蠲蕩。丙午，齊帝命帝冕十有二旒，建天子旌旗，出警入蹕，乘金根車，駕六馬，備五時副車，置旄頭雲罕，樂儛八佾，設鍾虡宮縣，王妃、王子、王女爵命之號，一如舊儀。丙辰，齊帝下詔禪位，即安姑孰。

四月辛酉，宣德皇后令曰：「西詔至，帝憲章前代，敬禪神器于梁，明可臨軒，遣使恭授璽紱，未亡人便歸于别宫。」壬戌，策曰：

咨爾梁王，惟昔邃古之載，肇有生靈，皇雄、大庭之辟，赫胥、尊盧之后，斯並龍圖鳥跡以前，慌惚杳冥之世，固無得而詳焉。洎乎農、軒、炎、皞之代，放勛、重華之主，莫不以大道君萬姓，公器御八紘〔三〕，居之如執朽索，去之若釋重負，一駕汾陽，便有窅然之志，暫適箕嶺，即動讓王之心。故知戴黄屋、服玉璽，非所以示貴稱尊，乘大輅、建旍旗，蓋欲令歸趣有地。是故忘己而字兆庶，徇物而君四海。及於菁華内竭，畚檋外勞，則撫茲歸運，惟能是與。四百告終，有漢所以高揖，黄德既謝，魏氏所以樂推。爰及晉、宋，亦弘斯典。我太祖握河受歷，應符啓運，二葉重光，三聖係軌。嗣君喪德，昏棄紀度，毁紊天綱，彫絶地紐。是以谷滿川枯，山飛鬼哭，七廟已危，人神無主。惟王體茲上哲，明聖在躬，端冕而協邕熙，推鋒而拯塗炭，武功與日車並運，文教與鵬翼齊舉。固以幽顯宅心，謳訟斯屬；豈徒桴鼓播地，卿雲叢天而已哉。至於晝睹爭明，夜飛枉矢，除舊之徵必顯，更姓之符允集。今便仰祇乾象，俯從人願，敬禪神器，授帝位于爾躬。大祚告窮，天禄永終。於戲，王允執其中，式遵前典，以副昊天之望，禋上帝而臨億兆，格文祖而膺大業，以傳無疆之祚，豈不盛與。并命璽書，遣兼太保、中書監、兼尚書令王亮，兼太尉、中書令王志奉皇帝璽紱，受終之禮，一依唐、虞故事。

帝抗表陳讓，表不獲通。於是齊百官豫章王元琳等八百一十九人，及梁臺侍中范雲等一百一十七人，並上表勸進，帝謙讓不受。是日，太史令蔣道秀陳天文符讖六十四條，事並明著，羣臣重表固請，乃從之。

天監元年夏四月丙寅，皇帝即位于南郊，設壇柴燎告天曰：

皇帝臣衍，敢用玄牡，昭告于皇皇后帝。齊氏以歷運斯既，否終則亨，欽若天應，以命于衍。夫任是司牧，惟能是授，天命不于常，帝王非一族，唐謝虞受，漢替魏升，爰及晉、宋，憲章在昔，咸以君德馭四海，元功子萬姓，故能大庇甿黎，光宅區宇。齊代云季，世主昏凶，狡焉羣慝，是崇是長，肆厥姦回暴亂，以播虐于我有邦，俾九服八荒之內，連率岳牧之君，蹶角頓顙，匡救無術。衍投袂星言，推鋒萬里，厲其挂冠之情，用拯兆庶之切，遂因時來，宰司邦國，濟物康世，寔有厥勞。而晷緯呈祥，川岳効祉，代終之符既顯，革運之期已萃，殊俗百蠻，重譯獻款，人神遠邇，罔不和會。於是羣公卿士，咸致厥誠，並以皇乾降命，難以謙拒。衍自惟匪德，辭不獲遂，仰迫上玄之眷，俯惟億兆之心，宸極不可久曠，人神不可乏主，遂藉樂推，膺此嘉祚。以茲寡薄，臨馭萬方，顧求夙志，永言祇惕。敬簡元辰，恭茲大禮，升壇受禪，告類上帝，克播休祉，以弘盛烈，式傳厥後，用永保于我有梁，惟明靈是饗。

禮畢，有詔放觀。乃備法駕還建康宮，臨太極前殿，大赦，改元，賜人爵二級，文武位二等；鰥寡孤獨不能自存者，人穀五斛；逋布、口錢、宿責勿復收；其犯鄉論清議、贓汙淫盜，一皆蕩滌，洗除前注，與之更始。封齊帝爲巴陵王，全食一郡，載天子旌旗，乘五時副車，行齊正朔，郊祀天地，禮樂制度，皆用齊典。以齊宣德皇后爲齊文帝妃，齊帝后王氏爲巴陵王妃，齊代王侯封爵，悉皆降省，其効著艱難者，别有後命。惟宋汝陰王不在除例。劫賊餘口没在臺府者，悉皆蠲放。諸流徙之家，並聽還本。以兼尚書令王亮爲尚書令，兼尚書右僕射沈約爲尚書僕射。封皇弟中護軍宏爲臨川王，南徐州刺史秀爲安成王，雍州刺史偉爲建安王，右衞將軍恢爲鄱陽王〔三三〕，荆州刺史憺爲始興王。自郡王以下，列爵爲縣六等。皇弟、皇子封郡王，二千户；王之庶子爲縣侯，五百户，謂之諸侯；功臣爵邑無定科。鳳凰集南蘭陵。

丁卯，詔凡後宫、樂府、西解、暴室諸如此例被幽逼者，一皆放遣。若衰老不能自存者，官給廪食。戊辰，遣巴陵王錢二百萬，絹布各千疋，綿二千斤。車騎將軍高麗王高雲進號車騎大將軍，鎮東大將軍百濟王餘太進號征東大將軍〔三四〕，鎮東大將軍倭王武進號征東大將軍〔三五〕。己巳，巴陵王殂于姑熟〔三六〕，追謚爲齊和帝，終禮一依故事。

庚午，詔分遣内侍，周省四方，觀政聽謡，訪賢舉滯。其有田野不闢，獄訟無章，忘公徇私，侵漁是務者，悉隨事以聞。若懷寶迷邦，藴奇待價，蓄響藏真，不求聞達，各依名騰奏，罔或遺隱。又詔曰：「金作贖刑，有聞自昔，入縑以免，施於中代。永言叔季，偷薄成風，嬰愆入罪，厥塗匪一。死者不可復生，刑者無因自反，由此而望滋實，庸可致乎。可依周、漢舊典，有罪入贖，外詳爲條格，以時奏聞。」

辛未，以新除謝沐公蕭寶義爲巴陵王，以奉齊祀。復南蘭陵武進縣，依前代之科。徵新除相國軍諮祭酒謝朏爲侍中、左光祿大夫、開府儀同三司。改南東海爲蘭陵郡，土斷南徐州諸僑郡縣。癸酉，詔「於公車府謗木、肺石傍各置一函。若肉食莫言，山阿欲有橫議，投謗木函。若從我江、漢，功在可策〔三七〕，犀兕徒弊，龍蛇方縣；次身才高妙，擯壓莫通，懷傅、呂之術，抱屈、賈之歎，其理有皦然，受困包匭；夫大政侵小，豪門陵賤，百姓已窮，九重莫達，若欲自申，並可投肺石函」。甲戌，詔斷遠近上慶禮。

閏月丁酉，以行宕昌王梁彌邕爲安西將軍、河涼二州刺史，正封宕昌王。壬寅，詔以憲綱日弛，漸以爲俗，令端右以風聞奏事，依元熙舊制。有司奏，追尊皇考爲文皇帝，廟號太祖，皇妣張氏爲獻皇后，陵曰建陵，郗氏爲德皇后，陵曰脩陵。

五月乙亥夜，盜入南北掖，燒神武門、總章觀，害衞尉卿張弘策。戊子〔三八〕，江州刺史陳伯之舉兵反。以領軍將軍王茂爲征南將軍、江州刺史，率衆討之。

六月庚戌，封北秦州刺史楊紹先爲武都王。是月陳伯之奔魏，江州平。前益州刺史劉季連據成都反。

秋七月丁巳朔，日有蝕之。

八月戊戌，置建康三官。癸卯，鸞鳥見樂游苑。乙巳，平北將軍、西涼州刺史象舒彭進號安西將軍，封鄧至王。丁未，命中書監王瑩等八人參定律令。詔尚書郎依昔奏事。

交州獻能歌鸚鵡，詔不納。林邑、干陁利國各遣使朝貢。

冬十一月己未，立小廟。甲子，立皇子統爲皇太子，賜天下爲父後者爵一級。

十二月，大雪，深三尺。

是歲大旱，米斗五千，人多餓死。

二年春正月乙卯，以尚書僕射沈約爲左僕射，吏部尚書范雲爲右僕射。辛酉，祀南郊，降死罪以下囚。庚辰，以仇池公楊靈珍爲北梁州刺史，封仇池王。

夏四月癸卯，尚書删定郎蔡法度上梁律二十卷，令三十卷，科四十卷。

五月，尚書右僕射范雲卒。乙丑，益州刺史鄧元起剋成都〔三九〕，曲赦益州。

六月丁亥，以新除左光禄大夫謝朏爲司徒、尚書令。甲午，以中書監王瑩爲尚書右僕射。是夏，多癘疫。

秋七月，扶南、龜茲、中天竺國各遣使朝貢。

冬十月，皇子綱生，降都下死罪以下囚。

十一月乙卯，雷電，大雨，晦。

三年春正月癸丑，以尚書右僕射王瑩爲左僕射，太子詹事柳惔爲右僕射。

二月，魏剋梁州。

三月，隕霜殺草。

夏五月丁巳，以扶南王憍陳如闍耶跋摩爲安南將軍。

六月丙子，詔分遣使巡察州部，視人寃酷。　癸未，大赦。

秋七月甲子，立皇子綜爲豫章王。

八月，魏剋司州。

九月壬子，以河南王世子伏連籌爲鎮西將軍、西秦河二州刺史，封河南王。　北天竺國遣使朝貢。

冬十一月甲子，詔除贖罪科。

是歲，魏正始元年。

四年春正月癸卯，詔「自今九流常選，年未三十，不通一經，不得解褐；若有才同甘、顏，勿限年次」。置五經博士各一人。有司奏：吴令唐傭鑄盤龍火鑪、翔鳳硯蓋。詔禁錮終身。丙午，省鳳凰銜書伎。戊申，詔「往代多命宫人帷宫觀禋郊之禮，非所以仰虔蒼昊，自今停止」。辛亥，祀南郊，大赦。

二月，初置胄子律博士。壬午，遣衛尉卿楊公則率宿衛兵塞洛口。壬辰，交州刺史李凱據州反，長史李畟討平之，曲赦交州。是月立建興苑於秣陵建興里。

夏四月丁巳，以行宕昌王梁彌博爲安西將軍、河涼二州刺史，正封宕昌王。

六月庚戌，立孔子廟。

冬十月，使中軍將軍、揚州刺史臨川王宏都督北討諸軍事侵魏。以興師費用，王公以下各上國租及田穀以助軍資。

是歲大穰，米斛三十。

五年春正月丁卯朔，詔「凡諸郡國舊族邦内無在朝位者，選官搜括，使郡有一人」。乙亥，起前司徒謝朏爲中書監、司徒。甲申，立皇子綱爲晉安王。

尉爲北獄。

三月丙寅朔，日有蝕之。

夏四月甲寅，初立詔獄。詔建康縣置三官，與廷尉三官分掌獄事，號建康爲南獄，廷尉爲北獄。

五月，置集雅館以招遠學。

秋七月乙丑，鄧至國遣使朝貢。

八月辛酉，作東宮。

九月，臨川王宏軍至洛口，大潰，所亡萬計，宏單騎而歸。

冬十一月甲子，都下地震，生白毛。乙丑，以師出淹時，大赦。魏人乘勝攻鍾離。

十二月癸卯，司徒謝朏薨。

六年春三月庚申，隕霜殺草。是月，有三象入建鄴。

夏四月壬辰，置左右驍騎、左右游擊將軍官。癸巳，曹景宗、韋叡等破魏師於邵陽洲，斬獲萬計。己酉，以江州刺史王茂爲尚書右僕射。丁巳，以揚州刺史臨川王宏爲驃騎大將軍、開府儀同三司〔四〇〕，以右光禄大夫沈約爲尚書左僕射。

五月己巳，置中衞、中權將軍，改驍騎爲雲騎，游擊爲游騎。

秋八月戊子，赦。戊戌，都下大水。

九月乙亥，改閲武堂爲德陽堂，聽訟堂爲儀賢堂。

冬閏十月乙丑，以開府臨川王宏爲司徒，以行太子太傅；尚書左僕射沈約爲尚書令，以行太子少傅；吏部尚書袁昂爲兼尚書右僕射。甲申，以左光禄大夫夏侯詳爲左僕射〔四一〕。

十二月丙辰，左僕射夏侯詳卒。

七年春正月戊子，以元樹爲恒、朔二州都督，封魏郡王。戊戌，詔作神龍、仁獸闕於端門、大司馬門外〔四二〕。

二月乙卯，新作國門于越城南。乙丑，增置鎮衞將軍以下爲十品，以法日數；凡二十四班，以法氣序；不登十品，别有八班，以象八風；又置施外國將軍二十四班，合一百九號。庚午，詔於州郡縣置州望、郡宗、鄉豪各一人，專掌搜薦。乙亥，以車騎大將軍高麗王高雲爲撫東大將軍、開府儀同三司。

夏四月乙卯，以皇太子納妃故，赦大辟以下，頒賜朝臣及近侍各有差。

五月，都下大水。戊子，詔蘭陵縣建脩二陵周回五里内居人賜復終身〔四三〕。己亥，詔復置宗正、太僕、大匠、鴻臚，又增太府、太舟，仍先爲十二卿，及置朱衣直閤將軍官。

六月辛酉，改陵監爲令。

秋八月丁巳，皇子繹生，赦大辟以下未結正者。

九月壬辰，置童子奉車郎。

冬十月丙寅，以吴興太守張稷爲尚書左僕射。癸巳，立皇子績爲南康王。丙子，詔大舉北侵。丁丑，魏縣瓠鎮主白皁生、豫州刺史胡遜以城内屬〔四四〕。

是歲，魏永平元年。

八年春正月辛巳，祀南郊，大赦。壬辰，魏鎮東參軍成景儁以宿豫城内屬〔四五〕。

夏四月戊申，以司徒臨川王宏爲司空、揚州刺史，以車騎將軍、領太子詹事王茂即本號開府儀同三司。

秋七月癸巳，巴陵王蕭寶義薨。

冬十一月壬寅，立皇子續爲廬陵王。

九年春正月乙亥，以左光禄大夫王瑩爲尚書令〔四六〕。庚寅，新作緣淮塘。

三月己丑，幸國子學，親臨講肄，賜祭酒以下各有差。乙未，詔皇太子及王侯之子，年在從師者，皆入學。

夏四月丁巳，選尚書五都令史，革用士流。

六月癸丑，盜殺宣城太守朱僧勇。

閏六月己丑，宣城盜轉寇吴興，太守蔡撙討平之。

冬十二月癸未，幸國子學，策試胄子，賜訓授之司各有差。

是歲，于闐、林邑國並遣使朝貢。

十年春正月辛丑，祀南郊，大赦。戊申，荆州言騶虞見〔四七〕。

三月，盜殺東莞、琅邪二郡太守劉晣，以朐山引魏徐州刺史盧昶。

夏六月，以國子祭酒張充爲尚書右僕射〔四八〕。

冬十二月，山車見臨城縣。振遠將軍馬仙琕大破魏軍，斬馘十餘萬，復朐山城。

是歲，初作宫城門三重樓及開二道。宕昌國遣使朝貢，婆利國貢金席。

十一年春正月壬辰，詔「自今捕謫之家，及罪應質作，若年有老小，可停將送」。加鎮南將軍、江州刺史建安王偉開府儀同三司，司空、揚州刺史臨川王宏進位太尉，以驃騎將軍王茂爲司空。

二月戊辰，新昌、濟陽二郡野蠶成繭。

三月丁巳，爲旱故，曲赦揚、徐二州。庚申，高麗國遣使朝貢。

夏四月，百濟、扶南、林邑等國各遣使朝貢。

秋九月，宕昌國遣使朝貢。

冬十一月乙未〔四九〕，以吴郡太守袁昂爲兼尚書右僕射。己酉，降太尉、揚州刺史臨川王宏爲驃騎將軍、開府同三司之儀。癸丑，齊宣德太妃王氏薨。

是歲，魏延昌元年。

十二年春正月辛卯，祀南郊，赦大辟罪以下。

二月辛酉〔五〇〕，兼尚書右僕射袁昂即正。丙寅，詔「明下遠近，若委骸不葬，或篨衣莫改，量給棺具收斂」。辛巳，新作太極殿，改爲十三間，以從閏數。

閏三月乙丑，特進、中軍將軍沈約卒。

夏四月，都下大水。

六月癸巳，新作太廟，增基九尺。

秋九月，加揚州刺史臨川王宏位司空，以司空王茂爲驃騎將軍、開府同三司之儀，位江州刺史。

冬十月丁亥，詔曰：「明堂地居卑濕，可量就埤起，以盡誠敬。」

十三年春二月庚辰朔，震于西南，天如裂。丁亥，耕藉田，大赦，賜孝悌力田爵一級。

夏六月，都下訛言有棖棖，取人肝肺及血，以飴天狗。百姓大懼，二旬而止。

秋七月乙亥，立皇子綸爲邵陵王、繹爲湘東王、紀爲武陵王〔五一〕。

是歲，林邑、扶南、于闐國各遣使朝貢。作浮山堰。

十四年春正月乙巳朔，皇太子冠，大赦，賜爲父後者爵一級，王公以下班賚各有差。停遠近上慶禮。辛亥，祀南郊，詔班下遠近，博採英異。又前以墨刑用代重辟者，除其條。丙寅〔五二〕，汝陰王劉胤薨。丁巳，魏宣武皇帝崩。

夏四月丁丑，驃騎將軍、開府同三司之儀、江州刺史王茂薨。

冬十月，浮山堰壞。

是歲，蠕蠕、狼牙脩國各遣使來朝貢。

十五年春三月戊辰朔，日有蝕之，既。

夏四月，高麗國遣使朝貢。

六月庚子，以尚書令王瑩爲左光禄大夫、開府儀同三司，尚書右僕射袁昂爲左僕射，吏部尚書王暕爲右僕射。

秋八月，蠕蠕、河南國各遣使朝貢。

九月辛巳，左光禄大夫、開府儀同三司王瑩薨。壬辰，大赦。

冬十一月，交州刺史李畟斬反者阮宗孝，傳首建鄴。曲赦交州。

是歲，魏孝明皇帝熙平元年。

十六年春正月辛未，祀南郊。詔尤貧家勿收今年三調，無田業者，所在量宜賦給；及優𧾷屬産子之家，恤理冤獄，并賑孤老鰥寡不能自存者。

二月辛亥，耕藉田。甲寅，赦罪人。

三月丙子，敕太醫不得以生類爲藥；公家織官紋錦飾，並斷仙人鳥獸之形，以爲褻衣，裁翦有乖仁恕。於是祈告天地宗廟，以去殺之理，欲被之含識。郊廟牲牷，皆代以麪，其山川諸祀則否。時以宗廟去牲，則爲不復血食〔五三〕，雖公卿異議，朝野喧囂，竟不從。冬十月，宗廟薦羞，始用蔬果。

是歲，河南、扶南、婆利等國各遣使朝貢。

十七年春二月癸巳，雍州刺史安成王秀薨。甲辰，大赦。

三月丙申〔五四〕，改封建安郡王偉爲南平王。

夏六月乙酉，中軍將軍、中書監臨川王宏以本號行司徒。

秋八月壬寅，詔「兵騶奴婢，男年六十六，女年六十〔五五〕，免爲編户」。

閏八月，干陁利國遣使朝貢。

冬十月乙亥，以行司徒臨川王宏即正。

十一月辛亥，以南平王偉爲左光禄大夫、開府儀同三司。

是歲，魏神龜元年。

十八年春正月甲申，以領軍將軍鄱陽王恢爲征西將軍、荆州刺史，以荆州刺史始興王憺爲中撫將軍，並開府儀同三司。以尚書左僕射袁昂爲尚書令，以右僕射王暕爲左僕射，以太子詹事徐勉爲右僕射。辛卯，祀南郊，孝悌力田賜爵一級。

夏四月丁巳，帝於無碍殿受佛戒，赦罪人。

秋七月，于闐、扶南國各遣使朝貢。

校勘記

〔一〕帝以宋孝武大明八年歲次甲辰生于秣陵縣同夏里三橋宅　「八年」，原作「元年」，據梁書卷一武帝紀上、御覽卷一三二、卷一八〇引梁書、册府卷一八二改。按馬宗霍校證：「考梁武崩年八十六歲，由此上推，則生於八年是也。大明元年歲在丁酉，亦非甲辰。」

〔二〕頂上隆起　「頂」，原作「項」，據梁書卷一武帝紀上、建康實録卷一七、御覽卷一三二引梁書、册府卷二〇三、通志卷一三改。按馬宗霍校證：「既云隆起，似以作『頂』爲長。且南史上文云『項有浮光』，下文不得又言『項』也。」

〔三〕人或遇者　「遇」，梁書卷一武帝紀上、册府卷二〇三作「過」。

〔四〕以雪心恥　「心」，册府卷一八五明本作「先」。

〔五〕蕭王大貴　「蕭王」，宋乙本壹作「蕭主」。

〔六〕肅昶單馬走　「馬」，原作「騎」，據宋乙本壹及通志卷一三、南史詳節卷三改。

〔七〕馬自還還都爲太子中庶子　原不疊「還」字，據梁書卷一武帝紀上、通志卷一三補。

〔八〕語在懿傳　按錢大昕考異卷三五：「其語乃在弘策傳，非懿傳也。」

〔九〕得鐵馬五千匹甲士三萬人　梁書卷一武帝紀上、通鑑卷一四三齊紀九永元二年作「得甲士萬餘人，馬千餘匹，船三千艘」。建康實録卷一七作「收拾甲士三萬餘人，馬一千匹，船三百艘」。御覽卷一三二引梁書作「得甲士萬餘人，馬千餘匹，船三百艘」。册府卷一八五作「得甲士萬人，馬千匹，船三千艘」。

〔一〇〕乃遣參軍王天武龐慶國詣江陵　「王天武」，通鑑卷一四三齊紀九永元二年、通志卷一三作「王天虎」，梁書卷一武帝紀上作「王天獸」。按其人本名「王天虎」，此避唐諱改。

〔一一〕今日天武坐收天下矣　此句疑有訛脱。

〔一二〕彼聞必謂行事與天武共隱其事　「聞」，通鑑卷一四三齊紀九永元二年、通志卷一三作「間」，疑是。

〔一三〕時有未利　「有」，梁書卷一武帝紀上、南齊書卷三八蕭穎胄傳、册府卷一八五作「月」。

〔一四〕時正尊號　「時」，梁書卷一武帝紀上作「待」。按李慈銘南史札記：「梁書作『待正尊號』，又梁書『待正尊號』下有『然後進軍』四字，此疑脱誤。」馬宗霍校證：「余謂『時正』之『時』，猶言即時，謂即時正尊號也。與『待正』義異。後漢書竇武傳『時見理出』，李賢注：『時謂即時也。』是『時』訓『即時』之證。李慈銘南史札記以『時』爲『待』字之誤，非是。」

〔一五〕三年二月南康王爲相國　按南齊書卷八和帝紀，南康王以正月乙巳受相國之命。本月下文有戊申，是年二月乙丑朔，無戊申；正月丙申朔，十三日戊申。「二月」疑爲「正月」之訛。

〔一六〕加征東大將軍都督征討諸軍　「大」字原脱，據梁書卷一武帝紀上補。按上文已爲征東將軍，知此脱「大」字。

〔一七〕陳武牙即伯之之子　「陳武牙」，北監本、殿本及梁書卷一武帝紀上作「陳虎牙」，此避唐諱而改。

〔一八〕命諸軍以進路　梁書卷一武帝紀上、册府卷一八五「以」下有「次」字。

〔一九〕衆軍追至宣陽門　「追」，原作「退」，據大德本貳及梁書卷一武帝紀上、建康實録卷一七、御覽卷一三二引梁書、册府卷一八五改。

〔二〇〕從弟寧朔將軍景鎮廣陵　按通鑑卷一四四齊紀一〇中興元年，胡三省注：「景本名昺，李延壽作南史避唐廟諱改昺爲景。」

〔二一〕帝命吕僧珍張彌勒兵封府庫及圖籍　按梁書卷一一張弘策傳：「高祖遣弘策與吕僧珍先入清宫，封檢府庫。」同卷吕僧珍傳：「高祖命僧珍率所領先入清宫，與張弘策封檢府庫。」「張彌」疑當作「張弘策」。

〔二二〕收嬖妾潘妃誅之及凶黨王咺之以下四十八人屬吏　「四十八」，梁書卷一武帝紀上作「四十一」。

〔二三〕二年正月辛卯下令　梁書卷一武帝紀上、通鑑卷一四四齊紀一〇中興元年書此事於中興元年十二月。

〔二四〕乙未下令　梁書卷一武帝紀上書此事於中興元年十二月。

〔二五〕壬寅詔進帝都督中外諸軍事　「壬寅」，原作「丁亥」，據通鑑卷一四五梁紀一天監元年、册府卷一八五改。按是月庚寅朔，無丁亥，十三日壬寅。

〔二六〕緣江負險　「負」，原作「資」，據宋乙本壹、大德本壹、大德本貳、南監本、北監本、殿本及梁書卷一武帝紀上、册府卷一八五改。

〔二七〕蟻聚加湖　「加湖」，原作「淮湖」，據南齊書卷八和帝紀、卷四九張沖傳、梁書卷一武帝紀上、卷一八馮道根傳、册府卷一八五改。按梁書武帝紀上及本卷上文有「潛師襲加湖」。

〔二八〕驅其祖髮　「驅」，原作「駐」，據北監本、殿本及梁書卷一武帝紀上、册府卷一八五改。

〔二九〕重符戴天之慶　「符」，梁書卷一武帝紀上、册府卷一八五作「荷」，與下文「蒙」相對，疑是。

〔三〇〕是用錫公彤弓一彤矢百盧弓十盧矢千　「一」原作「十」，「十」原作「百」，並據北監本、殿本及梁書卷一武帝紀上、册府卷一八五改。

〔三一〕南兗州隊主陳文興於宣武城内鑿井　「宣武城」，梁書卷一武帝紀上作「桓城」。

〔三二〕公器御八紘　「公」字原闕，據宋乙本壹、大德本壹、南監本、北監本、殿本補。

〔三三〕右衛將軍恢爲鄱陽王　「右衛將軍」，梁書卷二武帝紀中作「左衛將軍」。梁書卷二二太祖五王鄱陽王恢傳載：「建康平，還爲冠軍將軍、右衛將軍。天監元年，爲侍中、前將軍、領石頭戍軍事。封鄱陽郡王，食邑二千户。」疑當作「右衛將軍」。

〔三四〕鎮東大將軍百濟王餘太進號征東大將軍　「餘太」，梁書卷二武帝紀中作「餘大」，卷五四諸夷百濟傳作「牟太」，本書卷七九夷貊下百濟傳作「牟大」。「征東大將軍」，梁書卷五四諸夷百濟傳、本書夷貊下百濟傳作「征東將軍」。

〔三五〕鎮東大將軍倭王武進號征東大將軍　下「大」字原脱，據本書卷七九夷貊下百濟傳補。

〔三六〕己巳巴陵王殂于姑熟　按南齊書卷八和帝紀、梁書卷二武帝紀中、建康實録卷一五、通鑑卷一四五梁紀一天監元年繫此事於「戊辰」下。

〔三七〕功在可策　「可」，原作「河」，據南監本、北監本、汲本、殿本及梁書卷二武帝紀中、册府卷二一二改。

〔三八〕戊子　按是年五月戊午朔，無戊子；六月丁亥朔，初二日戊子。下文有「六月庚戌」，庚戌爲二十四日。

〔三九〕乙丑益州刺史鄧元起剋成都　「乙丑」，原作「乙巳」，據殿本及梁書卷二武帝紀中改。按是月壬子朔，十四日乙丑，無乙巳。

〔四〇〕以揚州刺史臨川王宏爲驃騎大將軍開府儀同三司　「驃騎大將軍」，梁書卷二武帝紀中、通鑑卷一四六梁紀二天監六年作「驃騎將軍」。按梁書卷二二太祖五王臨川靖惠王宏傳：「六年夏，遷驃騎將軍、開府儀同三司。」此處「大」字疑衍。

〔四一〕以左光禄大夫夏侯詳爲左僕射　「左光禄大夫」，梁書卷二武帝紀中、通鑑卷一四六梁紀二天監六年作「光禄大夫」。梁書卷一〇夏侯詳傳：「六年，徵爲侍中、右光禄大夫。」

〔四二〕詔作神龍仁獸闕於端門大司馬門外　「仁獸闕」，通志卷一三作「仁虎闕」，此避唐諱而改。

〔四三〕戊子詔蘭陵縣建脩二陵周回五里内居人賜復終身　「建脩」二字原互倒，據北監本、殿本及梁書卷二武帝紀中乙正。梁書繫此於「六月辛酉」下。

〔四四〕魏縣瓠鎮主白早生豫州刺史胡遜以城内屬　「白早生」，魏書卷八世宗紀、通鑑卷一四七梁紀三天監七年作「白皁生」。

〔四五〕壬辰魏鎮東參軍成景儁以宿豫城内屬　「成景儁」，梁書卷二武帝紀中、通志卷一三作「成景儁」。

〔四六〕以左光禄大夫王瑩爲尚書令　「左光禄大夫」，梁書卷二武帝紀中、通鑑卷一四七梁紀三天監九年作「右光禄大夫」。梁書卷一六王瑩傳載其出任「光禄大夫」，天監十五年後遷爲「左光禄大夫」。

〔四七〕戊申荆州言騶虞見　「戊申」，原作「戊子」，據殿本及梁書卷二武帝紀中改。按是月戊戌朔，十一日戊申，無戊子。

〔四八〕以國子祭酒張充爲尚書右僕射　「尚書右僕射」，梁書卷二武帝紀中、通鑑卷一四七梁紀三天監十年作「尚書左僕射」，書此事於天監十年五月下。

〔四九〕冬十一月乙未　「十一月」，原作「十月」，據梁書卷二武帝紀中、通鑑卷一四七梁紀三天監十一年改。按是年十月戊午朔，無乙未；十一月丁亥朔，初九日乙未。

〔五〇〕二月辛酉　「二月」原脱，據梁書卷二武帝紀中、通鑑卷一四七梁紀三天監十二年補。按是年正月丙戌朔，無辛酉；二月丙辰朔，初六日辛酉。

〔五一〕繹爲湘東王　「湘東」二字原互倒，據殿本及梁書卷二武帝紀中、建康實録卷一七、通鑑卷一四七梁紀三天監十三年、通志卷一三乙正。

〔五二〕丙寅　殿本作「丙辰」。按此上有辛亥，下有丁巳，是月乙巳朔，初七日辛亥，十二日丙辰，十三日丁巳，二十二日丙寅。

〔五三〕時以宗廟去牲則爲不復血食　按梁書卷二武帝紀中、通鑑卷一四八梁紀四天監十六年書此事於四月。

〔五四〕三月丙申　「丙申」，建康實録卷一七作「丙寅」。按天監十七年三月丙辰朔，十一日丙寅，無丙申。疑當作「丙寅」。

〔五五〕男年六十六女年六十　梁書卷二武帝紀中作「男年登六十，女年登五十」。

南史卷七

梁本紀中第七

普通元年春正月乙亥朔，大赦，改元。丙子，日有蝕之。己卯，以司徒臨川王宏爲太尉、揚州刺史，以金紫光禄大夫王份爲尚書左僕射。庚子，扶南、高麗等國並遣使朝貢。

二月癸丑，以高麗王嗣子安爲寧東將軍、高麗王。

三月，滑國遣使朝貢。

夏四月，河南國遣使朝貢。

秋七月己卯，江、淮、海並溢。

九月乙亥，有星晨見東方，光爛如火。

是歲，魏正光元年。

二年春正月辛巳，祀南郊，詔置孤獨園以恤孤幼。戊子，大赦。

二月辛丑，祀明堂。

三月庚寅〔一〕，大雪，平地三尺。

夏四月乙卯，改作南北郊。丙辰，詔曰：「平秩東作，義不在南，前代因襲，有乖禮制。可於震方，具茲千畝。」於是徙藉田於東郊外十五里。

五月癸卯〔二〕，琬琰殿火，延燒後宮屋三千間。

閏月丁巳，詔自今可停賀瑞。

六月丁卯，義州刺史文僧明以州歸魏。

秋七月丁酉，假大匠卿裴邃節，督衆軍侵魏。甲寅，魏荆州刺史桓叔興帥衆降。

八月丁亥，始平郡石鼓村地自開成井，方六尺六寸，深三十二丈。

冬十一月，百濟、新羅國各遣使朝貢。

十二月戊辰，以鎮東大將軍百濟王餘隆爲寧東大將軍。

三年春正月庚子，以吴郡太守王暕爲尚書左僕射。庚戌，都下地震。

三月乙卯，巴陵王蕭屏薨。

夏四月丁卯，汝陰王劉端薨。五月壬辰朔，日有蝕之，既。癸巳，大赦。詔公卿百僚各上封事，連率郡國舉賢良、方正、直言之士。秋八月甲子，婆利、白題國各遣使朝貢。冬十一月甲午〔三〕，開府儀同三司始興王憺薨。

四年春正月辛卯，祀南郊，大赦。辛亥，祀明堂。二月乙亥，耕藉田，孝弟力田賜爵一級，豫耕之司，尅日勞酒。冬十月庚午，以中衛將軍袁昂爲尚書令，即本號開府儀同三司。十一月癸未朔，日有蝕之。甲辰，尚書左僕射王暕卒。十二月戊午，用給事中王子雲議，始鑄鐵錢。狼牙脩國遣使朝貢。

五年夏六月乙酉，龍鬭于曲阿王陂，因西行至建陵城，所經樹木倒折，開數十丈〔四〕。庚子，以員外散騎常侍元樹爲平北將軍、北青兗二州刺史，率衆侵魏。

六年春正月辛亥，祀南郊，大赦。庚申，魏徐州刺史元法僧以彭城來降。自去歲以來，北侵諸軍，所在剋獲。甲戌，以元法僧爲司空，封始安郡王。

二月辛巳，改封法僧爲宋王。

三月丙午，賜新附人長復除，詿誤罪失，一無所問。

夏五月己酉，脩宿豫堰，又脩曹公堰於濟陰。壬子，遣中護軍夏侯亶督壽陽諸軍侵魏。六月庚辰，豫章王綜奔魏，魏復據彭城。

秋七月壬戌，大赦。

冬十二月壬辰，都下地震。

是歲，魏孝昌元年。

七年春正月辛丑朔，赦死罪以下。

夏四月乙酉，太尉臨川王宏薨。南州津改置校尉，增加奉秩。詔在位羣臣，各舉所知，凡是清吏，咸使薦聞。

秋九月己酉，荆州刺史鄱陽王恢薨。

冬十一月庚辰，丁貴嬪薨，大赦。

是歲，河南、高麗、林邑、滑國並遣使朝貢。

大通元年春正月乙丑，以尚書右僕射徐勉爲尚書僕射〔五〕。詔百官奉禄，自今可長給見錢。辛未，祀南郊。詔流亡者聽復宅業，蠲役五年，尤貧家勿收今年三調，孝弟力田賜爵一級。是月，司州刺史夏侯夔進軍三關，所至皆剋。初，帝創同泰寺，至是開大通門以對寺之南門，取反語以協同泰。自是晨夕講義，多由此門。

三月辛未，幸寺捨身。甲戌還宫，大赦，改元大通，以符寺及門名。

夏五月丙寅，成景儁剋魏臨潼、竹邑。

冬十月庚戌，魏東豫州刺史元慶和以渦陽内屬。甲寅，曲赦東豫州。

十一月丁卯，以中護軍蕭藻爲都督侵魏〔六〕，鎮于渦陽。

是歲，林邑、師子、高麗等國各遣使朝貢。

二年春正月乙酉，蠕蠕國遣使朝貢。

二月，築寒山堰。癸丑，魏孝明皇帝崩。

夏四月戊戌，魏尒朱榮推奉孝莊帝。庚子，榮殺幼主及太后胡氏。辛丑，魏郢州刺史元願達以義陽降，封願達爲樂平王。是時魏大亂，其北海王顥、臨淮王彧、汝南王悦並來奔。北青州刺史元儁、南荆州刺史李志皆以地降〔七〕。冬十月丁亥，以魏北海王顥主魏，遣東宫直閤將軍陳慶之衞送還北。魏豫州刺史鄧獻以地降〔八〕。

是歲，魏武泰元年，尋改爲建義，又改曰永安。

中大通元年春正月辛酉，祀南郊，大赦，賜孝悌力田爵一級。辛巳，祀明堂。夏四月癸巳，陳慶之攻拔魏梁城，進屠考城，禽魏濟陰王暉業。五月癸酉，進剋虎牢，魏孝莊帝出居河北。乙亥，元顥入京師〔九〕，僭號建武。六月壬午，以永興公主疾篤故，大赦，公主志也。是月，都下疫甚，帝於重雲殿爲百姓設救苦齋，以身爲禱。

閏月，護軍將軍南康王績薨。己卯，魏將尒朱榮攻殺元顥，京師反正。秋九月辛巳，朱雀航華表災。癸巳，幸同泰寺，設四部無遮大會。上釋御服，披法衣，行清淨大捨，以便省爲房，素床瓦器，乘小車，私人執役。甲午，升講堂法坐，爲四部大衆開涅槃經題。癸卯，羣臣以錢一億萬奉贖皇帝菩薩大捨，僧衆默許。乙巳，百辟詣寺東門奉表，請還臨宸極，三請乃許。帝三答書，前後並稱頓首。

冬十月己酉，又設四部無遮大會，道俗五萬餘人〔一〇〕。會畢，帝御金輅還宮，御太極殿，大赦，改元。

十一月戊子，魏巴州刺史嚴始欣以城降。

是歲，盤盤、蠕蠕國並遣使朝貢。

二年夏四月癸丑，幸同泰寺，設平等會。庚申，大雨雹。

六月丁巳，遣魏汝南王悅還北主魏。庚申，以魏尚書左僕射范遵爲司州牧，隨悅北侵。

是月，林邑、扶南國遣使朝貢。

秋八月庚戌，幸德陽堂，祖魏主元悅。山賊寇會稽郡縣。

九月壬午，假超武將軍湛海珍節以討之。

是歲，魏莊帝殺其權臣尒朱榮，其黨奉魏長廣王曄爲主而殺孝莊帝〔一一〕，年號建明。

三年春正月辛巳，祀南郊，大赦。丙申，以魏尚書僕射鄭先護爲征北大將軍〔一二〕。

二月辛丑，祀明堂。

夏四月乙巳，皇太子統薨〔一三〕。

六月癸丑，立昭明太子子華容公歡爲豫章郡王，枝江公譽爲河東郡王，曲江公詧爲岳陽郡王。是月，丹丹國遣使朝貢。

秋七月乙亥，立晉安王綱爲皇太子，大赦。賜爲父後者，及出處忠孝、文武清勤，並爵一級。庚寅，詔宗戚有服屬者，並賜湯沐食，鄉亭侯各隨遠近以爲差次。壬辰，以吏部尚書何敬容爲尚書右僕射。

九月，狼牙脩國遣使朝貢。是秋，吴興生野稻，飢者賴焉。

冬十月己酉，上幸同泰寺，升法坐，爲四部衆説涅槃經，迄于乙卯。前樂山縣侯蕭正則有罪流徙，至是招誘亡命，欲寇廣州，在所討平之。

十一月乙未，上幸同泰寺，升法座，爲四部衆説般若經，迄于十二月辛丑。

是歲，魏尒朱兆又廢其主曄而奉節閔皇帝，改建明二年爲普泰元年。又魏勃海王高歡舉兵信都，別奉勃海太守朗爲主，改普泰元年爲中興。

四年春正月丙寅，以開府儀同三司南平王偉爲大司馬，以司空宋王元法僧爲太尉，以尚書令、開府儀同三司袁昂爲司空〔一四〕。立臨川靖惠王宏子正德爲臨賀郡王。庚午，立嫡皇孫大器爲宣城郡王，位列諸王上。癸未，魏南兗州刺史劉世明以城降。

二月壬寅，以太尉元法僧還北主魏，以侍中元景隆爲徐州刺史，封彭城郡王，通直常侍元景宗爲青州刺史〔一五〕，封平昌郡王，隨法僧北侵。庚戌，新除揚州刺史邵陵王綸有罪，免爲庶人。

三月庚午，侍中、領國子博士蕭子顯表置制旨孝經助教一人，生十人，專通帝所釋孝經義。

夏四月，盤盤國遣使朝貢。

秋七月甲辰，星隕如雨。

九月乙巳，加司空袁昂尚書令。

冬十一月，高麗國遣使朝貢。

十二月丙子，魏彭城王尒朱仲遠來奔，以爲定洛將軍，封河南王，北侵。隨所剋土，使自封建。庚辰，以太尉元法僧爲郢州刺史、驃騎大將軍、開府同三司之儀。

是歲，魏相勃海王高歡平尒朱氏，廢節閔皇帝及自所奉勃海故王朗，而奉平陽王脩，是爲孝武皇帝。改中興二年爲太昌，尋又改爲永熙元年。

五年春正月辛卯，祀南郊，大赦。賜孝悌力田爵一級。先是一日丙夜，南郊令解滌之等到郊所履行，忽聞異香三隨風至。及將行事，奏樂迎神畢，有神光圓滿壇上，朱紫黄白雜色，食頃乃滅。戊申，都下地震。己酉，長星見。辛亥，祀明堂。

二月癸未，幸同泰寺，設四部大會，升法坐，發金字般若經題，訖于己丑。

三月丙辰，大司馬南平王偉薨。

夏五月戊子，都下大水，御道通船。

六月己卯，魏建義城主蘭保殺東徐州刺史崔庠〔一六〕，以下邳降。

冬十月庚申，以尚書右僕射何敬容爲左僕射，以吏部尚書謝舉爲右僕射。

是歲，河南、波斯、盤盤等國並遣使朝貢。

六年春二月癸亥，耕藉田，大赦。賜孝悌力田爵一級。

三月己亥，以行河南王可沓振爲西秦、河二州刺史，正封河南王。甲辰，百濟國遣使朝貢。

夏四月丁卯，熒惑在南斗。

秋七月甲辰，林邑國遣使朝貢。

冬十月丁卯，以信武將軍元慶和爲鎮北將軍，封魏王，率衆北侵。

閏十二月丙午，西南有雷聲二。

是歲，魏孝武帝迫于其相高歡，出居關中。歡又別奉清河王世子善見爲主，是爲孝靜帝。改永熙三年爲天平元年。魏於是始分爲兩。孝武既至關中，又與丞相宇文泰不平，未幾，遇鴆而崩。

大同元年春正月戊申朔，大赦，改元。

二月辛巳，祀明堂。丁亥，耕藉田。辛丑，高麗、丹丹國並遣使朝貢。

三月丙寅，幸同泰寺，設無遮大會。辛未，滑國遣使朝貢。

夏四月庚子，波斯國遣使朝貢。壬戌〔一七〕，幸同泰寺，鑄十方銀像，并設無㝵會。

秋七月辛卯〔一八〕，扶南國遣使朝貢。

冬十月，雨黃塵如雪。

十一月壬戌，北梁州刺史蘭欽攻漢中，魏梁州刺史元羅降。癸亥，復梁州。

是歲，西魏文皇帝大統元年。

二年春二月乙亥，耕藉田。

三月庚申，詔求讜言，及令文武在位舉士。戊寅〔一九〕，帝幸同泰寺，設平等法會。

夏四月乙未，以開府同三司之儀元法僧爲太尉。

五月癸卯，以魏梁州刺史元羅爲青、冀二州刺史〔二〇〕，封東郡王。

六月丁亥，詔郊明堂陵廟等令〔二一〕，改視散騎侍郎。

秋九月辛亥，幸同泰寺，設四部無㝵法會。

冬十月乙亥，詔大舉北侵。壬午，幸同泰寺，設無㝵大會。

十一月，雨黃塵如雪，攬之盈掬。己亥，詔北侵衆軍班師。辛亥，都下地震，生白毛，長二尺。

十二月壬申，與東魏通和。

三年春正月辛丑，祀南郊，大赦。賜孝悌力田爵一級。是夜，朱雀門災。壬寅，雨灰，黃色。

二月丁亥，耕藉田。癸巳，以護軍將軍蕭藻爲尚書左僕射〔二二〕。

三月戊戌，立昭明太子子詧爲武昌郡王，譽爲義陽郡王。

夏五月癸未〔一三〕，幸同泰寺，鑄十方金銅像，設無㝵法會。
六月，青州朐山隕霜。
秋七月，青州雪，害苗稼。癸卯，東魏人來聘〔一四〕。己酉，義陽王譽薨。
八月辛卯，幸阿育王寺，設無㝵法喜食，大赦。
九月，使兼散騎常侍張皋聘于東魏。
閏九月甲子，侍中、太尉元法僧薨。
冬十月丙辰，都下地震。
是歲饑。

四年春二月己亥，耕藉田。
三月，河南、蠕蠕國並遣使朝貢。
夏五月甲戌，東魏人來聘。
六月辛丑，日有蝕之。
秋七月癸亥，詔以東冶徒李胤之降象牙如來真形，大赦。戊辰，使兼散騎常侍劉孝儀聘于東魏。

八月甲辰，詔南兗等十二州，既經飢饉，曲赦逋租宿責，勿收今年三調。

九月，閱武于樂游苑。

五年春正月乙卯，以護軍將軍廬陵王續爲驃騎將軍，安右將軍、尚書左僕射蕭藻爲中衞將軍，並開府儀同三司。中權將軍、丹陽尹何敬容以本號爲尚書令，吏部尚書張纘爲尚書僕射〔二五〕。丁巳，御史中丞、參禮儀事賀琛奏：「今南北二郊及藉田往還，並宜御輦，不復乘路。二郊請用素輦〔二六〕，藉田往還乘常輦，皆以侍中陪乘。停大將軍及太僕。」詔付尚書博議施行。改素輦名大同輦。郊祀宗廟乘佩輦〔二七〕。辛未，祀南郊，詔孝悌力田及州閭鄉黨稱爲善人者，各賜爵一級。

秋八月乙酉，扶南國獻生犀。

冬十一月乙亥，東魏人來聘。

十二月，使兼散騎常侍柳豹聘于東魏。

是歲，都下訛言天子取人肝以飴天狗，大小相驚，日晚便閉門持仗，數月乃止。

六年春正月庚戌朔，曲赦司、豫、徐、兗四州。

二月己亥，耕藉田。

夏四月癸未，詔晉、宋、齊三代諸陵有職司者，勤加守護。

五月乙卯〔二八〕，河南王遣使朝，獻馬及方物，求釋迦像并經論十四條。敕付像并制旨涅槃、般若、金光明講疏一百三卷。

秋七月丁亥，東魏人來聘。遣散騎常侍陸晏子報聘。

八月戊午，大赦。辛未，盤盤國遣使朝貢。

九月戊戌，司空袁昂薨。

冬十一月己卯，曲赦都下。

十二月壬子，江州刺史豫章王歡薨。

七年春正月辛巳，祀南郊，大赦。辛丑，祀明堂。

二月乙巳，以行宕昌王梁弥泰爲平西將軍、河涼二州刺史〔二九〕，正封宕昌王。辛亥，耕藉田。乙卯，都下地震。

夏四月戊申，東魏人來聘，遣兼散騎常侍明少遐報聘。

冬十一月丙子，詔停所在使役女丁。

十二月壬寅，東魏人來聘，遣兼散騎常侍袁狎報聘。丙辰，於宮城西立士林館，延集學者。

是歲，宕昌、蠕蠕、高麗、百濟、滑國各遣使朝貢。百濟求涅槃等經疏及醫工、畫師、毛詩博士，並許之。交州人李賁攻刺史蕭諮。

八年春正月，安成郡人劉敬躬挾左道以反。

二月戊戌，江州刺史湘東王繹遣中兵曹子郢討禽之，送于都，斬之建康市。

三月，於江州新蔡高塘立頌平屯，墾作蠻田。

九年春閏正月丙申，地震，生毛。

三月，以太子詹事謝舉爲尚書僕射。

夏四月，林邑王破德州，攻李賁，賁將范脩又破林邑王於九德，敗走之。

冬十一月，益州刺史武陵王紀進號征西將軍、開府儀同三司。

十年春正月，李賁竊號於交阯，年號天德。

三月甲午，幸蘭陵。庚子〔三〇〕，謁建陵，有紫雲蔭陵上，食頃乃散。帝望陵流涕，所霑草皆變色。陵傍有枯泉，至是而流水香絜。辛丑，哭于脩陵。壬寅，於皇基寺設法會，詔賜蘭陵老少位一階，并加頒賚。所經縣邑，無出今年租賦。因賦還舊鄉詩。癸卯，詔園陵職司，恭事勤勞，並錫位一階，并加賜賚。己酉，幸京口城北固樓，因改名北顧。庚戌，幸回賓亭，宴帝鄉故老及所經近縣奉迎候者少長數千人，各賚錢二千。

夏四月乙卯，至自蘭陵。詔鰥寡孤獨尤貧者，贍恤各有差。

五月，廣州人盧子略反，刺史新渝侯映討平之。詔曲赦廣州。

秋九月己丑，赦。

冬十一月，大雪〔三一〕，平地三尺。

十一年春正月，震華林園光嚴殿、重雲閣。帝自貶拜謝上天，累刻乃止。

夏四月，東魏人來聘。

冬十月己未，詔復開贖罪典。

中大同元年春正月丁未，曲阿縣建陵隧口石辟邪起舞，有大蛇鬭隧中，其一被傷奔走。青蟲食陵樹葉略盡。癸丑，交州刺史楊瞟剋交阯嘉寧城，李賁竄入屈獠洞。交州平。

三月乙巳，大赦。庚戌，幸同泰寺講金字三慧經，仍施身。夏四月丙戌，皇太子以下奉贖，仍於同泰寺解講〔三二〕，設法會，大赦，改元。是夜，同泰寺災。

六月辛巳，竟天有聲，如風水相薄。

秋七月甲子，詔自今有犯罪者，非大逆，父母祖父母勿坐。丙寅，詔曰：「朝四暮三，衆狙皆喜，名實未虧，而喜怒爲用。頃聞外間多用九佰錢，佰減則物貴，佰足則物賤，非物有貴賤，是心有顛倒。至於遠方，日更滋甚。自今可通用足佰錢。」

八月丁丑，東揚州刺史武昌王謽薨。甲午，渴槃陁國遣使獻方物。

冬十一月癸酉〔三三〕，汝陰王劉哲薨。

太清元年春正月己亥朔，日有蝕之。壬寅，荆州刺史廬陵王續薨。辛酉，祀南郊，大赦。甲子，祀明堂。是月，東魏相勃海王高歡薨。

二月己卯，白虹貫日。庚辰，東魏司徒侯景求以河南十三州内屬。壬午，以景爲大將軍，封河南王，大行臺，承制如鄧禹故事。丁亥，耕藉田。

三月庚子，幸同泰寺，設無遮大會。上釋御服，服法衣，行清淨大捨，名曰「羯磨」。以五明殿爲房，設素木牀、葛帳、土瓦器，乘小輿，私人執役。乘輿法服，一皆屏除。甲辰，遣司州刺史羊鴉仁率土州刺史桓和、仁州刺史湛海珍等應接侯景〔三四〕。兵未至，而東魏遣兵攻景，景又割地求救於西魏，方解圍。乙巳，帝升光嚴殿講堂，坐師子座〔三五〕，講金字三慧經，捨身。

夏四月庚寅，羣臣以錢一億萬奉贖皇帝菩薩〔三六〕，僧衆默許。戊寅，百辟詣鳳莊門奉表，三請三答，頓首，並如中大通元年故事。丁亥，服袞冕，御輦還宮。幸太極殿，如即位禮，大赦，改元。是月，神馬出，皇太子獻寶馬頌。

六月戊辰，以前雍州刺史鄱陽王範爲征北將軍，總督漢北征討諸軍事。

秋七月庚申，羊鴉仁入縣瓠城。

八月乙丑，諸軍北征，以南豫州刺史蕭明爲大都督〔三七〕。赦緣邊初附諸州。戊子，以大將軍侯景録行臺尚書事。

九月癸卯，王游苑成，輿駕幸苑。

冬十一月，東魏將慕容紹宗大敗蕭明于寒山，明被俘執。紹宗進圍潼州。

十二月戊辰，命太子舍人元貞還北爲東魏主。

二年春正月癸巳朔，兩月相承如鉤，見于西方。戊戌，詔在位各舉所知。己亥，東魏克渦陽。辛丑，以尚書僕射謝舉爲尚書令，以守吏部尚書王克爲尚書僕射。甲辰，東魏剋殷、豫二州。

三月甲辰，撫東將軍高麗王高延卒〔三八〕，以其子成爲寧東將軍、高麗王、樂浪公。己未，屈獠洞斬李賁，傳首建鄴。

夏四月丙子，詔在朝及州郡各舉士。

五月辛丑，以新除中書令邵陵王綸爲安前將軍、開府儀同三司。辛亥，曲赦交、愛、德三州。

六月，天裂于西北，長十丈，闊二丈，光出如電，其聲若雷。

秋七月，使兼散騎常侍謝班聘于東魏結和〔三九〕。

八月戊戌，侯景舉兵反。甲辰，使開府儀同三司邵陵王綸都督衆軍討景，曲赦南豫州。

九月戊辰，地震，江左尤甚，壞屋殺人。地生白毛，長二尺。益州市有飛鼈萬羣，螫人死。

冬十月，侯景襲譙州，進攻陷歷陽。戊申，以臨賀王正德爲平北將軍，都督諸軍屯丹陽郡。己酉，景自横江濟採石。辛亥，至建鄴，臨賀王正德率衆附賊。

十一月戊午朔，設壇，刑白馬，祀蚩尤於太極殿前。己未，景立蕭正德爲天子於南闕前。辛酉，賊攻陷東府城。庚辰，邵陵王綸帥武州刺史蕭弄璋、前譙州刺史趙伯超等入援。乙酉，進軍湖頭，與賊戰，敗績〔四〇〕。丙戌，安北將軍鄱陽王範遣世子嗣、雄信將軍裴之高等率衆入援，次張公洲。

十二月戊申，天西北裂，有光如火。尚書令謝舉卒。丙辰，司州刺史柳仲禮、前衡州刺史韋粲、高州刺史李遷仕、前司州刺史羊鴉仁等率軍入援。

三年春正月丁巳，大都督柳仲禮率衆軍分據南岸，賊濟軍於青塘，襲殺韋粲。庚申，白虹貫日三重。邵陵王綸、臨城公大連等率兵集南岸。戊辰，有流星長三十丈，墮武庫。李遷仕及天門太守樊文皎進軍青溪東，爲賊所破，文皎死之。壬午，熒惑守心。

二月，侯景遣使求和，皇太子固請，帝乃許之。盟于西華門下。景既運東城米歸于石頭，亦不解圍，啓求遣諸軍退。丁未，皇太子又命南兗州刺史南康王會理、前青冀二州刺史湘潭侯退率江北之衆〔四一〕，頓于蘭亭苑。甲子，以開府儀同三司、丹陽尹邵陵王綸爲司空，以合州刺史鄱陽王範爲征北大將軍、開府儀同三司，以司州刺史柳仲禮爲侍中、尚書僕射〔四二〕。時景姦計既成，乃表陳帝失，復舉兵向闕。

三月，城内以景違盟，設壇告天地神祇。戊午，前司州刺史羊鴉仁等進軍東府北，與賊戰，大敗。時四方征鎮入援者三十餘萬，莫有鬬志，自相抄奪而已。丁卯，賊攻陷宫城，縱兵大掠。己巳，賊矯詔遣石城公大款解外援軍。庚午，侯景自爲都督中外諸軍事、大丞相、録尚書事。辛未，援軍各退散。丙子，熒惑守心。

夏四月己丑，都下地震。丙申，又震。己酉，帝以所求不供，憂憤寢疾。是月，青冀二州刺史明少遐、東徐州刺史湛海珍、北青州刺史王奉伯各舉州附東魏。

五月丙辰，帝崩于淨居殿，時年八十六。辛巳，遷梓宫于太極前殿〔四三〕。十一月乙卯，葬于脩陵，追尊爲武皇帝，廟號高祖。

帝性淳孝，六歲，獻皇太后崩，水漿不入口三日，哭泣有過成人。及丁文帝憂，時爲齊隨王諮議，隨府在荆鎮，以病聞，便投劾星馳，不復寢食，倍道就路。憤風驚浪，不暫停止。帝形容本壯，及至都，銷毁骨立，親表士友，皆不復識。望宅奉諱，氣絶久之。每哭，輒歐血數升。服内，日惟食麥二溢。拜埽山陵，涕淚所洒，松草變色。及居帝位，即於鍾山造大愛敬寺〔四四〕，青溪邊造智度寺，於臺内立至敬等殿，又立七廟堂。月中再設淨饌，每至展拜，涕泗滂沲，哀動左右。

少而篤學，能事畢究。雖萬機多務，猶卷不輟手，然燭側光，常至戊夜。撰通史六百卷，金海三十卷〔四五〕，制旨孝經義、周易講疏及六十四卦、二繫、文言、序卦等義，樂社義、毛詩、春秋答問、尚書大義、中庸講疏、孔子正言、孝經講疏〔四六〕，凡二百餘卷。王侯朝臣皆奉表質疑，帝皆爲解釋。脩飾國學，增廣生員，立五館，置五經博士。天監初，何佟之、賀瑒、嚴植之、明山賓等覆述制旨，并撰吉凶賓軍嘉五禮，一千餘卷，帝稱制斷疑焉。大同中，於臺西立士林館，領軍朱异、太府卿賀琛、舍人孔子袪等遞互講述。皇太子、宣城王亦於東宫宣猷堂及揚州解開講。於是四方郡國，莫不向風。爰自在田，及登寶位，躬制贊、序、詔誥、銘、誄、箴、頌、牋、奏諸文〔四七〕，又百二十卷。六藝備閑，棊登逸品，陰陽、緯候、卜筮、占決、草隸、尺牘、騎射，莫不稱妙。

晚乃溺信佛道，日止一食，膳無鮮腴，惟豆羹糲飯而已。或遇事擁，日儻移中，便嗽口以過。製涅槃、大品、淨名、三慧諸經義記數百卷。聽覽餘閑，即於重雲殿及同泰寺講説，名僧碩學，四部聽衆，常萬餘人。

身衣布衣，木綿皁帳，一冠三載，一被二年。自五十外便斷房室，後宫職司貴妃以下，六宫禕褕三翟之外，皆衣不曳地，傍無錦綺。不飲酒，不聽音聲，非宗廟祭祀、大會饗宴及諸法事，未嘗作樂。

勤於政務，孜孜無怠。每冬月四更竟，即敕把燭看事，執筆觸寒，手爲皴裂。然仁愛不斷，親親及所愛愆犯多有縱捨，故政刑弛紊。每決死罪，常有哀矜涕泣，然後可奏。

性方正，雖居小殿暗室，恒理衣冠小坐，暑月未嘗褰袒。雖見内豎小臣，亦如遇大賓也。

初，齊高帝夢屐而登殿，顧見武、明二帝後一人手張天地圖而不識，問之，答曰：「順子後。」及崔慧景之逼，長沙宣武王入援，至越城，夢乘馬飛半天而墜，帝所馭化爲赤龍，騰虛獨上。時臺内有宿衞士爲覡，常見太極殿有六龍各守一柱，末忽失其二，後見在宣武王宅。時宣武爲益州，覡乃往蜀伏事。及宣武在郢，此覡還都，乃見六龍俱在帝所寢齋，遂去郢之雍。中途遇疾且死，謂同侶曰：「蕭雍州必作天子。」具以前事語之。推此而言，蓋天命也。

雖在蒙塵，齋戒不廢，及疾不能進膳，盥漱如初。皇太子日中再朝，每問安否，涕泗交面。賊臣侍者，莫不掩泣。疾久口苦，索蜜不得，再曰：「荷，荷！」遂崩。賊祕之，太子問起居不得見，慟于閤下。

始天監中，沙門釋寶誌爲詩曰：「昔年三十八，今年八十三。四中復有四，城北火酣酣。」帝使周捨封記之。及中大同元年，同泰寺災，帝啓封見捨手迹，爲之流涕。帝生於甲辰，三十八，剋建鄴之年也。遇災歲實丙寅，八十三矣。四月十四日而火起之始〔四八〕，自浮屠第三層。三者，帝之昆季次也。帝惡之，召太史令虞履筮之，遇巛。履曰：「無害。其繇云：『西南得朋，東北喪朋，安貞吉。』文言云：『東北喪朋，乃終有慶。』」帝曰：「斯魔鬼也。酉應見卯，金來剋木，卯爲陰賊。鬼而帶賊，非魔何也。孰爲致之？酉爲口舌，當乎說位。說言乎兑，故知善言之口，宜前爲法事。」於是人人讚善，莫不從風。或刺血灑地，或刺血書經，穿心然燈，坐禪不食。及太清元年，帝捨身光嚴、重雲殿，游仙化生皆震動，三日乃止。當時謂之祥瑞。識者以非動而動，在鴻範爲祆。以比石季龍之敗，殿壁畫人頸皆縮入頭之類。

時海中浮鵠山，去餘姚岸可千餘里，上有女人年三百歲，有女官道士四五百人，年並出百，但在山學道。遣使獻紅席。帝方捨身時，其使適至，云此草常有紅鳥居下，故以爲名。觀其圖狀，則鸞鳥也。時有男子不知何許人，於大衆中自割身以飴飢鳥，血流徧體，而顔色不變。又沙門智泉鐵鉤挂體，以然千燈，一日一夜，端坐不動。開講日，有三足鳥集殿之東户，自户適于西南縣楣，三飛三集。白雀一，見于重雲閣前連理樹。又有五色雲浮於華林園昆明池上。帝既流遁益甚，境内化之，遂至喪亡云。

論曰：梁武帝時逢昏虐，家遭冤禍，既地居勢勝，乘機而作，以斯文德，有此武功。始用湯、武之師，終濟唐、虞之業，豈曰人謀，亦惟天命。及據圖籙，多歷歲年，制造禮樂，敦崇儒雅，自江左以來，年踰二百，文物之盛，獨美于茲。然先王文武遞用，德刑備舉，方之水火，取法陰陽，爲國之道，不可獨任；而帝留心俎豆，忘情干戚，溺於釋教，弛於刑典。既而帝紀不立，悖逆萌生，反噬彎弧，皆自子弟，履霜弗戒，卒至亂亡。自古撥亂之君，固已多矣，其或樹置失所，而以後嗣失之，未有自己而得，自己而喪。追蹤徐偃之仁，以致窮門之酷，可爲深痛，可爲至戒者乎！

校勘記

〔一〕三月庚寅　「三月」，原作「三日」，據宋乙本壹、北監本、殿本及梁書卷三武帝紀下、通志卷一三改。

〔二〕五月癸卯　「癸卯」，建康實録卷一七作「己卯」。按五月戊辰朔，十二日己卯，無癸卯。

〔三〕冬十一月甲午　「甲午」，原作「甲申」，據梁書卷三武帝紀下、通鑑卷一四九梁紀五普通三年改。按是月己丑朔，初六日甲午，無甲申。

〔四〕開數十丈　「開」，梁書卷三武帝紀下作「開地」。

〔五〕以尚書右僕射徐勉爲尚書僕射　「尚書僕射」，原作「尚書左僕射」，據梁書卷三武帝紀下、通鑑卷一五一梁紀七大通元年改。梁書卷二五徐勉傳有「又除尚書僕射、中衞將軍」。按張森楷南史校勘記：「據本傳及上紀文證之，『左』字不當有，誤衍文。」

〔六〕以中護軍蕭藻爲都督侵魏　蕭藻本名蕭淵藻，此避唐諱改。

〔七〕北青州刺史元儁南荆州刺史李志皆以地降　「元儁」，梁書卷三武帝紀下作「元世儁」，通鑑卷一五二梁紀八大通二年作「元世儁」，此避唐諱省「世」字。

〔八〕魏豫州刺史鄧獻以地降　「豫州」，原作「衞州」，據宋乙本壹、北監本、殿本及梁書卷三武帝紀下、建康實録卷一七、通志卷一三改。

〔九〕乙亥元顥入京師　「乙亥」，魏書卷一〇孝莊紀、北史卷五敬宗紀、通鑑卷一五三梁紀九中大通元年作「丙子」。按是月壬子朔，二十四日乙亥，二十五日丙子。

〔一〇〕道俗五萬餘人　「五萬」，通志卷一三作「三萬」。

〔一一〕其黨奉魏長廣王曄爲主而殺孝莊帝　「長」字原闕，據宋乙本壹、大德本貳、南監本、北監本、殿本及魏書卷一〇孝莊紀、通鑑卷一五四梁紀一〇中大通二年、通志卷一三補。

〔一二〕以魏尚書僕射鄭先護爲征北大將軍　「鄭先護」，原作「鄭元護」，據魏書卷一〇孝莊紀、梁書卷三武帝紀下、通鑑卷一五五梁紀一一中大通三年改。

〔一三〕夏四月乙巳皇太子統薨　「乙巳」，原作「己巳」，據宋乙本壹及梁書卷三武帝紀下、卷八昭明太子傳、通鑑卷一五五梁紀一一中大通三年改。按是月庚子朔，初六日乙巳，三十日己巳。

〔一四〕以尚書令開府儀同三司袁昂爲司空　「以」原倒在「尚書令」後，據梁書卷三武帝紀下乙正。梁書卷三一袁昂傳云：「遷司空、侍中、尚書令。」

〔一五〕通直常侍元景宗爲青州刺史　張森楷南史校勘記：「元法僧傳有元景仲，是法僧第二子，無景宗其人。疑『宗』字是『仲』字之誤。」按梁書卷三九有元景仲傳，但未載其任青州刺史。

〔一六〕魏建義城主蘭保殺東徐州刺史崔庠　「崔庠」，原作「崔祥」，據魏書卷一一出帝平陽王紀、通鑑卷一五六梁紀一二中大通五年改。按張森楷南史校勘記：「據魏書崔光傳，庠字元序，則作『祥』誤。」

〔一七〕壬戌　按是年四月丁丑朔，無壬戌；五月丙午朔，十七日壬戌。

〔一八〕秋七月辛卯　按是月乙巳朔，無辛卯。

〔一九〕戊寅　按三月壬寅朔，無戊寅。

〔二〇〕五月癸卯以魏梁州刺史元羅爲青冀二州刺史　按馬宗霍校證：「按梁書武帝紀『五月癸卯』之下有『詔曰』云云，次爲『乙巳，以魏前梁州刺史元羅爲征北大將軍、青冀二州刺史』，南史删去詔文，誤以乙巳之事繫於癸卯之下，非也。」

〔二一〕詔郊明堂陵廟等令　「郊」，梁書卷三武帝紀下作「南郊」。按梁書武帝紀下及本卷上文中大通五年有「南郊令解滌之」。

〔二二〕癸巳以護軍將軍蕭藻爲尚書左僕射　「癸巳」，梁書卷三武帝紀下、通鑑卷一五七梁紀一三大同三年作「己丑」。按梁書於「己丑」上有「丁亥」，下有「庚寅」。是月丙寅朔，二十二日丁亥，二十四日己丑，二十五日庚寅，二十八日癸巳。疑當作「己丑」。

〔二三〕夏五月癸未　按是年五月乙未朔，無癸未。

〔二四〕癸卯東魏人來聘　按魏書卷一二孝靜帝紀：「（天平四年）秋七月甲辰，遣兼散騎常侍李諧、兼吏部郎中盧元明、兼通直散騎常侍李鄴使于蕭衍。」是月甲午朔，初十日癸卯，十一日甲辰。汪曰楨二十四史月日考卷六〇云：「若七月十一日魏方遣使，不應七月十日先已至梁。」通鑑卷一五七梁紀一三大同三年載東魏遣使在六月，至建康在七月。

〔二五〕吏部尚書張纘爲尚書僕射　「尚書僕射」，原作「尚書左僕射」，據梁書卷三武帝紀下、卷三四張緬傳附張纘傳、本書卷五六張弘策傳附張纘傳、御覽卷六八二引梁書、通鑑卷一五八梁紀一四大同五年改。

〔二六〕二郊請用素輦　「二郊」，原作「三郊」，據殿本及梁書卷三武帝紀下、建康實録卷一七改。

〔二七〕郊祀宗廟乘佩輦　「佩輦」，梁書卷三武帝紀下、通鑑卷一五八梁紀一四大同五年作「玉輦」。

〔二八〕五月乙卯　「乙卯」，原作「己卯」，據建康實録卷一七、通志卷一三改。按五月戊申朔，初八日乙卯，無己卯。

〔一九〕以行宕昌王梁弥泰爲平西將軍河涼二州刺史　「弥泰」，通鑑卷一五八梁紀一四大同七年作「彌定」。考異云：「梁帝紀作『彌泰』。今從典略。」

〔二〇〕庚子　梁書卷三武帝紀下、通鑑卷一五八梁紀一四大同十年作「甲午」。按是月乙酉朔，初十日甲午，十六日庚子，未詳孰是。

〔二一〕冬十一月大雪　「十一月」，梁書卷三武帝紀下、隋書卷二二五行志上作「十二月」。

〔二二〕仍於同泰寺解講　「講」字原脱，據梁書卷三武帝紀下、册府卷一九四、通鑑卷一五九梁紀一五中大同元年補。

〔二三〕冬十一月癸酉　「十一月」，梁書卷三武帝紀下作「十月」。按是年十一月庚子朔，無癸酉；十月庚午朔，初四日癸酉。疑當作「十月」。

〔二四〕遣司州刺史羊鴉仁率土州刺史桓和仁州刺史湛海珍等應接侯景　「土州」，梁書卷三武帝紀下、通鑑卷一六〇梁紀一六太清元年作「兗州」，通志卷一三作「青冀二州」。通鑑胡三省注：「『梁紀作『土州刺史桓和』。五代志：『漢東郡土山縣，梁曰龍巢，置土州及東西二永寧、真陽三郡。』』」

〔二五〕坐師子座　「座」字原脱，據册府卷一九四補。

〔二六〕夏四月庚寅羣臣以錢一億萬奉贖皇帝菩薩　「庚寅」，殿本作「庚午」，通鑑卷一六〇梁紀一六太清元年作「丙子」。下文記戊寅事。按是月丁卯朔，初四日庚午，初十日丙子，十二日戊寅，二十四日庚寅。則戊寅前不應有庚寅，疑誤。然丙子、庚午二日，未詳孰是。

〔三七〕以南豫州刺史蕭明爲大都督　蕭明本名蕭淵明，此避唐諱改。

〔三八〕撫東將軍高麗王高延卒　「撫東」，原作「撫軍」，據南監本及梁書卷三武帝紀下改。

〔三九〕使兼散騎常侍謝班聘于東魏結和　「謝班」，梁書卷三八及本書卷六二朱异傳、通鑑卷一六一梁紀一七太清二年作「謝挺」，魏書卷一〇四自序、建康實録卷一七作「謝珽」。按「班」、「珽」形近，疑當作「珽」。

〔四〇〕與賊戰敗績　「敗績」上原衍「賊」字，據梁書卷三武帝紀下删。按梁書卷二九高祖三王邵陵攜王綸傳，「敗績」者爲邵陵王綸而非侯景部屬。

〔四一〕率江北之衆　「江北」，梁書卷三武帝紀下作「江州」。

〔四二〕「甲子」至「尚書僕射」　梁書卷三武帝紀下僅云：「庚戌，安北將軍、合州刺史鄱陽王範以本號開府儀同三司。」通鑑卷一六二梁紀一八太清三年繫此於「辛丑」。按是年二月丁亥朔，十五日辛丑，二十四日庚戌，無甲子。

〔四三〕辛巳遷梓宮于太極前殿　「辛巳」，原作「辛亥」，據梁書卷三武帝紀下、通鑑卷一六二梁紀一八太清三年改。按是月乙卯朔，二十七日辛巳，無辛亥。

〔四四〕即於鍾山造大愛敬寺　「鍾山」，原作「鎮山」，據北監本、殿本及梁書卷三武帝紀下、册府卷

一八九、通志卷一三改。

〔四五〕金海三十卷　「金海」，梁書卷三武帝紀下、建康實録卷一七、册府卷一九〇、卷一九二作「金策」。

〔四六〕孝經講疏　梁書卷三武帝紀下、通志卷一三作「老子講疏」。

〔四七〕躬制贊序詔誥銘誄箴頌牋奏諸文　「誄」，原作「説」，據大德本壹、大德本貳、南監本、北監本、殿本及册府卷一九二、通志卷一三、南史詳節卷三改。

〔四八〕四月十四日而火起之始　通志卷一三疊「火」字，南監本、北監本、殿本「火起」作「起火」。

南史卷八

梁本紀下第八

太宗簡文皇帝諱綱，字世讚〔一〕，小字六通，武帝第三子，昭明太子母弟也。天監二年十月丁未，生于顯陽殿。五年，封晉安王。普通四年，累遷都督、雍州刺史。中大通三年，被徵入朝，未至，而昭明太子謂左右曰：「我夢與晉安王對奕擾道，我以班劍授之，王還，當有此加乎。」四月，昭明太子薨。五月丙申，立晉安王爲皇太子。七月乙亥，臨軒策拜。以脩繕東宮，權居東府。四年九月，移還東宮。

太清三年，臺城陷，太子坐永福省見侯景，神色自若，無懼容。五月丙辰，帝崩。辛巳，太子即皇帝位，大赦。癸未，追尊穆貴嬪爲皇太后，追謚妃王氏爲簡皇后。

六月丙戌，以南康王會理爲司空。丁亥，立宣城王大器爲皇太子。壬辰，立當陽公大心爲尋陽郡王，石城公大款爲江夏郡王，寧國公大臨爲南海郡王，臨城公大連爲南郡王，西豐公大春爲安陸郡王，新淦公大成爲山陽郡王〔二〕，臨湘公大封爲宜都郡王，高唐公大莊爲新興郡王。

秋七月甲寅，廣州刺史元景仲謀應侯景，西江督護陳霸先攻之，景仲自殺。霸先迎定州刺史蕭勃爲刺史。庚午，以司空南康王會理爲兼尚書令。是月，九江大饑，人相食者十四五。

八月癸卯，征東大將軍、開府儀同三司、南徐州刺史蕭藻薨。丙午，侯景矯詔：「儀同三司位比正公，自今悉不加將軍，以爲定準。」

冬十月丁未，地震。是月，百濟國遣使朝貢〔三〕，見城寺荒蕪，哭于闕下。

大寶元年春正月辛亥朔，大赦，改元。丁巳，天雨黄沙。己未，西魏剋安陸，執司州刺史柳仲禮，盡有漢東地。丙寅，月晝見于東方。癸酉，前江都令祖皓起義兵于廣陵。

二月癸未，侯景攻下廣陵，皓見害。乙巳，以尚書僕射王克爲左僕射。丙午，侯景逼帝幸西州。

夏五月丙辰，東魏靜帝遜位于齊。庚午，開府儀同三司鄱陽王範薨〔四〕。自春迄夏大旱，人相食，都下尤甚。

六月庚子，前司州刺史羊鴉仁自尚書省出奔江陵。

秋七月戊辰，賊行臺任約寇江州，刺史尋陽王大心以州降之。

八月甲午，湘東王繹遣領軍將軍王僧辯逼郢州，邵陵王綸棄郢州走。

九月乙亥，侯景自進位相國，封二十郡爲漢王。

冬十月乙未，景又逼帝幸西州曲宴，自加宇宙大將軍、都督六合諸軍事。立皇子大鈞爲西陽郡王，大威爲武寧郡王，大球爲建安郡王〔五〕，大昕爲義安郡王，大摯爲綏建郡王，大圜爲樂梁郡王。壬寅，侯景害司空南康王會理。

十一月，任約進據西陽，分兵寇齊昌，執衡陽王獻送都下，害之。湘東王繹遣前寧州刺史徐文盛拒約，南郡王前中兵參軍張彪起義於會稽若邪山，攻破浙東諸縣。

二年春二月，邵陵王綸走至安陸董城，爲魏所攻，見殺。

三月庚戌，魏文帝崩。

夏閏四月，侯景圍巴陵〔六〕。

六月乙巳，解圍宵遁。

秋七月，景還至建鄴。

八月戊午，景遣僞衛尉卿彭㑺、廂公王僧貴入殿，廢帝爲晉安王。害皇太子大器、尋陽王大心、西陽王大鈞、武寧王大威、建安王大球、義安王大昕及尋陽王諸子二十餘人。矯爲帝詔，以爲次當支庶，宜歸正嫡，禪位于豫章王棟。使呂季略送詔，令帝寫之。帝書至「先皇念神器之重，思社稷之固，越升非次，遂主震方」，嗚咽不能自止，賊衆皆爲掩泣。乃幽帝于永福省。棟即位，改元天正。使害南海王大臨於吴郡、南郡王大連於姑熟、安陸王大春於會稽、新興王大莊於京口。

冬十月壬寅，帝崩於永福省，時年四十九。賊僞謚曰明皇帝，廟稱高宗。明年三月己丑，王僧辯平侯景，率百官奉梓宫升朝堂。元帝追崇爲簡文皇帝，廟號太宗。四月乙丑，葬莊陵。

帝幼而聰睿，六歲便能屬文，武帝弗之信，於前面試，帝攬筆立成文。武帝歎曰：「常以東阿爲虚，今則信矣。」及長，器宇寬弘，未嘗見喜愠色，尊嚴若神。方頤豐下，須鬢如畫，直髪委地，雙眉翠色。項毛左旋，連錢入背。手執玉如意，不相分辨。眄睞則目光燭人。讀書十行俱下，辭藻艷發，博綜羣言，善談玄理。自十一便能親庶務，歷試藩政，所在稱美。性恭孝，居穆貴嬪憂，哀毁骨立，所坐席霑濕盡爛。在襄陽拜表侵魏，遣長史柳津、司馬董當門、壯武將軍杜懷寶、振遠將軍曹義宗等進軍剋南陽、新野等郡，拓地千餘里。

及居監撫，多所弘宥，文案簿領，纖豪必察。弘納文學之士〔七〕，賞接無倦。嘗於玄圃述武帝所製五經講疏，聽者傾朝野。雅好賦詩，其自序云：「七歲有詩癖，長而不倦。」然帝文傷於輕靡，時號「宫體」。所著昭明太子傳五卷，諸王傳三十卷，禮大義二十卷，長春義記一百卷，法寶連壁三百卷，謝客文涇渭三卷，玉簡五十卷，光明符十二卷，易林十七卷，竈經二卷，沐浴經三卷，馬槊譜一卷，棊品五卷，彈棊譜一卷，新增白澤圖五卷〔八〕，如意方十卷，文集一百卷，並行於世。

初即位，制年號將曰「文明」，以外制强臣，取周易「内文明而外柔順」之義。恐賊覺，乃改爲大寶。雖在蒙塵，尚引諸儒論道説義，披尋墳史，未嘗暫釋。及見南康王會理誅，知不久，指所居殿謂舍人殷不害曰：「龐涓死此下。」又曰：「吾昨夢吞土，試思之。」不害曰：「昔重耳饋塊，卒反晉國，陛下所夢，將符是乎。」帝曰：「儻幽冥有徵，冀斯言不妄。」

初，景納帝女溧陽公主，公主有美色，景惑之，妨於政事，王偉每以爲言，景以告主，主出惡言。偉知之，懼見讒，乃謀廢帝而後間主。苦勸行殺，以絶衆心。廢後，王偉乃與彭儁、王脩纂進觴於帝曰：「丞相以陛下幽憂既久，使臣上壽。」帝笑曰：「已禪帝位，何得言陛下？此壽酒將不盡此乎。」於是儁等并齎酒餚、曲項琵琶，與帝極飲。帝知將見殺，乃盡酣，謂曰：「不圖爲樂一至於斯。」既醉而寢，偉乃出，儁進土囊，王脩纂坐上，乃崩。竟協於夢。偉撤户扉爲棺，遷殯于城北酒庫中。

帝自幽縶之後，賊乃撤内外侍衛，使突騎圍守，牆垣悉有枳棘。無復紙，乃書壁及板鄣爲文。自序云：「有梁正士蘭陵蕭世讚，立身行道，終始若一，風雨如晦，雞鳴不已。弗欺暗室，豈況三光？數至於此，命也如何！」又爲文數百篇。崩後，王偉觀之，惡其辭切，即使刮去。有隨偉入者，誦其連珠三首〔九〕，詩四篇，絶句五篇，文並悽愴云。

世祖孝元皇帝諱繹，字世誠，小字七符，武帝第七子也。初，武帝夢眇目僧執香鑪，稱託生王宫。既而帝母在采女次侍，始褰户幔，有風回裾，武帝意感幸之。采女夢月墮懷中，遂孕。天監七年八月丁巳生帝，舉室中非常香，有紫胞之異。武帝奇之，因賜采女姓阮，進爲脩容。十三年，封湘東王。太清元年，累遷爲鎮西將軍、都督、荆州刺史。

三年三月，侯景陷建鄴。四月，世子方等至自建鄴，知臺城不守。帝命柵江陵城，周回七十里。鎮西長史王沖等拜牋請爲太尉、都督中外諸軍事，承制主盟。帝不許，曰：「吾於天下不賤，寧俟都督之名；帝子之尊，何藉上台之位〔一〇〕。議者可斬。」投筆流涙。沖等重請，不從。又請爲司空，以主諸侯，亦弗聽。乃開鎮西府，辟天下士。

是月，帝徵兵於湘州刺史河東王譽，譽拒命。尋上甲侯韶自建鄴至，宣三月十五日密詔，授帝位假黃鉞、大都督中外諸軍事、司徒、承制。於是立行臺於南郡而置官司焉。

七月，遣世子方等討河東王譽，軍敗，死之。又遣鎮兵將軍鮑泉討譽。

九月乙卯，雍州刺史岳陽王詧舉兵寇江陵，其將杜岸兄弟來降，詧遁走。鮑泉攻湘州，未剋；又遣左衞將軍王僧辯代將。

及簡文帝即位，改元爲大寶元年。帝以簡文制于賊臣，卒不遵用。正月，使少子方略質于魏〔一〕，魏不受質而結爲兄弟。

四月，剋湘州，斬譽，湘州平〔二〕。雍州刺史岳陽王詧自稱梁王，蕃于魏，魏遣兵助伐襄陽。先是，邵陵王綸書已言凶事，祕之，以待湘州之捷。是月壬寅，始命陳瑩報武帝崩問，帝哭于正寢。

六月，江夏王大款、山陽王大成、宜都王大封自信安來奔。

九月辛酉，以前郢州刺史南平王恪爲中衞將軍、尚書令、開府儀同三司。改封大款爲臨川郡王，大成爲桂陽郡王，大封爲汝南郡王。

十一月甲子，南平王恪等奉牋進位相國，總百揆。帝不從。

二年三月，侯景悉兵西上。

閏四月，景遣其將宋子仙、任約襲郢州〔三〕，執刺史方諸。庚戌，領軍王僧辯屯師巴陵。

五月癸未，帝遣將胡僧祐、陸法和援巴陵。

六月，僧祐等擊破景將任約軍，禽約，景解圍宵遁。以王僧辯爲征東將軍、開府儀同三司、尚書令，帥衆追景，所至皆捷。進圍郢州，獲賊將宋子仙等。

九月，盤盤國獻馴象。

十月辛丑朔，紫雲如蓋臨江陵城。是月，簡文帝崩，開府儀同三司王僧辯等奉表勸進。帝奉諱，大臨三日，百官縞素，答表不許。司空南平王恪率宗室，領軍將軍胡僧祐率羣僚，江州別駕張佚率吏人，並奉牋勸進。帝固讓。

十一月乙亥，僧辯又奉表勸進，又不從。時巨寇尚存，帝未欲即位，而四方表勸，前後相屬，乃下令斷表。

承聖元年二月，王僧辯衆軍發自尋陽，帝馳檄四方，購獲景及逆者〔四〕，封萬户開國公，絹布五萬疋。

三月，僧辯等平景，傳首江陵。戊子，以賊平告明堂、太社。己丑，僧辯等又表勸進曰：

衆軍以今月戊子，總集建康，賊景烏伏獸窮，頻擊頻挫，姦竭詐盡，深溝自固。臣等分勒武旅，百道同趨，突騎短兵，犀函鐵楯，結隊千羣，持戟百萬，止紂七步，圍項三重，轟然大潰，羣凶四滅。京師少長，俱稱萬歲。長安酒食，於此價高。九縣雲開，六合清朗，矧伊黔首，誰不載躍。

伏惟陛下咀痛茹哀，嬰憤忍酷。自紫庭絳闕，胡塵四起，壖垣好畤，冀馬雲屯，泣血臨兵，嘗膽誓衆。而吳、楚一家，方與七國俱反；管、蔡流言，又以三監作亂。西涼義衆，阻秦塞而不通；并州遺黎，跨飛狐而見絶。豺狼當路，非止一人，鯨鯢不梟，倏焉五載。英武克振，怨恥並雪，永尋霜露，伊何可勝。臣等輒依故實，奉脩社廟，使者持節，分告園陵。嗣后升遐，龍輴未殯〔一五〕，承華掩曜，梓宮莫測。並即隨由備辦，禮具凶荒，四海同哀，六軍袒哭。聖情孝友，理當感慟。

日者，百司岳牧，仰祈宸鑒，以錫珪之功，既歸有道，當璧之禮，允屬聖明。而優詔謙沖，杳然凝邈，飛龍可躋，而乾爻在四，帝閽云叫，而閶闔未開。謳歌再馳，是用翹首。所以越人固執，熏丹穴以求君；周人樂推，踰岐山而事主。漢王不即位，無以貴功臣，光武止蕭王，豈謂紹宗廟。黄帝迷於襄城，尚訪御人之道，放勛寂於姑射，猶使罇俎有歸。伊此儻來，豈聖人所欲，帝王所應，不獲已而然。伏讀璽書，尋諷制旨，領懷物外〔一六〕，未奉慈衷。陛下日角龍顏之姿，表於徇齊之日，彤雲素靈之瑞，基於應物之初。博學則大哉無所與名，深言則曄乎文章之觀。忠爲令德，孝實動天。加以英威茂略，雄圖武算，指麾則丹浦不戰，顧眄則阪泉自蕩。地維絶而重紐，天柱傾而更植。鑿河津於孟門，百川復啓；補穹儀以五石，萬物再生。縱陛下拂袗衣而游廣成〔一七〕，登崲山而去東土，羣臣安得仰訴，兆庶何所歸仁。況郊祀配天，罍篚禮曠〔一八〕，齋宮清廟，匏竹不陳。仰望鑾輿，匪朝伊夕；瞻言法駕，載渴且飢。豈可久稽衆議，有曠彝則。舊邦凱復，函、洛已平。高奴櫟陽，宮館雖毁；濁河清渭，佳氣猶存。皋門有亢，甘泉四敞，土圭測景，仙人承露。斯蓋九州之赤縣，六合之樞機。博士捧圖書而稍還，太常定禮儀其已立，豈得不揚清警而赴名都，具玉鑾而旋正寢。昔東周既遷，鎬京遂其不復；長安一亂，郟洛永以爲居。夏后以萬國朝諸侯，文王以六州匡天下，方之跡基百里，劍杖三尺，以殘楚之地，抗拒六戎，一旅之卒，翦夷三叛，坦然大定，御辯東歸。解五牛於冀州，秣六馬於譙郡，緬求前古，其可得歟？對揚天命，無所讓德，有理存焉，敢重祈奏。

帝尚未從。

辛卯，宣猛將軍朱買臣奉帝密旨，害豫章王棟及其二弟橋、樛。

四月乙巳，益州刺史、新除假黄鉞、太尉武陵王紀僭位於蜀，年號天正。帝遣兼司空蕭泰、祠部尚書樂子雲拜謁塋陵，脩復社廟。丁巳，下令解嚴。

五月庚午，司空南平王恪及宗室王侯、大都督王僧辯等，復拜表上尊號。帝猶固讓。甲申，以開府儀同三司、江州刺史王僧辯爲司徒。乙酉，斬賊左僕射王偉、尚書吕季略、少府卿周石珍、舍人嚴亶於江陵市，乃下令赦境内。齊將潘樂、辛術等攻秦郡，王僧辯遣將杜崱帥衆拒之。以陳霸先爲征北大將軍、開府儀同三司、徐州刺史〔一九〕。齊人賀平侯景。

八月，武陵王紀率巴、蜀之衆東下，遣護軍將軍陸法和屯巴峽以拒之。

九月甲戌，司空南平王恪薨。

十月乙未，前梁州刺史蕭循自魏至江陵，以爲平北將軍、開府儀同三司。戊申，執湘州刺史王琳於殿内。庚戌，琳長史陸納及其將潘烏累等舉兵反，攻陷湘州。是月，四方征鎮。王公卿士復勸進表，三上，乃許之。

冬十一月丙子，皇帝即位於江陵，改太清六年爲承聖元年。逋租宿責，並許弘宥。孝子順孫，悉皆賜爵。長徒鎖士，特加原宥。禁錮奪勞，一皆曠蕩。是日，帝不升正殿，公卿陪列而已。時有兩日俱見。己卯，立王太子方矩爲皇太子，改名元良。立皇子方智爲晉安郡王，方略爲始安郡王。追尊所生妣阮脩容爲文宣太后。改謚忠壯太子爲武烈太子〔二〇〕，封武烈子莊爲永嘉王。是月，陸納遣將軍潘烏累等破衡州刺史丁道貴於淥口，道貴走零陵。

十二月，陸納分兵襲巴陵，湘州刺史蕭循擊走之。天門山獲野人，出山三日而死。星隕吴郡。淮南有野象數百，壞人室廬。宣城郡猛獸暴食人。

是歲，魏廢帝元年。

二年春正月乙丑，詔王僧辯討陸納。戊寅，以吏部尚書王褎爲尚書右僕射〔二一〕。己卯，江夏宫南門籥牡飛。

三月庚寅，有兩龍見湘州西江。

夏五月甲申〔二二〕，魏大將尉遲迥進兵逼巴西，潼州刺史楊乾運以城納迥。己丑，武陵王紀軍至西陵。

六月乙卯，王僧辯平湘州。

秋七月，武陵王紀衆大潰，見殺。

八月戊戌，尉遲迥平蜀。

九月，齊遣郭元建及將邢景遠、步大汗薩、東方老帥衆頓合肥〔二三〕。

冬十一月辛酉，僧辯留鎮姑熟，豫州刺史侯瑱據東關壘，徵吴興太守裴之横帥衆繼之。戊戌，以尚書右僕射王裒爲左僕射〔二四〕，湘東太守張綰爲右僕射。

十二月，宿豫土人東方光據城歸化〔二五〕，齊江西州郡皆起兵應之。

三年春正月，魏帝爲相安定公所廢，而立齊王廓，是爲恭帝元年。

三月，主衣庫見黑蛇長丈許，數十小蛇隨之，舉頭高丈餘南望，俄失所在。帝又與宫人幸玄洲苑，復見大蛇盤屈於前，羣小蛇遶之，並黑色。帝惡之，宫人曰：「此非怪也，恐是錢龍。」帝敕所司即日取數千萬錢鎮於蛇處以厭之。因設法會，赦囚徒，振窮乏，退居栖心省。又有蛇從屋墮落帝帽上，忽然便失。又龍光殿上所御肩輿復見小蛇縈屈輿中，以頭駕夾膝前金龍頭上，見人走去，逐之不及。城濠中龍騰出，焕爛五色，竦躍入雲，六七小龍相隨飛去。羣魚騰躍，墜死於陸道。龍處爲窟若數百斛圌。舊大城上常有紫氣，至是稍復消歇〔二六〕。甲辰，以司徒王僧辯爲太尉、車騎大將軍。戊申，以護軍將軍、郢州刺史陸法和爲司徒。

夏四月癸酉，以征北大將軍、開府儀同三司陳霸先爲司空。

六月癸未，有黑氣如龍見于殿内。

秋九月辛卯，帝於龍光殿述老子義。先是，魏使宇文仁恕來聘，齊使又至江陵，帝接仁恕有闕，魏相安定公憾焉。乙巳，使柱國萬紐于謹來攻。

冬十月丙寅，魏軍至襄陽，梁王蕭詧率衆會之。丁卯，停講，内外戒嚴，輿駕出行城柵，大風拔木。丙子，續講，百寮戎服以聽。詔徵王僧辯。

十一月甲申，幸津陽門講武，置南北兩城主。帝親觀閲，風雨總集，部分未交，旗幟飄亂，帝趣駕而回，無復次序。風雨隨息，衆竊驚焉。乙酉，以領軍胡僧祐爲都督城東城北諸軍事，右僕射張綰爲副；左僕射王褒都督城西城南諸軍事，直殿省元景亮爲副。丁亥，魏軍至柵下。丙申，徵廣州刺史王琳入援。丁酉，大風，城内火燒居人數千家。以爲失在婦人，斬首尸之。是日，帝猶賦詩無廢。以胡僧祐爲開府儀同三司。庚子，信州刺史徐世譜、晉安王司馬任約軍次馬頭岸。是夜，有流星墜城中，帝援蓍筮之，卦成，取龜式驗之，因抵于地曰：「吾若死此下，豈非命乎？」因裂帛爲書催僧辯曰：「吾忍死待公，可以至矣。」戊申，胡僧祐、朱買臣等出戰，買臣敗績。辛亥，魏軍大攻，帝出枇杷門親臨陣督戰。僧祐中流矢薨，軍敗，反者斬西門守卒以納魏軍。帝見執，如梁王蕭詧營，甚見詰辱。他日，乃見魏僕射長孫儉，譎儉云：「埋金千斤於城内，欲以相贈。」儉乃將帝入城，帝因述詧相辱狀，謂儉曰：「向聊相譎，欲言耳；豈有天子自埋金乎？」儉乃留帝於主衣庫。

十二月丙辰，徐世譜、任約退戍巴陵。辛未，魏人戕帝。明年四月，梁王方智承制，追尊爲元皇帝，廟號世祖。

帝聰悟俊朗，天才英發，出言爲論，音響若鍾。年五六歲，武帝嘗問所讀書，對曰：「能誦曲禮。」武帝使誦之，即誦上篇。左右莫不驚歎。初生患眼，醫療必增，武帝自下意療之，遂盲一目。乃憶先夢，彌加愍愛。及長好學，博極羣書。武帝嘗問曰：「孫策在江東，于時年幾？」答曰：「十七。」武帝曰：「正是汝年。」

帝性不好聲色，頗慕高名，爲荆州刺史，起州學宣尼廟。嘗置儒林參軍一人，勸學從事二人，生三十人，加稟餼。帝工書善畫，自圖宣尼像，爲之贊而書之，時人謂之三絶。與裴子野、劉顯、蕭子雲、張纘及當時才秀爲布衣交。常自比諸葛亮、桓溫，惟纘許焉。

性好矯飾，多狙忌，於名無所假人。微有勝己者，必加毁害。帝姑義興昭長公主子王銓兄弟八九人有盛名。帝妬害其美，遂改寵姬王氏兄王珩名琳以同其父名。忌劉之遴學，使人鴆之。如此者甚衆，雖骨肉亦徧被其禍。始居文宣太后憂，依丁蘭作木母。及武帝崩，祕喪逾年，乃發凶問，方刻檀爲像，置于百福殿内，事之甚謹。朝夕進蔬食，動靜必啓聞，迹其虚矯如此。

性愛書籍，既患目，多不自執卷，置讀書左右，番次上直，晝夜爲常，略無休已，雖睡，卷猶不釋。五人各伺一更，恒致達曉。常眠熟大鼾，左右有睡，讀失次第，或偷卷度紙。帝必驚覺，更令追讀，加以檟楚。雖戎略殷湊，機務繁多，軍書羽檄，文章詔誥，點毫便就，殆不游手。常曰：「我韜於文士，愧於武夫。」論者以爲得言。

始在尋陽，夢人曰：「天下將亂，王必維之。」又背生黑子，巫媼見曰：「此大貴不可言。」初，武帝敕賀革爲帝府諮議，使講三禮。革西上，意甚不悅，過別御史中丞江革。江革告之曰：「吾嘗夢主上偏見諸子，至湘東王，脱帽授之。此人後必當璧，卿其行乎。」革領之。及太清之禍，遂膺歸運。

自侯景之難，州郡太半入魏，自巴陵以下至建康，緣以長江爲限。荆州界北盡武寧，西拒峽口；自嶺以南，復爲蕭勃所據。文軌所同，千里而近，人户著籍，不盈三萬。中興之盛，盡於是矣。

武陵之平，議者欲因其舟艦遷都建鄴，宗懍、黄羅漢皆楚人，不願移，帝及胡僧祐亦俱未欲動。僕射王襃、左户尚書周弘正驟言即楚非便。宗懍及御史中丞劉瑴以爲建鄴王氣已盡〔二七〕，且渚宫洲已滿百，於是乃留。尋而歲星在井，熒惑守心，帝觀之慨然而謂朝臣文武曰：「吾觀玄象，將恐有賊。但吉凶在我，運數由天，避之何益？」及魏軍逼，閹人朱買臣按劍進曰：「惟有斬宗懍、黄羅漢，可以謝天下。」帝曰：「曩實吾意，宗、黄何罪。」二人退入於人中。

及魏人燒柵，買臣、謝答仁勸帝乘暗潰圍出就任約。帝素不便馳馬，曰：「事必無成，徒增辱耳。」答仁又求自扶，帝以問僕射王褒。褒曰：「答仁，侯景之黨，豈是可信？成彼之勳，不如降也。」乃聚圖書十餘萬卷盡燒之。答仁又請守子城，收兵可得五千人。帝然之，即授城内大都督，以帝鼓吹給之，配以公主。既而又召王褒謀之，答仁請入不得，歐血而去。遂使皇太子、王褒出質請降。有頃，黄門郎裴政犯門而出。帝乘白馬素衣出東門，抽劍擊闔曰：「蕭世誠一至此乎！」魏師至凡二十八日，徵兵四方，未至而城見剋。

在幽逼，求酒飲之，製詩四絶。其一曰：「南風且絶唱，西陵最可悲。今日還蒿里，終非封禪時。」其二曰：「人世逢百六，天道異貞恒。何言異螻蟻，一旦損鵾鵬。」其三曰：「松風侵曉哀，霜雰當夜來。寂寥千載後，誰畏軒轅臺。」其四曰：「夜長無歲月，安知秋與春？原陵五樹杏，空得動耕人。」梁王詧遣尚書傅準監行刑，帝謂之曰：「卿幸爲我宣行。」準捧詩，流淚不能禁，進土囊而殞之。梁王詧使以布帊纏屍，斂以蒲席，束以白茅，以車一乘，葬于津陽門外。愍懷太子元良及始安王方略等，皆見害。徐世譜、任約自馬頭走巴陵。約後降于齊。將軍裴畿、畿弟機並被害。謝答仁三人相抱，俱見屠。汝南王大封、尚書左僕射王褒以下，並爲俘以歸長安。乃選百姓男女數萬口，分爲奴婢，小弱者皆殺之。

帝於伎術無所不該，嘗不得南信，筮之，遇剥之艮。曰「南信已至，今當遣左右季心往看」。果如所説，賓客咸驚其妙。凡所占決皆然。初從劉景受相術，因訊以年，答曰：「未至五十，當有小厄，禳之可免。」帝自勉曰：「苟有期會，禳之何益？」及是四十七矣。特多禁忌，牆壁崩倒，屋宇傾頹，年月不便，終不脩改。庭草蕪没，令鞭去之，其慎護如此。

著孝德傳、忠臣傳各三十卷，丹陽尹傳十卷，注漢書一百十五卷，周易講疏十卷，内典博要百卷，連山三十卷，詞林三卷〔二八〕，玉韜、金樓子、補闕子各十卷，老子講疏四卷，懷舊傳二卷，古今全德志、荆南地記、貢職圖、古今同姓名録一卷，筮經十二卷，式贊三卷，文集五十卷。

初，承聖二年三月，有二龍自南郡城西升天，百姓聚觀，五采分明。江陵故老竊相泣曰：「昔年龍出建康淮，而天下大亂，今復有焉，禍至無日矣。」帝聞而惡之，踰年而遘禍。又江陵先有九十九洲，古老相承云：「洲滿百，當出天子。」桓玄之爲荆州刺史，内懷篡逆之心，乃遣鑿破一洲，以應百數。隨而崩散，竟無所成。宋文帝爲宜都王，在藩，一洲自立，俄而文帝纂統。後遇元凶之禍，此洲還没。太清末，枝江楊之閣浦復生一洲，羣公上疏稱慶，明年而帝即位。承聖末，其洲與大岸相通，惟九十九云。

敬皇帝諱方智，字慧相，小字法真，元帝第九子也。太清三年，封興梁侯。承聖元年，封晉安郡王。二年，出爲江州刺史。三年十一月，魏剋江陵，太尉王僧辯、司空陳霸先定議，以帝爲梁王、太宰、承制。

四年二月癸丑，於江州奉迎至建鄴，入居朝堂。以太尉王僧辯爲中書監、録尚書、驃騎大將軍、都督中外諸軍事，加司空陳霸先班劍二十人。以湘州刺史蕭循爲太尉，廣州刺史蕭勃爲司徒。

三月，齊遣其上黨王高渙送貞陽侯蕭明來主梁嗣，至東關，遣吴興太守裴之横拒之。與戰，敗績，死之。

四月，司徒陸法和以郢州附齊，遣江州刺史侯瑱討之。

七月辛丑，僧辯納貞陽侯蕭明，自採石濟江。甲辰，入建鄴。丙午，即僞位。年號天成，以帝爲皇太子。司空陳霸先襲殺王僧辯，黜蕭明而奉帝焉。

紹泰元年秋九月丙午，皇帝即位。冬十月己巳，大赦，改元〔二九〕。以貞陽侯蕭明爲司徒，封建安郡公。壬子，加司空陳霸先尚書令、都督中外諸軍事。震州刺史杜龕舉兵，攻信武將軍陳蒨於長城，義興太守韋載應之。癸丑，以太尉蕭循爲太保，以司徒蕭明爲太傅，司徒蕭勃爲太尉，以鎮南將軍王琳爲車騎將軍、開府儀同三司。戊午，尊所生夏貴妃爲皇太后，立妃王氏爲皇后。辛未，司空陳霸先東討韋載，降之。丙子，南豫州刺史任約、譙秦二州刺史徐嗣徽舉兵據石頭反。

十一月庚辰，齊安州刺史翟子崇、楚州刺史劉仕榮、淮州刺史柳達摩率衆赴任約〔三〇〕，入石頭。

十二月庚戌，任約、徐嗣徽等至採石迎齊援。丙辰，遣猛烈將軍侯安都於江寧邀擊，敗之，約、嗣徽等奔江西。庚申，翟子崇等降，並放還北。

太平元年春正月戊寅，大赦。追贈謚簡文帝諸子。封故永安侯確子後爲邵陵王，奉攜王後。癸未，震州刺史杜龕降，詔賜死，赦吳興郡。己亥，以太保宜豐侯蕭循襲封鄱陽王。東揚州刺史張彪圍臨海太守王懷振於剡巖。

二月庚戌，遣周文育、陳蒨襲會稽討彪，彪敗走〔三一〕。以中衞將軍臨川王大款即本號開府儀同三司。丙辰，若邪村人斬張彪，傳首建鄴，赦東揚州。甲子，以東土經杜龕、張彪之亂，遣大使巡省。是月，齊人來聘，使侍中王廓報聘。

三月壬午，班下遠近，並雜用今古錢。戊戌，齊將蕭軌出柵口，向梁山，陳霸先大敗之。

夏四月壬申，侯安都輕兵襲齊行臺司馬恭於歷陽，大破之。

五月癸未，太傅建安公蕭明薨。庚寅，齊軍水步入丹陽縣，内外纂嚴。

六月壬子，齊軍至玄武湖西北。乙卯，陳霸先大破齊軍。戊午，大赦。辛酉，解嚴。

秋七月丙子，司空陳霸先進位司徒。丁亥，以開府儀同三司侯瑱爲司空〔三二〕。

八月己酉，太保鄱陽王循薨。

九月壬寅，大赦，改元。司徒陳霸先進位丞相、録尚書事，改封義興郡公。加中權將軍王沖開府儀同三司，以吏部尚書王通爲尚書右僕射。

冬十月乙亥，魏相安定公薨。

十一月，起雲龍、神武門。

十二月壬申，進太尉蕭勃爲太保。甲午，封前壽昌令劉叡爲汝陰王，前鎮西法曹行參軍蕭沇爲巴陵王〔三三〕，奉宋、齊二代後。庚子，魏恭帝遜位于周。

二年春正月壬寅，詔求魯國孔氏族爲奉聖侯，并繕廟堂，供備祀典。又詔諸州各置中正。舊放舉選〔三四〕，不得輒承單狀序官，皆須中正押上，然後量授。其選中正，每求耆德該悉，以他官領之。以開府儀同三司王琳爲司空，以尚書右僕射王通爲左僕射。

二月庚午，遣領軍將軍徐度入東關。太保、廣州刺史蕭勃舉兵反，詔平西將軍周文育、平南將軍侯安都等南討。戊子，徐度至合肥，燒齊船艘三千艘。癸巳，周文育軍於巴山，獲蕭勃僞帥歐陽頠。

三月甲寅，德州刺史陳法武、前衡州刺史譚遠於始興攻殺蕭勃〔三五〕。

夏四月癸酉，曲赦江、廣、衡三州，并督内爲賊所拘逼者。己卯，鑄四柱錢，一當二十。齊遣使通和。壬辰，改四柱錢，一當十。丙申，復閉細錢〔三六〕。

五月乙巳，平西將軍周文育進號鎮南將軍，平南將軍侯安都進號鎮北將軍，並開府儀同三司。戊辰，余孝頃遣使詣丞相府求降。

秋八月，加丞相陳霸先殊禮。

九月，周冢宰宇文護殺閔帝。丞相陳霸先改授相國，封陳國公。

冬十月戊辰，進陳國公爵爲王。辛未，帝遜位于陳。陳受命，奉帝爲江陰王，薨于外邸，時年十六，追謚敬皇帝。

論曰：帝王之位，天下之重職，文武之道，守聘所常遵〔三七〕。其於行用，義均水火，相資則可，專任成亂。觀夫有梁諸帝，皆一之而已。簡文文明之姿，禀乎天授，粤自支庶，入居明兩，經國之筭，其道弗聞。宫體所傳，且變朝野，雖主虚號，何救滅亡。元帝居勢勝之地，啓中興之業，既雪讎恥，且應天人。而内積猜忍，外崇矯飾，攀號之節，忍酷於踰年；定省之制，申情於木偶。竟而雍州引寇，釁起河東之戮，益部親尋，事習邵陵之窘。悖辭屈於僧辯，殘虐極於圓正，不義不昵，若斯之甚。而復謀無經遠，心勞志大，近捨宗國，遠迫强隣，外弛藩籬，内崇講肆，卒於溘至戕隕，方追始皇之迹，雖復文籍滿腹，何救社廟之墟。歷觀書契以來，蓋亦廢興代有，未見三葉遘愍，頓若蕭宗之酷。敬皇以此沖年，當斯頽運，將不高揖，其可得乎。初，武帝末年，都下用錢，每百皆除其九，謂爲九佰，竟而有侯景之亂。及江陵將覆，每百復除六文，稱爲六佰。識者以爲九者陽九，六者百六，蓋符歷數，非人事也。

善乎鄭文貞公論之曰：高祖固天攸縱，聰明稽古，道亞生知，學爲博物，允文允武，多藝多才。爰自諸生，有不羈之度，屬昏凶肆虐，天倫及禍，糾合義旅，將雪家冤。曰紂可伐，不期而會，龍躍樊、漢，電擊湘、郢。翦離德如振槁，取獨夫如拾遺，其雄才大略，固無得而稱矣。既縣白旗之首，方應皇天之眷，布德施惠，悦近來遠。開蕩蕩之王道，革靡靡之商俗。大脩文教，盛飾禮容，鼓扇玄風，闡揚儒業。介胄仁義，折衝尊俎，聲振寰宇，澤流遐裔，干戈載戢，凡數十年，濟濟焉，洋洋焉，魏、晉以來，未有若斯之盛也。然不能息末敦本，斲彫爲樸，慕名好事，崇尚浮華，抑揚孔、墨，流連釋、老。或終夜不寢，或日旰不食，非弘道以利物，惟飾智以驚愚。且心未遺榮，虛厠蒼頭之位〔三八〕，高談脱屣，終戀黃屋之尊。夫人之大欲，在乎飲食男女，至於軒冕殿堂，非有切身之急。高祖屏除嗜欲，眷戀軒冕，得其所難，而滯於所易，可謂神有所不達，智有所不通矣。逮夫精華稍竭，鳳德已衰，惑於聽受，權在姦佞，儲后百辟，莫能盡言。險躁之心，暮年逾甚，見利而動，愎諫違卜。開門揖盜，棄好即讎，釁起蕭牆，禍成戎、羯，身殞非命，災被億兆。衣冠斃鋒鏑之下，老幼粉戎馬之足，瞻彼黍離，痛深周廟；永言麥秀，悲甚殷墟。自古以安爲危，既成而敗，顛覆之速，書契所未聞也。易曰：「天之所助者順，人之所助者信。」高祖之遇斯屯剥，不得其死，蓋動而之險，不由信順，失天人之助，其能免於此乎。太宗敏叡過人，神采秀發，多聞博達，富贍詞藻。然文艷用寡，華而不實，體窮淫麗，義罕疎通，哀思之音，遂移風俗，以此而貞萬國，異乎周誦、漢莊矣。我生不辰，載離多難，桀逆構扇，巨猾滔天，始同牖里之拘，終類望夷之禍，悠悠蒼昊，其可問哉。昔國步初屯，兵纏魏闕，羣后釋位，投袂勤王。元帝以盤石之宗，受分陝之任，屬君親之難，居連率之長，不能撫劍嘗膽，枕戈泣血，躬先士卒，致命前驅。遂乃擁衆逡巡，内懷觖望，坐觀國變，以爲身幸。不急莽、卓之誅，先行昆弟之戮。又沈猜忍酷，多行無禮，騁智辯以飾非，肆忿戾以害物，爪牙重將，心膂謀臣，或顧眄以就拘囚，或一言而及葅醢，朝之君子，相顧懍然。自謂安若太山，筭無遺策，怵於邪説，即安荆楚。雖元惡克翦，社稷未寧，而西隣責言，禍敗旋及，斯乃上靈降鑒，此焉假手，天道人事，其可誣乎。其篤志藝文，採浮華而棄忠信，戎昭果毅，先骨肉而後寇讎。口誦六經，心通百氏，有仲尼之學，有公旦之才，適足以益其驕矜，增其禍患，何補金陵之覆没，救江陵之滅亡哉！敬帝遭家不造，紹兹屯運，征伐有所自出，政刑不由於己。時無伊、霍之輔，焉得不爲高讓歟。

校勘記

〔一〕字世讚　「世讚」，梁書卷四簡文帝紀作「世纘」。

〔二〕新淦公大成爲山陽郡王　「新淦」，原作「新塗」，據通志卷一三改。按通鑑卷一六一梁紀一七太清二年，胡三省注：「『新塗』或作『新淦』，沈約志：新淦縣，漢屬豫章郡。」

〔三〕是月百濟國遣使朝貢　梁書卷四簡文帝紀、卷五六侯景傳書此事於十二月。本書卷八〇賊臣侯景傳、通鑑卷一六二梁紀一八太清三年書此事於十一月。

〔四〕庚午開府儀同三司鄱陽王範薨　按通鑑卷一六三梁紀一九大寶元年載鄱陽王範於「五月乙卯卒」。按五月己酉朔，初七日乙卯，二十二日庚午。

〔五〕大球爲建安郡王　「建安」，梁書卷四四太宗十一王建平王大球傳、通鑑卷一六四梁紀二〇大寶二年作「建平」。

〔六〕夏閏四月侯景圍巴陵　按通鑑目録卷一六所載劉羲長曆、汪曰楨歷代長術輯要卷六、陳垣二十史朔閏表以祖沖之大明曆推算，皆以爲是年閏三月。然梁書卷四簡文帝紀、卷五元帝紀、御覽卷一三二引梁書、册府卷一八五皆爲閏四月。

〔七〕弘納文學之士　「弘納」，梁書卷四簡文帝紀作「引納」。

〔八〕新增白澤圖五卷　「增」，原作「僧」，據南監本、北監本、汲本、殿本及通志卷一三改。

〔九〕誦其連珠三首　「三」，梁書卷四簡文帝紀作「二」。

〔一〇〕何藉上台之位　「位」，南監本、北監本、汲本、殿本作「重」。

〔一一〕正月使少子方略質于魏　「方略」，原作「方畧」，據通鑑卷一六三梁紀一九大寶元年改。按本書卷五四元帝諸子始安王方略傳：「侯景亂，元帝結好于魏，方略年數歲便遣入關。」周書卷一九楊忠傳、北史卷一一高祖文帝紀俱載梁元帝送子方略爲質。

〔一二〕四月剋湘州斬譽湘州平　梁書卷五元帝紀書此事於夏五月辛未，通鑑卷一六三梁紀一九大寶元年書此事於四月辛巳。按是年四月庚辰朔，初二日辛巳；五月己酉朔，二十三日辛未。

〔一三〕閏四月景遣其將宋子仙任約襲郢州　「閏四月」，梁書卷五六侯景傳、本書卷八〇賊臣侯景傳作「四月」。按是年閏在三月，參見本卷校勘記〔六〕。

〔一四〕購獲景及逆者　「逆者」，梁書卷五元帝紀、御覽卷一三二引梁書、册府卷一八五作「送首者」。按「逆者」與「送首者」義相違，王懋竑記疑卷一三：「『送』誤作『逆』，又脱『首』字。」

〔一五〕龍輴未殯　「輴」，原作「遁」，據南監本、北監本、汲本、殿本及梁書卷五元帝紀改。

〔一六〕領懷物外　「領」，梁書卷五元帝紀、英華卷六〇〇沈炯勸進梁元帝表作「顧」。

〔一七〕縱陛下拂袗衣而游廣成　「袗」字原脱，據北監本、殿本及梁書卷五元帝紀、英華卷六〇〇補。「廣成」，原作「廣城」，據梁書、英華改。

〔一八〕罍篚禮曠　「罍」原作「壘」，「篚」原作「匪」，據宋乙本壹、南監本、北監本、殿本及梁書卷五元帝紀改。

〔一九〕以陳霸先爲征北大將軍開府儀同三司徐州刺史　「徐州」，梁書卷五元帝紀、陳書卷一高祖紀上、建康實録卷一七、御覽卷一三二引梁書、册府卷一八六作「南徐州」。

〔二〇〕改謚忠壯太子爲武烈太子　二「太子」，本書卷五四元帝諸子傳、通志卷一三均作「世子」。

〔二一〕以吏部尚書王褒爲尚書右僕射　「右僕射」，原作「僕射」，梁書卷五元帝紀、通鑑卷一六五梁紀二一承聖二年作「左僕射」。按梁書卷四一王規傳附王褒傳：「承聖二年，遷尚書右僕射。」北史卷八三文苑王褒傳：「梁元帝嗣位，褒有舊，召拜吏部尚書、右僕射。」據以改正。

〔二二〕夏五月甲申　「甲申」，梁書卷五元帝紀、通鑑卷一六五梁紀二一承聖二年作「甲戌」。按是月壬戌朔，十三日甲戌，二十三日甲申。

〔二三〕齊遣郭元建及將邢景遠步大汗薩東方老帥衆頓合肥　「邢景遠」，南監本、北監本、汲本、殿本及梁書卷五元帝紀作「邢杲遠」。「步大汗薩」，南監本、汲本、殿本及梁書卷五元帝紀作「步六汗薩」。按姚薇元北朝胡姓考云「大」當作「六」。

〔二四〕以尚書右僕射王褒爲左僕射　「右」字原脱，據梁書卷五元帝紀、通鑑卷一六五梁紀二一承聖二年補。

〔二五〕宿豫土人東方光據城歸化　「歸化」，原作「歸北」，據梁書卷五元帝紀改。

〔二六〕至是稍復消歇　「是」，原作「時」，據通志卷一三改。

〔二七〕宗懔及御史中丞劉瑴以爲建鄴王氣已盡　「御史中丞劉瑴」，原作「御史大夫劉懿」，據周書卷四一王褒傳、通鑑卷一六五梁紀二一承聖二年改。按御史大夫乃爲秦漢官，時無此稱，當爲御史中丞之訛。

〔二八〕詞林三卷　「詞林」，梁書卷五元帝紀作「洞林」。按隋書卷三四經籍志三有「洞林三卷，梁元帝撰」，類聚卷七五載有梁元帝洞林序，當作「洞林」。

〔二九〕冬十月己巳大赦改元　按陳書卷一高祖紀上、通鑑卷一六六梁紀二二紹泰元年載敬帝於是月己酉即位改元。此下又記壬子、癸丑諸日事。按紹泰元年十月戊申朔，初二日己酉，初五日壬子，初六日癸丑，二十二日己巳。己巳不當記於壬子前，當以「己酉」爲是。

〔二〇〕齊安州刺史翟子崇楚州刺史劉仕榮淮州刺史柳達摩率衆赴任約　「劉仕榮淮州刺史」七字原脱，據梁書卷六敬帝紀、陳書卷一高祖紀上、册府卷一八六補。

〔二一〕遣周文育陳蒨襲會稽討彪彪敗走　原不疊「彪」字，據梁書卷六敬帝紀、通志卷一三補。

〔二二〕以開府儀同三司侯瑱爲司空　錢大昕考異卷三五：「按瑱傳不載此事。陳本紀：永定二年正月，以車騎將軍、開府儀同三司侯瑱爲司空。則梁時不應先有司空之拜。」

〔二三〕前鎮西法曹行參軍蕭沆爲巴陵王　「蕭沆」，梁書卷六敬帝紀作「蕭汍」。

〔二四〕舊放舉選　梁書卷六敬帝紀作「依舊訪舉」，通典卷一四作「仍舊訪選舉」，册府卷六二九作「仍舊訪舉」。

〔二五〕德州刺史陳法武前衡州刺史譚遠於始興攻殺蕭勃　「譚遠」，梁書卷六敬帝紀作「譚世遠」，此避唐諱而省。

〔二六〕復閉細錢　「閉」，原作「用」，據梁書卷六敬帝紀、通鑑卷一六七陳紀一永定元年、册府卷五〇〇改。胡三省注：「閉者，閉絶不使行。細錢，民間私鑄者也。時私錢細小，交易以車載錢，不復計數。」

〔二七〕守聘所常遵　「聘」，南監本、北監本、汲本、殿本作「國」。

〔二八〕虚厠蒼頭之位　「位」，北監本、殿本及梁書卷六敬帝紀作「伍」。

南史卷九

陳本紀上第九

陳高祖武皇帝諱霸先，字興國，小字法生，吴興長城下若里人。姓陳氏。其本甚微，自云漢太丘長寔之後也。寔玄孫晉太尉準。準生匡，匡生達，永嘉中南遷，爲丞相掾，太子洗馬，出爲長城令，悦其山水，遂家焉。嘗謂所親曰：「此地山川秀麗，當有王者興焉，二百年後，我子孫必鍾斯運。」達生康，復爲丞相掾，咸和中土斷，故爲長城人。康生盱台太守英，英生尚書郎公弼，公弼生步兵校尉鼎，鼎生散騎侍郎高，高生懷安令詠，詠生安成太守猛，猛生太常卿道巨，道巨生皇考文讚。

帝以梁天監二年癸未歲生。少俶儻有大志，長於謀略，意氣雄傑，不事生産。及長，涉獵史籍，好讀兵書，明緯候、孤虚、遁甲之術，多武藝，明達果斷，爲當時推服。身長七尺五寸，日角龍顔，垂手過膝。嘗游義興，館於許氏，夢天開數丈，有四人朱衣，捧日而至，納之帝口，及覺，腹内猶熱，帝心獨喜。初仕鄉爲里司，後至建鄴爲油庫吏，徙爲新喻侯蕭映傳教〔一〕，勤於其事，爲映所賞。及映爲吴興太守，甚重帝，謂僚佐曰：「此人將來遠大，必勝於我。」及映爲廣州，帝爲中直兵參軍，隨之鎮，映令帝招集士馬。

先是武林侯蕭諮爲交州刺史，以嚴刻失和，土人李賁連結數州豪傑同時反，臺遣高州刺史孫冏、新州刺史盧子雄將兵擊賁。冏等不時進，皆於廣州伏誅。子雄弟子略與冏子姪及其主帥杜天合、杜僧明共舉兵，執南江督護沈顗，進寇廣州，晝夜苦攻，州中震恐。帝率精兵救之，賊衆大潰。僧明後有功業，遂降〔二〕。梁武帝深歎異焉，授直閤將軍，封新安縣子〔三〕，仍遣圖帝貌而觀之。

其年冬，蕭映卒。明年，帝送喪還，至大庾嶺，會有詔以帝爲交州司馬，與刺史楊瞟南討。帝益招勇敢，器械精利，瞟委帝經略。時蕭勃爲定州刺史，於西江相會，勃知軍士憚遠役，因詭説留瞟。瞟集諸將問計，帝曰：「交阯叛换，罪由宗室，節下奉辭伐罪，故當死生以之。」於是鼓行而進。軍至交州，瞟推帝爲前鋒，所向摧陷。賁竄入屈獠洞中，屈獠斬賁，傳首建鄴。是歲太清元年也。賁兄天寶遁入九真，與劫帥李紹隆收餘兵，殺德州刺史陳文戒，進圍愛州，帝討平之。除西江督護、高要太守，督七郡諸軍事。

二年冬，侯景寇逼，帝將赴援，廣州刺史元景仲陰將圖帝。帝知之，與成州刺史王懷明等，集兵於南海，馳檄以討景仲。景仲縊於閤下，帝迎蕭勃鎮廣州。

時臨賀内史歐陽頠監衡州，蘭裕、蘭京禮扇誘始興等十郡共攻頠，頠請援於勃，勃令帝救之，悉禽裕等。仍監始興郡事。帝遣杜僧明、胡穎將二千人頓于嶺上，并厚結始興豪傑，同謀義舉，侯安都、張偲等率衆來附。蕭勃聞之，遣鍾休悦説停帝，帝泣謂休悦曰：「君辱臣死，誰敢愛命，僕行計決矣。」時蔡路養起兵據南康，勃遣腹心譚世遠爲曲江令，與路養相結，同遏義軍。

大寶元年正月，帝發始興，次大庾嶺，大破路養軍，進頓南康。湘東王繹承制授帝交州刺史，改封南野縣伯，於是脩理崎頭古城徙居之。劉惠騫等望見恒有紫氣冒城上，遠近驚異，故惠騫等深自結於帝。尋改封長城縣侯，南江州刺史。時寧都人劉藹等資高州刺史李遷仕舟艦兵仗〔四〕，將襲南康，帝遣杜僧明等據白口禦之。

二年，僧明禽遷仕，送南康斬之。承制授帝江州刺史。帝發南康，灨石舊有二十四灘，灘多巨石，行旅以爲難。帝之發，水暴起數丈，三百里間，巨石皆没。進軍頓西昌，有龍見水濱，高五丈，五采鮮曜，軍人觀者數萬人。帝又嘗獨坐胡牀於閤下，忽有神光滿閤，廊廡之間，並得相見。趙知禮侍側，怪而問帝，帝笑不答。時承制遣征東將軍王僧辯督衆軍討侯景，次盆城，帝率杜僧明等合三萬人將會焉〔五〕。時西軍乏食，帝先貯軍糧五十萬石〔六〕，至是分三十萬石以資之。仍頓巴丘。會侯景廢簡文，立豫章嗣王棟，帝遣兼長史沈衮奉表於江陵勸進。承制授帝東揚州刺史，領會稽太守。

三年，帝帥師發自豫章〔七〕。二月，次桑落洲。時僧辯已發盆城，會帝于白茅灣，乃登岸結壇，刑牲盟約。進次大雷，軍人杜稜夢雷池君、周、何神，自稱征討大將軍，乘朱航，陳甲仗，稱下征侯景，須臾便還，云已殺景竟。

三月，帝與諸軍進剋姑熟，仍次蔡洲。侯景登石頭城，望官軍之盛，不悦，曰：「一把子人，何足可打。」密謂左右曰：「此軍上有紫氣，不易可當。」乃以舣舽貯石，沈塞淮口，緣淮作城，自石頭迄青溪十餘里中，樓雉相接。僧辯遣杜崱問計於帝，帝以諸將不敢當鋒，請先往立栅。即於石頭西横壠築栅。衆軍次連八城，直出東北。賊恐西州路斷，亦於東北果林作五城，以遏大路。帝曰：「善用兵者，如常山之蛇，使救首救尾，困而無暇。今我師既衆，賊徒甚寡，應分賊兵力，以弱制彊。」乃命諸將分處置兵，帝與王琳、杜龕等悉力乘之，景衆大潰。僧辯啓命帝鎮京口。

五月，齊遣將辛術圍嚴超達於秦郡〔八〕，帝命徐度領兵助其固守。齊衆起土山，穿地道，攻之甚急；帝乃自率萬人解其圍，振旅南歸。承制授帝征北大將軍、開府儀同三司、南徐州刺史，進封長城縣公。及王僧辯征陸納於湘州，承制命帝代鎮揚州。

承聖二年，湘州平，帝旋鎮京口。

三年三月，進帝位司空〔九〕。及魏平江陵，帝與王僧辯等進啓請晉安王以太宰承制。十二月，晉安王至自尋陽，入居朝堂，給帝班劍二十人。

四年五月，齊送貞陽侯明還主社稷，王僧辯納之。明即位，改元天成，以晉安王爲皇太子。初，齊之納貞陽也，帝固爭之，以爲不可，不見從。帝居常憤歎曰：「嗣主高祖之孫，元皇之子，竟有何辜，坐致廢黜？假立非次，此情可知。」乃密具袍數千領及錦綵金銀，以爲賞賜之資。

九月壬寅，帝召徐度、侯安都、周文育，仍部列將士，水陸俱進，夜發南徐州，討王僧辯。甲辰，帝至石頭，前遣勇士自城北踰入。時僧辯方視事，聞外白有兵，遽走。帝大兵尋至，因風縱火，僧辯就禽。是夜縊之，及其子頠。於是廢貞陽侯，而奉晉安王即位，改承聖四年爲紹泰元年。壬子〔一〇〕，詔授帝侍中、大都督中外諸軍事、車騎將軍、揚南徐二州刺史，持節、司空、班劍、鼓吹並如故。仍詔甲仗百人出入殿省。

震州刺史杜龕據吴興，與義興太守韋載舉兵逆命。辛未，帝表自東討，留高州刺史侯安都、石州刺史杜稜宿衞臺省。甲戌，軍至義興。秦州刺史徐嗣徽，據城入齊，又要南豫州刺史任約舉兵應龕，齊人資其兵食。嗣徽乘虚奄至闕下，侯安都出戰，嗣徽等退據石頭。丁丑，載及龕從弟北叟來降，帝撫而釋之，仍以載兄鼎知郡事。以嗣徽寇逼，卷甲還都，命周文育進討杜龕。

十一月己卯，齊遣兵五千，度據姑熟，又遣安州刺史翟子崇、楚州刺史劉士榮、淮州刺史柳達摩，領兵萬人，於胡墅度米粟三萬石、馬千匹入石頭。帝乃遣侯安都領水軍夜襲胡墅，燒齊船，周鐵武率舟師斷齊運輸〔一一〕，帝領鐵騎自西明門襲之。齊人大潰，嗣徽留達摩等守城，自率親屬腹心，往南州採石，以迎齊援。

先是，太白自十一月丙戌不見，十二月乙卯出于東方。丙辰，帝盡命衆軍分部甲卒，對冶城立航〔一二〕，度兵攻其水南二柵。柳達摩等度淮置陣，帝督兵疾戰，縱火燒柵，煙塵漲天，齊人大潰，盡收其船艦。是日，嗣徽、約等領齊兵還據石頭，帝遣侯安都領水軍襲破之，嗣徽等單舸脱走。丁巳，拔石頭南岸柵，移度北岸起柵，以絶其汲路。又堙塞東門故城中諸井。齊所據城中無水，水一合貿米一升，一升米貿絹一匹〔一三〕，或炒米食之。達摩謂其衆曰：「頃在北，童謠云『石頭擣兩襠，擣青復擣黄』。侯景服青，已倒於此，今吾徒衣黄，豈謡言驗邪。」庚申，達摩遣侯子欽、劉士榮等請和，帝許之。乃於城外盟約，其將士恣其南北。辛酉，帝出石頭南門陳兵，送齊人歸北者。及至，齊人殺之。壬戌，齊和州長史烏丸遠自南州奔還歷陽，江寧令陳嗣、黄門侍郎曹朗據姑熟，不從。帝命侯安都、徐度等討平之，聚其首爲京觀。是月，杜龕以城降。

二年正月癸未，誅龕，其弟翕、從弟北叟、司馬沈孝敦並賜死。

三月戊戌，齊遣水軍儀同蕭軌、庫狄伏連、堯難宗、東方老、侍中裴英起、東廣州刺史獨孤辟惡、洛州刺史李希光并任約、徐嗣徽、王僧愔等衆十萬出栅口，向梁山，帳内盪主黄叢逆擊，敗之，燒其前軍船艦。齊頓軍保蕪湖。五月丙申，齊兵至秣陵故城。己亥，帝率宗室王侯及朝臣，於大司馬門外白虎闕下，刑牲告天，以齊人背約，發言慷慨，涕泗交流，士卒觀者益奮。辛丑，齊軍於秣陵故城，跨淮立橋栅，引度兵馬。癸卯，自方山進及兒塘，游騎至臺，都下震駭。帝潛以精卒三千配沈泰，度江襲齊行臺趙彦深於瓜步，獲其舟粟。六月甲辰，齊兵潛至鍾山龍尾。丁未，進至莫府山。帝遣錢明領水軍出江乘，要擊齊人糧運，盡獲之。齊軍大餒，殺馬驢而食之。壬子，齊軍至玄武湖西北莫府山南，將據北郊壇。衆軍自覆舟東移，頓郊壇北，與齊人相對。其夜，大雨震電，暴風拔木，平地水丈餘。齊軍晝夜坐立泥中，縣鬲以爨，足指皆爛。而臺中及潮溝北，水退路燥，官軍每得番易。甲寅，少霽。是時食盡，調市人餽軍，皆是麥屑爲飯，以荷葉裹而分給，間以麥䴵，兵士皆困。會文帝遣送米三千石〔一四〕，鴨千頭，帝即炊米煮鴨，誓申一戰。士及防身，計糧數臠，人人裹飯，娓以鴨肉〔一五〕。帝命衆軍蓐食，攻之，齊軍大潰。執嗣徽及其弟嗣宗，斬之以徇。虜蕭軌、東方老、王敬寶、李希光、裴英起、王僧智等將帥四十六人。其軍士得竄至江者，縛筏以濟，中江而溺，流屍至京口者彌岸。惟任約、王僧愔獲免。先是童謠云：「虜萬夫，入五湖，城南酒家使虜奴。」自晉、宋以後，經絓在魏境江、淮以北，南人皆謂爲虜，是時以賞俘貿酒者〔一六〕，一人裁得一醉。丁巳，衆軍出南州，燒賊舟。己未，斬劉歸義、徐嗣産、傅野豬于建康市〔一七〕。是日解嚴。庚申，誅蕭軌、東方老、王敬寶、李希光、裴英起等。

太平元年九月壬寅，帝進位丞相、録尚書事、鎮衞大將軍、揚州牧，進封義興郡公。庚申，追贈皇考侍中、光禄大夫，封義興郡公，謚曰恭。十月甲戌，梁帝敕丞相自今問訊，可施別榻，以近扆坐。

二年正月壬寅，詔加帝班劍十人，并前爲三十。丁未，詔贈皇兄道談南兖州刺史、長城縣公，謚曰昭烈。皇弟休光侍中、南徐州刺史、武康縣侯〔一八〕，謚曰忠壯。甲寅，遣兼侍中謁者僕射陸繕策拜長城縣夫人章氏爲義興國夫人。丁卯，詔贈皇祖侍中、太常卿，謚曰孝。追封皇祖妣許氏吴郡嘉興縣君，謚曰敬。皇妣張氏義興國太夫人，謚曰宣。

二月庚午，蕭勃舉兵自廣州度嶺，頓南康，遣其將歐陽頠、傅泰及其子孜爲前軍〔一九〕，至豫章，分屯要險，南江州刺史余孝頃起兵應勃，帝命周文育、侯安都率衆討平之。

八月甲午，帝進位太傅，加黄鉞，劍履上殿，入朝不趨，贊拜不名。丙申，加前後部羽葆、鼓吹。是時，湘州刺史王琳擁兵不應命，遣周文育、侯安都率衆討之。

九月辛丑，梁帝進帝位相國，總百揆，封十郡爲陳公，備九錫之禮，加璽紱，遠游冠，緑綟綬，位在諸侯王上。策曰：

大哉乾元，資日月以貞觀；至哉坤元，憑山川以載物。故惟天爲大，陟配者欽明；惟王建國，翼輔者齊聖。是以文、武之佐，磻谿蘊其玉璜；堯、舜之臣，滎河鏤其金板。況乎體得一之鴻姿，寧陽九之危厄，援横流於碣石〔二〇〕，撲燎火於崑岡，驅馭於韋、彭，跨躡於齊、晉，神功行而靡用，聖道運而無名者乎。今將授公典策，其敬聽朕命：

日者，昊天不弔，鍾亂于我國家，綱漏吞舟，彊胡内鼂，茫茫宇宙，慄慄黎元，方趾圓顱，萬不遺一。太清否亢，橋山之痛以深，大寶屯如，平陽之禍相繼。上宰膺運，康救黔黎，鞠旅於溟池之南〔二一〕，揚旌於桂嶺之北，縣三光於已墜，謐四海於羣飛，光啓中興，此則公之大造於皇家者也。既而天未悔禍，夷醜荐臻，南夏崩騰，西京蕩覆。冢司昏撓，旁引寇讎，既見貶於桐宫，方謀危於漢閣，皇運已殆，何殊贅旒，中國摇然，非徒如綫。公赫然投袂，匡救本朝，復莒齊都，平戎王室。朕所以還膺寶歷，重履宸居，挹建武之風猷，歌宣王之雅頌。此又公之再造於皇家者也。

公應務之初，登庸惟始，孫盧肇釁，越貊爲災，番部阽危，勢將淪殄。公赤旗所指，祆壘洞開，白羽纔撝，凶徒粉潰。此又公之功也。大同之末，邊政不脩，李賁狂迷，竊我交、愛。公英謩雅筭，電埽風行，馳御樓船，直跨滄海。三山獠洞，八角蠻陬，逖矣水寓之鄉，悠哉火山之國，馬援之所不屆，陶璜之所未開〔三二〕，莫不懼我王靈，爭朝邊候，歸賝天府，獻狀鴻臚。此又公之功也。自寇虜陵江，宮闈幽辱，而番禺連率，本自諸夷，言得其朋，是懷同惡。公仗此忠誠，乘機勦定，執沛令而釁鼓，平新野而據鞍。此又公之功也。世道初艱，方隅多難，公以國盜邊警，知無不爲，恤是同盟，誅其醜類，南土黔黎，重保蘇息。此又公之功也。長驅嶺嶠，夢想京畿，緣道酋豪，遞爲榛梗，路養渠帥，全據大都，蓄聚逋逃，方謀阻亂。公龍驤虎步，嘯吒風雲，山靡堅城，野無彊陣，清祆氛於灨石，滅沴氣於雩都。此又公之功也。遷仕凶悖，屯據大皐，乞活類馬騰之軍，流人多杜弢之衆。公坐揮三略，遥制六奇，義勇同心，貔貅騁力，雷奔電擊，谷靜山空，列郡無犬吠之驚，叢祠罷狐鳴之盜。此又公之功也。王師討虜，次屆淪波，兵乏兼儲，士有飢色。公回麾彭蠡，積穀巴丘，億庾之詠斯豐，壺漿之甿是衆。故使三軍勇鋭，百戰無前，承此兵糧，遂殄凶逆。此又公之功也。盆壘猜擕，用淹戎略。公志惟同奬，師克在和，屈禮交盟，神祇感咽，故能使舟師並路，遠邇朋心〔三三〕。此又公之功也。姑熟襟要，崤函所憑，寇虜據其關梁，大盜負其扃鐍。公一校纔撝，三雄並奮，左賢右角，沙潰土崩，鄂坂之隘斯開，夷庚之道無塞。此又公之功也。義軍大衆，俱集帝京，逆豎凶徒，猶屯皇邑。公回茲地軸，抗此天羅，曾不崇朝，俾無遺噍。此又公之功也。内難初靜，諸侯出關，外郡傳烽，鮮卑犯塞。公舟師步甲，亘野横江，殲厥羣氐，遂殫封豕。此又公之功也。公克黜禍難，劬勞皇室，而孫、甯之黨，翻啓狄人，伊、洛之間，咸爲虜戎，朝闇戎塵，夜喧胡鼓。公三籌既畫，八陣斯張，裁舉靈鉦，亦抽金僕，咸俘醜類，悉反高墉。此又公之功也。任約叛涣，梟聲不悛，戎羯貪婪，狼心無改。公左甄右落，箕張翼舒，掃是攙槍，驅其獫狁，投秦阬而盡沸，噎滍水而不流。此又公之功也。一相居中，自折彝鼎，五湖小守，妄懷同惡。公夙駕兼道，衣製杖戎〔二四〕，玉斧將揮，金鉦且戒，祅酋震慴，遽請灰釘。此又公之功也。賊龕凶横，陵虐具區，阻兵安忍，憑災怙亂。公雖宗居汝、潁，世寓東南，眷言桑梓，公私憤切，戮此大憝，如烹小鮮。此又公之功也。同姓有扈，頑凶不賓，憑藉宗盟，圖危社稷。公論兵於廟堂之上，決勝於尊俎之間，寇、賈、樊、滕，浮江下瀨，一朝翦撲，無待甸師。此又公之功也。豫章祅寇，依憑山澤，繕甲完聚，多歷歲時，結從連横，爰洎交、廣。吕嘉既獲，吴濞已鏦，命我還師，征其不恪，連營盡拔，僞黨斯禽。此又公之功也。自八紘九野，瓜剖豆分，竊帝偷王，連州比縣。公武靈已暢，文德又宣，折簡馳書，風猷斯遠。此又公之功也。京師禍亂，亟積寒暄，雙闕低昂，九門寥豁。公求衣昧旦，昃食高舂〔二五〕，興構宮闈，具瞻遐邇。郊庠宗稷之典，六符十等之章，還聞泰始之風流，重覩永平之遺事。此又公之功也。

公有濟天下之勳，重之以明德，凝神體道，合德符天。用百姓以爲心〔二六〕，隨萬機以成務，上德不德，無爲以爲。夏長春生，顯仁藏用，功成化洽，樂奏咸雲，安上御人，禮兼文質。是以天無蘊寶，地有呈祥，既景煥於圖書，方葳蕤於史牒，高勳踰於象緯，積德冠於嵩、華，固無得而稱者矣。

朕又聞之：前王宰世，茂賞尊賢，式樹藩長，總征羣伯。二南崇絶，四履遐曠，泱泱表海，祚土維齊；巖巖泰山，俾侯于魯。況復經營宇宙，寧惟斷鼇足之功，弘濟蒼生，非直鑿龍門之險。而疇庸報德，寂爾無聞，朕所以垂拱當宁，載懷慙悸者也。今授公相國，以南豫州之陳留南丹陽宣城、揚州之吴興東陽新安新寧、南徐州之義興、江州之鄱陽臨川十郡，封公爲陳公。錫茲青土，苴以白茅，爰定爾邦，用建冢社。昔旦、奭分陝，俱爲保師，晉、鄭諸侯，咸作卿士。兼其内外，禮實攸宜。今命使持節、兼太尉王通授相國印綬，陳公璽紱；使持節、兼司空王瑒授陳公茅土，金武符第一至第五左，竹使符第一至第十左。相國秩踰三鉉，任總百司，位絶朝班，禮由事革。以相國總百揆，除録尚書之號，上所假節、侍中貂蟬、中書監印章、中外都督太傅印綬、義興公印策，其鎮衛大將軍，揚州牧如故。

又加公九錫，其敬聽後命：以公禮爲楨榦，律等銜策，四維皆舉，八柄有章。是用錫公大輅、戎輅各一，玄牡二駟。以公賤寶崇穀，疏爵待農，室富京坻，人知榮辱。是用錫公衮冕之服，赤舄副焉。以公調理陰陽，燮諧風雅，三靈允降，萬國同和。是用錫公軒縣之樂，六佾之儛。以公宣導王猷，弘闡風教，光景所照，鞮象必通。是用錫公朱户以居。以公抑揚清濁，褒德進賢，髦士盈朝，幽人虚谷。是用錫公納陛以登。以公嶷然廊廟，爲世鎔範，折衝四表，臨御八荒。是用錫公虎賁之士三百人。以公軌茲明罰，期在刑厝，象恭無赦，干紀必誅。是用錫公斧鉞各一。以公英猷遠量，跨厲嵩、溟〔二七〕，包一車書，括囊寰寓。是用錫公彤弓一、彤矢百，盧弓十、盧矢千。以公天經地義，貫徹幽明，春露秋霜，允供粢盛。是用錫公秬鬯一卣，圭瓚副焉。陳國置丞相以下，一遵舊式。往欽哉！其恭循朕命，克相皇天，弘建邦家，允興鴻業，以光我高祖之休命。

十月戊辰，又進帝爵爲王。以揚州之會稽臨海永嘉建安、南徐州之晉陵信安〔二八〕、江州之尋陽豫章安成廬陵，并前爲二十郡，益封陳國。其相國、揚州牧、鎮衛大將軍並如故。

又命陳王冕十有二旒，建天子旌旗，出警入蹕，乘金根車，駕六馬，備五時副車，置旄頭雲罕，樂儛八佾，設鍾虡宮縣。王妃、王子、王女爵命之號，陳臺百官，一依舊典。

辛未，梁帝禪位于陳，策曰：

咨爾陳王，惟昔上古，厥初生人，驪連、栗陸之前，容成、大庭之世，杳冥慌忽，故靡得而詳焉。自羲農、軒昊之君，陶唐、有虞之主，或垂衣而御四海，或無爲而子萬姓，居之如馭朽索，去之如脱弊屣，裁遇許由，便能捨帝，暫逢善卷，即以讓王。故知玄扈璇璣，非關尊貴，金根玉輅，示表君臨。及南觀河渚，東沈刻璧，菁華既竭，耄勤已倦，則抗首而笑，惟賢是與，謗然作歌，簡能斯授。遺風餘烈，昭晰圖書，漢、魏因循，是爲故實，宋、齊授受，又弘斯義。我高祖應期撫運，握樞御宇，三后重光，祖宗齊聖。及時屬陽九，封豕荐食，西都失馭，夷狄交侵。乃臮天成，輕弄龜鼎[二九]，喋喋黔首，若崩厥角，徽徽皇極，將甚綴旒。

惟王乃聖乃神，欽明文思，二儀並運，四時合序，天錫智勇，人挺雄傑，珠庭日角，龍行虎步。爰初投袂，日逎勤王，電埽番禺，雲撤彭蠡，翦其元惡，定我京畿。及王賀帝弘，貿茲冠履，既行伊、霍，用保沖人。震澤、稽陰[三〇]，並懷叛逆，獯、羯醜虜，三亂皇都，裁命偏師，二邦自殄，薄伐獫狁，六戎盡殪。嶺南叛換，湘郢連結，賊帥既禽，凶渠傳首。用能百揆時序，四門允穆，無思不服，無遠不屆，上達穹昊，下漏深泉，蛟魚並見，謳歌攸屬。況乎長彗横天，已徵布新之兆，璧日斯既，實表更姓之符。七百無常期，皇王非一族。昔木德既季，而傳祚于我有梁。天之歷數，允集明哲。式遵前典，廣詢羣議，王公卿尹，莫不攸屬，敬從人祇之願，授帝位于爾躬。四海困窮，天禄永終，王其允執厥中，軌儀前式，以副溥天之望。禋郊祀帝，時膺大禮，永固洪業，豈不盛與！

又命璽書，遣兼太保、尚書左僕射王通，兼太尉、司徒左長史王瑒，奉皇帝璽紱，受終之禮，一依唐、虞故事。是日，梁帝遜于別宫。帝謙讓再三，羣臣固請，乃許之。

永定元年冬十月乙亥，皇帝即位于南郊，柴燎告天曰：

皇帝臣霸先，敢用玄牡昭告于皇皇后帝：

梁氏以圮剥荐臻，歷運有極，欽若天應，以命于霸先。夫肇有黎蒸，乃樹司牧，選賢與能，未常厥姓。有梁末運，仍葉遘屯，獯醜憑陵，久移神器。承聖在外，非能祀夏，天未悔禍，復罹寇逆。嫡嗣廢黜，宗枝僭詐，天地板蕩，紀綱泯絶。霸先爰初投袂，大拯横流，重舉義兵，實戡多難。廢王立帝，寔有厥功，安國定社，用盡其力，是謂小康，方期大道。既而煙雲表色，日月呈祥，除舊布新，既彰玄象，遷虞事夏，且協謳謌，九域八荒，同布衷款，百神羣祀，皆有誠願，梁帝高謝萬邦，授以大寶。霸先自惟菲薄，讓德不嗣，至于再三，辭弗獲許。僉以百姓須主〔三〕，萬機難曠，皇靈眷命，非可謙拒。畏天之威，用膺嘉祚，永言夙志，能無慙德。敬簡元辰，升壇受禪，告類上帝，用答甿心，永保于我有陳，惟明靈尚饗。

先是氛霧雨雪，晝夜晦冥，至是日，景氣清晏。禮畢，輿駕還宮，臨太極前殿，大赦，改元。賜百姓爵二級，文武二等。鰥寡孤獨不能自存者，人穀五斛。逋租宿責，皆勿復收。有犯鄉論清議、贓汙淫盜者，皆洗除先注，與之更始。其長徒敕繫，特皆原之。亡官失爵，禁錮奪勞，一依舊典。又詔以江陰郡奉梁主爲江陰王，行梁正朔，車旗服色，一依前準。梁皇太后爲江陰國太妃，皇后爲江陰國妃。又詔百司各依位攝職。丙子，幸鍾山，祭蔣帝廟。戊寅，幸華林園覽辭訟，臨赦囚徒。己卯，分遣大使宣勞四方。庚辰，詔出佛牙於杜姥宅，集四部設無遮大會。辛巳，追尊皇考曰景皇帝，廟號太祖，皇妣董太夫人曰安皇后，前夫人錢氏爲昭皇后，世子克爲孝懷太子。立夫人章氏爲皇后。癸未，尊景帝陵曰瑞陵、昭皇后陵曰嘉陵，依梁初園陵故事。立删定郎，刊定律令。戊子，遷景皇帝神主祔于太廟。

是月，西討都督周文育、侯安都於郢州敗績，没于王琳。

十一月丙申，封皇兄子長城縣侯蒨爲臨川郡王，頊襲封始興郡王，皇弟子曇朗襲封南康郡王。庚申，都下火。

十二月庚辰，皇后謁太廟。

是歲，周閔帝元年，及九月，冢宰宇文護廢閔帝而奉明帝。又爲明帝元年。

二年春正月乙未，以車騎將軍、開府儀同三司侯瑱爲司空。辛丑，祀南郊；大赦。甲寅，遣中書舍人韋鼎策吴興楚王神爲帝。戊午，祀明堂。

二月壬申，南豫州刺史沈泰奔齊。辛卯，詔司空侯瑱總督水陸衆軍以禦齊。

三月，王琳立梁永嘉王蕭莊以奉梁後，即位于郢州。

夏四月甲子，祀太廟。乙丑，江陰王殂，陳志也。追謚梁敬帝。詔太宰弔祭，司空監護喪事。以梁武林侯蕭諮子季卿嗣爲江陰王。戊辰，重雲殿東鴟尾有紫煙屬天。

五月乙未，都下地震。壬寅，立梁邵陵攜王廟室，祭以太牢。辛酉，帝幸大莊嚴寺，捨身。壬戌，羣臣表請還宮。

六月己巳，詔司空侯瑱、領軍將軍徐度討王琳〔三二〕。初，侯景之平也，太極殿被焚，承聖中議欲營之，獨闕一柱。秋七月，有樟木大十八圍，長四丈五尺，流泊陶家後渚，監軍鄒子度以聞。詔中書令沈衆兼起部尚書，構太極殿。

八月，周文育、侯安都等於王琳所逃歸，自劾廷尉，即日引見，宥之，並復本官。丁亥，加江州刺史周迪平南將軍、開府儀同三司。

冬十月庚午，遣鎮南將軍周文育都督衆軍出豫章，討余孝勱。乙亥，幸莊嚴寺，發金光明經題。丁酉〔三三〕，加高州刺史黄法𣰰平南將軍、開府儀同三司。

十二月甲子，幸大莊嚴寺，設無㝵大會，捨乘輿法物，羣臣備法駕奉迎，即日還宫。丙戌，加北江州刺史熊曇朗平西將軍、開府儀同三司。

三年春正月丁酉，鎮南將軍、廣州刺史歐陽頠即本號開府儀同三司。是夜大雪，及旦，太極殿前有龍跡見。甲子，廣州言仙人見于羅浮山寺小石樓〔三四〕。

二月辛酉，加平西將軍、桂州刺史淳于量鎮西大將軍、開府儀同三司。

夏閏四月甲午，詔依前代置西省學士，兼取伎術士。是時久不雨。丙午，幸鍾山祭蔣帝廟。是日降雨，迄于月晦。

五月丙辰朔，日有蝕之。有司奏舊儀帝御前殿，服朱紗袍、通天冠〔三五〕。詔曰：「此乃前代承用，意有未同，合朔仰助太陽，宜備衮冕之服，自今永可爲準。」丙子〔三六〕，扶南國遣使朝貢。乙酉，北江州刺史熊曇朗殺都督周文育，舉兵反。王琳遣其將常衆愛、曹慶率兵援余孝勱。

六月戊子，儀同侯安都敗衆愛等於左里，獲琳從弟襲、主帥羊暕等四十餘人〔三七〕，衆愛遁走。庚寅，廬山人斬之，傳首建鄴。甲午，衆軍凱歸。

丁酉，帝不豫，遣兼太宰、尚書右僕射王通以疾告太廟〔三八〕，兼太宰、中書令謝哲告太社、南北郊。辛丑，帝小瘳。故司空周文育之柩至自建昌。壬寅，帝素服哭于朝堂，哀甚。癸卯，上臨訊獄訟。是夜，熒惑在天尊，上疾甚。丙午，帝崩于璿璣殿，時年五十七。遺詔追臨川王蒨入纘大業。甲寅，殯于太極殿西階。八月甲午，羣臣上謚曰武皇帝，廟號高祖。丙申，葬萬安陵。

帝雄武多英略，性甚仁愛。及居阿衡，恒崇寬簡。雅尚儉素，常膳不過數品。私饗曲宴，皆瓦器蚌盤，肴核庶羞，裁令充足，不爲虚費。初平侯景及立敬帝，子女玉帛皆班將士。其充閨房者，衣不重采，飾無金翠，聲樂不列於前。踐祚之後，彌厲恭儉。故能隆功茂德，光于江左云。

世祖文皇帝諱蒨，字子華，始興昭烈王之長子也。少沈敏，有識量，美容儀，留意經史。武帝甚愛之，常稱吾家英秀。梁太清初，帝夢兩日鬭，一大一小，大者光滅墜地，色正黄，其大如斗，帝三分取一懷之。侯景之亂，避地臨安縣郭文舉舊宅。及武帝舉兵南下，景遣吴興太守信都遵收帝及衡陽獻王出都。帝乃密袖小刀，候見景欲圖之。及至，以付郎中王翻幽守，故其事不遂。武帝圍石頭，景欲加害者數矣，會景敗，乃得出。

起家吴興太守。武帝之討王僧辯也，先召帝與謀。時僧辯壻杜龕據吴興，兵衆甚盛，武帝密令帝還長城，立栅備之。龕遣將杜泰乘虚掩至，將士相視失色，帝言笑自若，部分益明，於是衆心乃定。及武帝遣周文育討龕，帝遣將軍劉澄、蔣元舉攻下龕。拜會稽太守。武帝受禪，立爲臨川王。夢梁武帝以寶刀授己。周文育、侯安都之敗於沌口，武帝詔帝入總軍政。尋命率兵城南皖。永定三年六月丙午，武帝崩，皇后稱遺詔徵帝入纂皇統。甲寅，至自南皖，入居中書省。皇后令帝嗣膺寶籙，帝辭讓至于再三，公卿固請，其日即皇帝位於太極前殿，大赦，詔州郡悉停奔赴。

秋七月丙辰，尊皇后爲皇太后。辛酉，以司空侯瑱爲太尉，以南豫州刺史侯安都爲司空，以南徐州刺史徐度爲侍中、中撫軍將軍、開府儀同三司。乙丑，重雲殿災。

八月庚戌，立皇子伯茂爲始興王，奉昭烈王後，徙封始興嗣王頊爲安成王。

九月辛酉，立皇子伯宗爲皇太子〔三九〕，王公以下賜帛各有差。乙亥，立妃沈氏爲皇后。

冬十月甲子〔四〇〕，齊文宣帝殂。

十一月乙卯，王琳寇大雷，詔太尉侯瑱、司空侯安都、儀同徐度禦之。

是歲，周明帝改天王稱皇帝，復建年號曰武成元年。

天嘉元年春正月癸丑，大赦，改元。詔賜鰥寡孤獨不能自存者，人粟五斛。孝悌力田，殊行異等，加爵一級。甲寅，分遣使者宣勞四方。辛酉，祀南郊。詔賜人爵一級。

二月丙申，太尉侯瑱敗王琳于梁山，敗齊兵于博望，禽齊將劉伯球。王琳及其主蕭莊奔齊。庚子，分遣使者齎璽書宣勞四方。乙巳，遣太尉侯瑱鎮盆城。庚戌，立武帝第六子昌爲衡陽王。

三月丙辰，蕭莊所署郢州刺史孫瑒舉州内附。丁巳，江州刺史周迪平南中，斬賊帥熊曇朗，傳首建鄴。戊午，齊軍棄魯山城走，詔南豫州刺史程靈洗守之。丙子，衡陽王昌沈于江。

夏四月丁亥，立皇子伯信爲衡陽王，奉獻王後。

辛丑，周明帝崩。

六月辛巳，改謚皇祖妣景安皇后曰景文皇后。壬辰，詔改葬梁元帝於江寧舊塋，車旗禮章〔四一〕，悉同梁典〔四二〕，仍依魏葬漢獻帝故事。甲午，追策故始興昭烈王妃曰孝妃。辛丑，國哀周忌，上臨于太極前殿，百僚陪哭。赦建鄴殊死以下。

秋七月丙辰，立皇子伯山爲鄱陽王。

八月壬午，齊孝昭帝廢其主殷而自立〔四三〕。戊子，詔非兵器及國容所須，金銀珠玉衣服雜玩，悉皆禁斷。丁酉，幸正陽堂閱武。

九月癸丑，彗星見。乙卯，周將獨孤盛領水軍趣巴、湘，與賀若敦水陸俱進，太尉侯瑱自尋陽禦之。

冬十月癸巳，侯瑱襲破獨孤盛於楊葉洲，盛登岸築城自保。丁酉，詔司空侯安都率衆會侯瑱南拒周軍。

十二月己亥，周巴陵城主尉遲憲降。庚子，獨孤盛潛遁走。

二年春正月庚戌，大赦。辛未，周湘州城主殷亮降，湘州平。

二月庚寅，曲赦湘州諸郡。

三月乙卯，太尉、湘州刺史侯瑱薨。

夏六月己亥，齊人通好。

秋七月丙午，周將賀若敦遁歸，武陵、天門、南平、義陽、河東、宜都郡悉平。

九月甲寅，詔以故太尉侯瑱、故司空周文育、故開府儀同三司杜僧明、故中護軍胡穎、故領軍陳擬配食武帝廟庭。

冬十月癸丑〔四四〕，霍州西山蠻率部内屬。乙卯，高麗國遣使朝貢〔四五〕。

十一月甲辰，齊孝昭帝殂。

十二月甲申，立始興國廟于都下，用王者禮。以國用不足，立煮海鹽傅及榷酤科〔四六〕。先是縉州刺史留異應王琳，丙戌，詔司空侯安都討之。

是歲，周武帝保定元年。

三年春正月庚戌，設帷宮於南郊，幣告胡公以配天。辛亥，祀南郊，詔賜人爵一級，孝悌力田加一等。

二月，梁宣帝殂〔四七〕。

閏月己酉，以百濟王餘明爲撫東大將軍，高麗王高湯爲寧東將軍。江州刺史周迪舉兵應留異。甲子，改鑄五銖錢。

三月丙子，安成王頊至自周。丁丑，以安右將軍吳明徹爲安南將軍、江州刺史，督衆軍南討。甲申，大赦。庚寅，司空侯安都破留異於桃支嶺〔四八〕，異奔晉安，東陽郡平。

夏四月癸卯，曲赦東陽郡。乙巳，齊人來聘。

秋七月己丑，皇太子納妃王氏，在位文武賜帛各有差，孝悌力田爲父後者，賜爵二級。

九月戊辰朔，日有蝕之。以侍中到仲舉爲尚書右僕射。丁亥，周迪請降。

四年春正月丙子，干陁利國遣使朝貢。甲申，周迪走投閩州，刺史陳寶應納之。

夏四月辛丑，設無㝵大會，捨身於太極前殿。乙卯，加驃騎將軍、揚州刺史安成王頊開府儀同三司。

六月癸巳，司空侯安都賜死。

秋九月壬戌，開府儀同三司、廣州刺史歐陽頠薨。癸亥，曲赦都下。辛未，周迪復寇臨川，詔護軍將軍章昭達討平之。

冬十二月丙申，大赦。詔昭達進軍建安，討陳寶應。

五年春三月壬午，詔以故護軍將軍周鐵武配食武帝廟庭。

夏五月，周、齊並遣使來聘。

秋七月丁丑，曲赦都下。

九月，城西城。

冬十一月己丑，章昭達禽陳寶應、留異，送建鄴，晉安郡平。甲辰，以護軍將軍章昭達爲鎮軍將軍、開府儀同三司〔四九〕。

十二月甲子，曲赦建安、晉安二郡。討陳寶應將士死王事者，並給棺槥，送還本鄉，并復其家。癸未，齊人來聘。

六年春正月甲午，皇太子加元服，王公以下，賜帛各有差，孝悌力田爲父後者，賜爵一級，鰥寡孤獨不能自存者，穀人五斛。

夏四月甲寅，以開府儀同三司、揚州刺史安成王頊爲司空。

五月，齊武成帝傳位於太子緯〔五〇〕，自號太上皇帝。

六月辛酉，彗星見于上台北。周人來聘。

秋七月癸未，有大風自西南至，廣百餘步，激壞靈臺候樓。甲申，儀賢堂無故自壞。丙戌，臨川太守駱牙斬周迪，傳首建鄴，梟於朱雀航。

八月己卯，立皇子伯固爲新安王，伯恭爲晉安王，伯仁爲廬陵王，伯義爲江夏王。九月，新作大航。

冬十月辛亥，齊人來聘。

十二月乙卯，立皇子伯禮爲武陵王。癸亥，曲赦都下。

天康元年春二月丙子，大赦，改元。

三月己卯，以司空安成王頊爲尚書令。

夏四月乙卯，皇孫至澤生，賜在位文武帛各有差，爲父後者賜爵一級。癸酉，皇帝崩于有覺殿。遺詔皇太子可即君臨，山陵務存儉速，大斂竟，羣臣三日一臨，公除之制，率依舊典。六月甲子，羣臣上謚曰文皇帝，廟號世祖。丙寅，葬永寧陵。

文帝起自布衣，知百姓疾苦，國家資用，務從儉約。妙識真僞，下不容姦。一夜內刺閨取外事分判者，前後相續。每雞人伺漏傳籤於殿中者，令投籤於階石上，鎗然有聲，云：「吾雖得眠，亦令驚覺。」其自彊若此云。

廢帝諱伯宗，字奉業，小字藥王，文帝嫡長子也。梁承聖三年五月庚寅生。永定二年二月戊辰，拜臨川王世子。三年，文帝嗣位，八月庚戌，立爲皇太子。自梁室亂離，東宮焚爐，太子居于永福省。

天康元年四月癸酉，文帝崩，是日太子即皇帝位于太極前殿，大赦。詔内外文武各復其職，遠方悉停奔赴。

五月己卯，尊皇太后曰太皇太后，皇后曰皇太后。庚寅，以司空、揚州刺史、新除尚書令安成王頊爲司徒、録尚書、都督中外諸軍事。丁酉，以中軍大將軍、開府儀同三司徐度爲司空，以鎮東將軍、東揚州刺史始興王伯茂爲征東將軍、開府儀同三司。以吏部尚書袁樞爲尚書左僕射。以吴興太守沈欽爲右僕射。

秋七月丁酉，立妃王氏爲皇后。

冬十月庚申，享太廟。

十一月乙亥，周人來弔。

十二月甲子，高麗國遣使朝貢。

是歲，周天和元年。

光大元年春正月癸酉，尚書左僕射袁樞卒。乙亥，大赦，改元，賜孝悌力田爵一級。辛卯，祀南郊。

二月辛亥，南豫州刺史余孝頃謀反，伏誅。

三月甲午，以尚書右僕射沈欽爲侍中、尚書僕射。

夏五月乙未，湘州刺史華皎不從執政，丙申，以中撫軍大將軍淳于量爲征南大將軍，總舟師討之。

六月壬寅，以中軍大將軍、司空徐度爲車騎將軍，總督都下衆軍，自步道襲湘州。

秋七月戊申，立皇子至澤爲皇太子，賜天下爲父後者爵一級，王公以下賚帛各有差。

九月丙辰，百濟國遣使朝貢。是月，周將拓拔定入郢州，與華皎水陸俱進，都督淳于量、吴明徹等大破之，皎單舸奔江陵，禽定送建鄴。

冬十月辛巳，曲赦湘、巴二州爲皎所詿誤者。

十一月甲子，中權將軍、開府儀同三司王沖薨。

十二月庚寅，以儀同三司兼從事中郎孔英哲爲奉聖亭侯，奉孔子祀。

二年春正月己亥，司徒、安成王頊進位太傅，領司徒，加殊禮。以新除征南大將軍淳于量爲中軍大將軍，及安南將軍、湘州刺史吴明徹即本號並開府儀同三司。庚子，詔討華皎軍人死王事者，並給棺槥，送還本鄉，仍復其家。甲子，司空徐度薨。

夏五月丙辰，太傅安成王頊獻玉璽一。

六月丁亥，彗星見〔五一〕。

秋七月戊申，新羅國遣使朝貢。壬戌，立皇弟伯智爲永陽王，伯謀爲桂陽王。

九月，林邑、狼牙脩國並遣使朝貢。

冬十一月甲寅，慈訓太后令曰：「伯宗昔在儲宫，本無令問，及居崇極，遂騁凶淫。太傅親承顧託，義深垣屏，而攢塗未御，翌日無淹，仍遣劉師知、殷不佞等顯言排斥，陰謀禍亂，賴元相維持，但除君側。又以余孝頃密邇京師，便相徵召，宗社之靈，祆氛是滅。於是密詔華皎，稱兵上流，國祚憂惶，幾移醜類。又别敕歐陽紇等攻逼衡州，嶺表紛紜，殊淹弦望。但賊豎皆亡，日望懲改，而悖禮忘德，情性不悛。盪主侯法喜等，太傅麾下，恒游府内，啗以深利，謀興肘腋；又盪主孫泰等潛相連結，大有交通，天誘其衷，自然開發。此諸文迹，今以相示，豈可復肅恭禋祀，臨御生靈。今可特降爲臨海郡王，送還藩邸。太傅安成王，固天生德，齊聖廣深，二后鍾心，三靈佇眷。自前朝不豫，任總邦家，威惠相宣，刑禮兼設。且地彰靈璽，天表長彗，布新除舊，禎祥咸顯。文皇知子之鑒，事甚帝堯，傳弟之懷，久符太伯〔五二〕。今可還申舊志，崇立賢君，中外宜依舊典〔五三〕，奉迎輿駕。」是日，帝出居別第。太建二年四月乙卯薨，時年十九〔五四〕。

帝性仁弱，無人君之器，及即尊位，政刑皆歸冢宰，故宣太后稱文帝遺志而廢焉。

論曰：陳武帝以雄毅之姿，屬殷憂之運，功存拯溺，道濟橫流，應變無方，蓋惟人傑。及乎西都盪覆，江表阽危，僧辯任同伊尹，空結桐宮之恨，貞陽入假秦兵，不息穆嬴之泣〔五五〕。帝乘隙以舉，乃蹈玄機，王業所基，始自於此，柴天改物，蓋有憑云。文帝以宗枝承統，情存兢惕，加以崇尚儒術，愛悅文義，恭儉行己，勤勞濟物，志度弘遠，有前哲之風，至於臨下明察，得永平之政矣。臨海懦弱，有同於帝摯，文后雖欲不鑒殷道，蓋亦其可得邪。

校勘記

〔一〕徙爲新喻侯蕭映傳教　「新喻」，原作「新諭」，據南監本、北監本、殿本及陳書卷一高祖紀上、御覽卷一三三引陳書、册府卷一八六、通志卷一四改。按宋書卷三六州郡志二、南齊書卷一四州郡志上、隋書卷三一地理志下並作「新喻」。

〔二〕僧明後有功業遂降　陳書卷一高祖紀上、御覽卷一三三引陳書、册府卷一八六無「後有功業」四字，疑此句有訛倒。

〔三〕封新安縣子　「新安」，原作「新枋」，據陳書卷一高祖紀上、御覽卷一三三引陳書、册府卷一八六改。

〔四〕時寧都人劉藹等資高州刺史李遷仕舟艦兵仗　「劉藹」，陳書卷八杜僧明傳、周文育傳作「劉孝尚」。孝尚或爲劉藹之字。

〔五〕帝率杜僧明等合三萬人將會焉　「人」字原脱，據陳書卷一高祖紀上、御覽卷一三三引陳書、册府卷一八六補。

〔六〕帝先貯軍糧五十萬石　「貯」，原作「計」，據陳書卷一高祖紀上、御覽卷一三三引陳書、册府卷一八六改。

〔七〕三年帝帥師發自豫章　按王鳴盛商榷卷五五：「大寶本無三年，簡文帝已於去年被弑矣。是年實元帝之承聖元年，但爾時尚未即位，事無所繫，史家姑就陳高祖語，故書大寶三年。」

〔八〕齊遣將辛術圍嚴超達於秦郡　「於」，原作「摩」，據宋乙本壹、北監本、殿本及陳書卷一高祖紀上、御覽卷一三三引陳書、册府卷一八六、通志卷一四改。

〔九〕三年三月進帝位司空　梁書卷五元帝紀書此事於四月癸酉。

〔一〇〕壬子　下有甲戌、丁丑。按紹泰元年九月戊寅朔，是月無壬子、甲戌、丁丑。十月戊申朔，初五日壬子，二十七日甲戌，三十日丁丑。「壬子」上疑當有「冬十月」三字。

〔一一〕周鐵武率舟師斷齊運輸　周鐵武，本名周鐵虎，陳書卷一〇有傳。此避唐諱而改。

〔一二〕對冶城立航　「立」前原衍「日」字，據陳書卷一高祖紀上、通鑑卷一六六梁紀二二紹泰元年、通志卷一四刪。

〔一三〕一升米貿絹一匹　「一匹」，通志卷一四作「五匹」。

〔一四〕會文帝遣送米三千石　「三千」，建康實録卷一七作「二千」。

〔一五〕婫以鴨肉　「婫」，南監本、北監本、汲本、殿本及通志卷一四作「混」。

〔一六〕是時以賞俘貿酒者　「是」，原作「衆」，據宋乙本壹、南監本、北監本、汲本、殿本改。

〔一七〕斬劉歸義徐嗣産傅野豬于建康市　「徐嗣産」，陳書卷一高祖紀上作「徐嗣彦」。

〔一八〕皇弟休光侍中南徐州刺史武康縣侯　「休光」，陳書卷一高祖紀上作「休先」。按陳書卷一四南康愍王曇朗傳有忠壯王休先，疑是。「縣侯」，陳書卷一四南康愍王曇朗傳作「縣公」。

〔一九〕遣其將歐陽頠傅泰及其子孜爲前軍　「其子孜」，梁書卷六敬帝紀作「從子孜」。通鑑考異：「陳書、南史周文育傳皆作『子』。今從梁書帝紀。」

〔二〇〕援横流於碣石　「援」，陳書卷一高祖紀上、册府卷一八六作「拯」。

〔二一〕鞠旅於溟池之南　「溟池」，陳書卷一高祖紀上、英華卷四四七作「滇池」，册府卷一八六作

「潢池」。

〔二二〕陶璜之所未開　「開」，陳書卷一高祖紀上、英華卷四四七、册府卷一八六作「闢」。

〔二三〕遠邇朋心　「朋」，原作「崩」，據南監本、北監本、汲本、殿本及陳書卷一高祖紀上改。

〔二四〕衣製杖戎　「戎」，陳書卷一高祖紀上、册府卷一八六作「戈」。按左傳哀公二十七年，「成子衣製杖戈」。此蓋用其典，當作「戈」。

〔二五〕昃食高春　「昃」，原作「仄」，據殿本及陳書卷一高祖紀上、英華卷四四七改。

〔二六〕用百姓以爲心　「用」，原作「周」，據宋乙本壹及陳書卷一高祖紀上、英華卷四四七、册府卷一八六改。

〔二七〕跨厲嵩溟　「溟」，原作「滇」，據北監本、殿本及陳書卷一高祖紀上改。

〔二八〕南徐州之晉陵信安　「信安」，陳書卷一高祖紀上、册府卷一八六作「信義」。按宋書卷三五州郡志一、南齊書卷一四州郡志上，信安爲揚州東陽郡轄縣，非南徐州轄郡。隋書卷三一地理志下吴郡常熟縣，本注：「舊曰南沙，梁置信義郡。平陳廢。」又據信安郡高要縣本注，大業初於嶺南置信安郡。可見陳有信義郡，而無信安郡，疑當作「信義」。

〔二九〕乃臮天成輕弄龜鼎　「臮」原作「聚」，「弄」原作「筭」，並據南監本、北監本、殿本及陳書卷一高祖紀上改。按馬宗霍校證：「『臮』爲古文『暨』字，義猶『及』也。」

〔三〇〕震澤稽陰　「稽陰」，原作「稽塗」，據陳書卷一高祖紀上改。按十駕齋養新録卷六官名地名從省：「會稽、山陰爲『稽陰』。」

〔三一〕僉以百姓須主　「主」，原作「王」，據宋乙本壹、殿本及陳書卷二高祖紀下改。

〔三二〕詔司空侯瑱領軍將軍徐度討王琳　「侯瑱」，原作「侯填」，據陳書卷二高祖紀下改。

〔三三〕丁酉　按是年十月辛酉朔，無丁酉；十一月庚寅朔，初八日丁酉。疑「丁酉」前脱「十一月」。

〔三四〕甲子廣州言仙人見于羅浮山寺小石樓　「甲子」，陳書卷二高祖紀下、御覽卷一三三引陳書作「甲午」。按本書本月甲子前有丁酉，正月己丑朔，無甲子，初六日甲午，初九日丁酉。若爲「甲午」，當在丁酉前。

〔三五〕服朱紗袍通天冠　「袍」，原作「裹」，據陳書卷二高祖紀下、建康實録卷一九、通志卷一四改。

〔三六〕丙子　陳書卷二高祖紀下作「景寅」。按景寅即丙寅（避唐諱改），五月丙辰朔，十一日丙寅，二十一日丙子，未詳孰是。

〔三七〕獲琳從弟襲主帥羊暕等四十餘人　「四十」，陳書卷二高祖紀下、御覽卷一三三引陳書作「三十」。

〔三八〕遣兼太宰尚書右僕射王通以疾告太廟　「右僕射」，陳書卷二高祖紀下作「左僕射」。按梁書卷六敬帝紀，太平二年春正月「以尚書右僕射王通爲尚書左僕射」。其時王通當爲尚書左僕射。

〔三九〕九月辛酉立皇子伯宗爲皇太子　「九月辛酉」，陳書卷四廢帝紀作「八月庚戌」，按八月乙酉朔，二十六日庚戌；九月乙卯朔，初七日辛酉。

〔四〇〕冬十月甲子　「甲子」，北齊書卷四文宣紀作「甲午」。按十月乙酉朔，初十日甲午，無甲子。疑爲「甲午」之訛。

〔四一〕車旗禮章　「旗」，原作「騎」，據宋乙本壹及陳書卷三世祖紀、建康實録卷一九、通鑑卷一六八陳紀二天嘉元年、通志卷一四改。

〔四二〕悉同梁典　「同」，南監本、北監本、殿本及陳書卷三世祖紀、通鑑卷一六八陳紀二天嘉元年作「用」。

〔四三〕齊孝昭帝廢其主殷而自立　「其主」，原作「太子」，據宋乙本壹、南監本、北監本、汲本、殿本及通志卷一四改。

〔四四〕冬十月癸丑　「癸丑」，陳書卷三世祖紀作「乙巳」。按十月癸酉朔，無癸丑、乙巳；十一月癸卯朔，初三日乙巳，十一日癸丑。

〔四五〕乙卯高麗國遣使朝貢　陳書卷三世祖紀書此事於十一月。按是歲十月無乙卯，十一月十三日乙卯。

〔四六〕立煮海鹽傅及榷酤科　「傅」，原作「傳」，陳書卷三世祖紀、通鑑卷一六八陳紀二天嘉二年作「賦」，與「傅」通，今改正。

〔四七〕二月梁宣帝殂　周書卷五武帝紀書此於保定二年二月，通鑑卷一六八陳紀二天嘉三年書此於閏二月。按是年北周閏正月，南陳閏二月，周二月實陳之閏二月也。

〔四八〕司空侯安都破留異於桃支嶺　「桃支嶺」，原作「姚支嶺」，據宋乙本壹及陳書卷三世祖紀改。

〔四九〕以護軍將軍章昭達爲鎮軍將軍開府儀同三司　「鎮軍將軍」，陳書卷三世祖紀、卷一一章昭達傳作「鎮前將軍」。按陳書世祖紀又載天嘉六年十二月「丁巳，以鎮前將軍、開府儀同三司章昭達爲鎮南將軍、江州刺史」。疑當作「鎮前將軍」。

〔五〇〕五月齊武成帝傳位於太子緯　北齊書卷七武成紀、通鑑卷一六九陳紀三天嘉六年書此事於四月。

〔五一〕六月丁亥彗星見　「丁亥」，陳書卷四廢帝紀、建康實録卷一九作「丁卯」。按六月甲子朔，初四日丁卯，二十四日丁亥。

〔五二〕久符太伯　「久」，南監本、汲本及陳書卷四廢帝紀、通鑑卷一七〇陳紀四光大二年、册府卷一八八作「又」，建康實録卷一九作「允」。

〔五三〕中外宜依舊典　「中」字原脱，據南監本、北監本、汲本、殿本及陳書卷四廢帝紀、册府卷一八八補。

〔五四〕時年十九　按廢帝以梁承聖三年（五五四）生，至太建二年（五七〇）卒，終年十七。

〔五五〕不息穆嬴之泣　「息」，陳書卷二高祖紀下作「思」。

南史卷十

陳本紀下第十

高宗孝宣皇帝諱頊，字紹世，小字師利，始興昭烈王第二子也。梁中大通二年七月辛酉生〔一〕，有赤光滿室。少寬容，多智略。及長，美容儀，身長八尺三寸，垂手過膝，有勇力，善騎射。武帝平侯景，鎮京口，梁元帝徵武帝子姪入侍，武帝遣帝赴江陵。累官爲中書侍郎。時有軍主李總與帝有舊，每同游處，帝嘗夜被酒，張燈而寐，總適出，尋反，乃見帝是大龍，便驚走他室。魏平江陵，遷于長安。帝貌若不慧，魏將楊忠門客張子煦見而奇之，曰：「此人虎頭，當大貴也。」

永定元年，遥襲封始興郡王。文帝嗣位，改封安成王。天嘉三年，自周還，授侍中、中書監、中衞將軍，置佐吏。歷位司空、尚書令。廢帝即位，拜司徒、録尚書、都督中外諸軍事。光大二年正月，進位太傅，領司徒，加殊禮，劍履上殿。十一月甲寅，慈訓太后黜廢帝爲臨海王，以帝入纘皇統。

是月，齊武成帝殂。

太建元年春正月甲午，皇帝即位於太極前殿，大赦，改元。文武賜位一階，孝悌力田及爲父後者，賜爵一級，鰥寡不能自存者，人賜穀五斛。復太皇太后尊號曰皇太后。立妃柳氏爲皇后，世子叔寶爲皇太子。封皇子江州刺史康樂侯叔陵爲始興王，奉昭烈王祀。乙未，謁太廟。丁酉，分命大使，觀省四方風俗。以尚書僕射沈欽爲左僕射，度支尚書王勱爲右僕射。辛丑，祀南郊。壬寅，封皇子建安侯叔英爲豫章王，豐城侯叔堅爲長沙王。

二月乙亥，耕藉田。

夏五月甲午，齊人來聘。丁巳，以吏部尚書徐陵爲尚書右僕射。

秋七月辛卯，皇太子納妃沈氏，王公以下賜帛各有差。

冬十月，新除左衛將軍歐陽紇據廣州反。辛未，遣開府儀同三司章昭達討之。

二年春二月癸未，章昭達禽歐陽紇送都，斬于建康市，廣州平。

三月丙申，皇太后崩。丙午，曲赦廣、衡二州。丁未，大赦。又詔自討周迪、華皎以來，兵所有死亡者，並令收斂，并給棺槥，送還本鄉。

夏四月乙卯，臨海王伯宗薨。戊寅，皇太后祔葬于萬安陵。

五月壬午，齊人來弔。

六月戊子，新羅國遣使朝貢。辛卯，大雨雹。乙巳，分遣大使巡州郡，省冤屈。

冬十一月辛酉，高麗國遣使朝貢。

十二月癸巳，雷。

三年春正月癸丑，以尚書右僕射徐陵爲尚書僕射。辛酉，祀南郊。

二月辛巳，祀明堂。丁酉，耕藉田。

三月丁丑，大赦。

夏四月壬辰，齊人來聘。

五月辛亥，高麗、新羅、丹丹、天竺、盤盤等國並遣使朝貢。

六月丁亥，江陰王蕭季卿以罪免。甲辰，封東中郎長沙王府諮議參軍蕭彝爲江陰王。

冬十月乙酉，周人來聘。

十二月壬辰，司空章昭達薨。

四年春正月丙午，以尚書僕射徐陵爲左僕射，中書監王勱爲右僕射。

二月乙酉，立皇子叔卿爲建安王。

三月乙丑，扶南、林邑國並遣使朝貢。

夏五月癸卯，尚書右僕射王勱卒。是月，周人誅冢宰宇文護〔二〕。

秋八月辛未，周人來聘。

九月庚子朔，日有蝕之。辛亥，大赦。丙寅，以故太尉徐度，儀同三司杜稜、程靈洗配食武帝廟庭；故司空章昭達配食文帝廟庭。

冬十一月己亥，地震。

是歲，周建德元年。

五年春正月癸酉，以吏部尚書沈君理爲尚書右僕射，領吏部。辛巳，祀南郊。

二月辛丑，祀明堂。乙卯夜，有白氣如虹，自北方貫北斗紫宫。

三月壬午，以開府儀同三司吴明徹都督征討諸軍事，略地北邊。丙戌，西衡州獻馬生角。己丑，皇孫胤生，内外文武賜帛各有差，爲父後者賜爵一級。

夏六月癸卯，周人來聘〔三〕。

秋九月癸未，尚書右僕射沈君理卒。壬辰晦，夜明。

冬十月己亥，以特進周弘正爲尚書右僕射。乙巳，吴明徹剋壽陽城，斬王琳，傳首建鄴，梟于朱雀航。

十二月壬辰，詔熊曇朗、留異、陳寶應、周迪、鄧緒等及王琳首並還親屬，以弘廣宥。乙巳，立皇子叔明爲宜都王，叔獻爲河東王。

是歲，諸軍略地，所在剋捷。

六年春正月壬戌，赦江右淮北諸州。甲申，周人來聘。高麗國遣使朝貢。

二月壬辰朔，日有蝕之。辛亥，耕藉田。

夏四月庚子，彗星見。

六月壬辰，尚書右僕射周弘正卒。

冬十一月乙亥，詔北邊行軍之所，並給復十年。

十二月戊戌，以吏部尚書王瑒爲尚書右僕射。

七年春正月辛未，祀南郊。

三月辛未，詔豫、二兗、譙、徐、合、霍、南司、定九州及南豫、江、郢所部在江北諸郡，置雲旗義士，往大軍及諸鎮備防。

夏四月丙戌，有星孛于大角。庚寅，監豫州陳桃根獻青牛，詔以還百姓。乙未，桃根又上織成羅紋錦被表各二〔四〕，詔於雲龍門外焚之。壬子，郢州獻瑞鍾六。

六月丙戌，詔爲北行將士死王事者，剋日舉哀。壬辰，以尚書右僕射王瑒爲尚書僕射。己酉，改作雲龍、神獸門〔五〕。

秋八月癸卯，周人來聘。

閏九月壬辰，都督吳明徹大破齊軍於呂梁。是月，甘露頻降樂游苑。丁未，輿駕幸苑採甘露，宴羣臣，詔於苑龍舟山立甘露亭。

冬十月己巳，立皇子叔齊爲新蔡王，叔文爲晉熙王。

十二月壬戌，以尚書僕射王瑒爲左僕射，太子詹事陸繕爲右僕射。甲子，南康郡獻瑞鍾一。

八年春二月壬申，以開府儀同三司吳明徹爲司空。

夏五月庚寅，尚書左僕射王瑒卒。

六月甲寅，以尚書右僕射陸繕爲左僕射，新除晉陵太守王克爲右僕射〔六〕。

秋九月戊戌，立皇子叔彪爲淮南王。

九年春正月乙亥，齊主傳位於其太子恒，自號太上皇。

是月，周滅齊。

二月壬子，耕藉田。

秋七月己卯，百濟國遣使朝貢。庚辰，大雨，震萬安陵華表。己丑，震慧日寺刹及瓦官寺重門，一女子震死。

冬十月戊午，司空吳明徹破周將梁士彦於吕梁。

十二月戊申，東宫成，皇太子移于新宫。

十年春二月甲子，周軍救梁士彦，大敗司空吳明徹於吕梁，及將卒皆見囚俘不反。

三月辛未，震武庫。丙子，分命衆軍以備周。乙酉，大赦。

夏四月庚戌，詔絓在軍者，並賜爵二級。又詔御府堂署所營造，禮樂儀服軍器之外，悉皆停息。掖庭常供，王侯妃主諸有奉卹者，並各量減。庚申，大雨雹。

六月丁酉，周武帝崩。

閏六月丁卯〔七〕，大雨，震大皇寺刹、莊嚴寺露盤、重陽閣東樓、千秋門内槐樹及鴻臚府門。

秋七月戊戌，新羅國遣使朝貢。

八月戊寅，隕霜殺稻菽。

九月乙巳，立方明壇于婁湖。戊申，以揚州刺史始興王叔陵兼王官伯，臨盟。甲寅，幸婁湖，臨誓衆。乙卯，分遣大使以盟誓班下四方，以上下相警。

冬十月戊子，以尚書左僕射陸繕爲尚書僕射。

十二月乙亥，合州廬江蠻田伯興出寇樅陽，刺史魯廣達討平之。

是歲，周宣政元年。

十一年春正月丁酉，南兗州言龍見。

二月癸亥，耕藉田。

秋七月辛卯，初用大貨六銖錢。

八月丁卯，幸大壯觀閱武。

冬十月甲戌，以尚書僕射陸繕爲尚書左僕射，以祠部尚書晉安王伯恭爲右僕射。十一月辛卯，大赦。戊戌，周將梁士彥圍壽陽，剋之。辛亥，又剋霍州。癸丑，以揚州刺史始興王叔陵爲大都督，總督水步衆軍。

十二月乙丑，南、北兗、晉三州及盱台、山陽、陽平、馬頭、秦、歷陽、沛、北譙、南梁等九郡民並自拔向建鄴。周又剋譙、北徐二州。自是淮南之地，盡歸于周矣。己巳，詔非軍國所須，多所減損，歸于儉約。

是歲，周宣帝大象元年。

十二年夏四月癸亥，尚書左僕射陸繕卒。己卯，大雩。壬午，雨。

五月癸巳，以尚書右僕射晉安王伯恭爲尚書僕射。己酉，周宣帝崩。

六月壬戌，大風，吹壞皋門中闥。

秋八月己未，周鄖州總管司馬消難以所統九州八鎮之地來降。詔因以消難爲大都督，加司空，封隨郡公。庚申，詔鎮西將軍樊毅進督沔、漢諸軍事。遣南豫州刺史任忠率衆趨歷陽，超武將軍陳慧紀爲前軍都督，趨南兗州。戊辰，以司空司馬消難爲大都督水陸諸軍事。庚午，通直散騎常侍淳于陵剋臨江郡〔八〕。癸酉，智武將軍魯廣達剋郭默城。甲戌，大雨霖。丙子，淳于陵剋祐州城。

九月癸未，周臨江太守劉顯光率衆來降。是夜，天東南有聲，如風水相激，三夜乃止。丁亥，周將王延貴率衆援歷陽，任忠擊破之，禽延貴等。己酉，周廣陵義軍主曹藥率衆來降。

冬十月癸丑，大雨，震電。

十二月庚辰，南徐州刺史河東王叔獻薨。

十三年春正月壬午，以中權將軍、護軍將軍鄱陽王伯山即本號開府儀同三司。以尚書僕射晉安王伯恭爲左僕射，吏部尚書袁憲爲右僕射。

二月乙亥，耕藉田。

秋九月癸亥夜，大風從西北來，發屋拔樹，大雨雹。

冬十月壬寅，丹丹國遣使朝貢。

十二月辛巳，彗星見西南。

是歲，周靜帝大定元年，遜位于隋文帝，改元開皇元年。

十四年春正月己酉，上弗豫。甲寅，崩于宣福殿，時年五十三。遺詔：「凡厥終制，事從省約，金銀之飾，不以入壙，明器皆用瓦。以日易月及公除之制，悉依舊準。在位百司，三日一臨。四方州鎮，五等諸侯，各守所職，並停奔赴。」二月辛卯，羣臣上謚曰孝宣皇帝，廟號高宗。癸巳，葬顯寧陵。

帝之在田，本有恢弘之度，及居尊位，寔允天人之屬。于時國步初弭，創痍未復，淮南之地，並入于齊。帝志復舊境，意反侵地，彊弱之形，理則縣絶，犯斯不韙，適足爲禽。及周兵滅齊，乘勝而舉，略地還至江際，自此懼矣。既而脩飾都城，爲扞禦之備，獲銘云：「二百年後，當有癡人脩破吾城者。」時莫測所從云。

後主諱叔寶，字元秀，小字黄奴，宣帝嫡長子也。梁承聖二年十一月戊寅，生于江陵。明年，魏平江陵，宣帝遷于長安，留後主於穰城。天嘉三年，歸建鄴，立爲安成王世子。光大二年，累遷侍中。

太建元年正月甲午，立爲皇太子。十四年正月甲寅，宣帝崩。乙卯，始興王叔陵構逆伏誅。丁巳，太子即皇帝位于太極前殿，大赦，在位文武及孝悌力田爲父後者，並賜爵一級，孤老鰥寡不能自存者，賜穀人五斛、帛二匹。癸亥，以侍中、丹陽尹、長沙王叔堅爲驃騎將軍、開府儀同三司、揚州刺史。乙丑，尊皇后爲皇太后。丁卯，立皇弟叔敦爲始興王〔九〕，奉昭烈王祀。己巳，立妃沈氏爲皇后。辛未，立皇弟叔儼爲尋陽王，叔慎爲岳陽王，叔達爲義陽王，叔熊爲巴山王〔一〇〕，叔虞爲武昌王。甲戌，設無㝵大會於太極前殿。

三月癸亥，詔内外衆官九品以上，各薦一人。又詔求忠讜，無所隱諱。己巳，以新除翊左將軍永陽王伯智爲尚書僕射。

夏四月丙申，立皇子永康公胤爲皇太子，賜天下爲父後者爵一級，王公以下賚帛各有差。庚子，詔：「鏤金銀薄、庶物化生、土木人、綵華之屬〔一一〕，及布帛短狹輕疎者，並傷財廢業，尤成蠹患。又僧尼道士，挾邪左道，不依經律，人間淫祀祆書諸珍怪事，詳爲條制，並皆禁絶。」

秋七月辛未，大赦。是月，自建鄴至荆州，江水色赤如血。

八月癸未，天有聲如風水相激。乙酉夜，又如之。

九月丙午，設無㝵大會於太極前殿，捨身及乘輿御服，大赦。辛亥夜，天東北有聲如蟲飛，漸移西北。丙寅，以驃騎將軍、開府儀同三司、揚州刺史長沙王叔堅爲司空，征南將軍、江州刺史豫章王叔英即本號開府儀同三司。

至德元年春正月壬寅，大赦，改元。以江州刺史豫章王叔英爲驃騎將軍、開府儀同三司，以司空、揚州刺史長沙王叔堅爲江州刺史、征東將軍、開府儀同三司〔二〕。癸卯，立皇子深爲始安王。

秋八月丁卯，以驃騎將軍、開府儀同三司長沙王叔堅爲司空。

九月丁巳，天東南有聲如蟲飛。

冬十月丁酉〔三〕，立皇弟叔平爲湘東王，叔敖爲臨賀王，叔宣爲陽山王，叔穆爲西陽王，叔儉爲南安王〔四〕，叔澄爲南郡王，叔興爲沅陵王，叔韶爲岳山王〔五〕，叔純爲新興王。

十二月丙辰，頭和國遣使朝貢。司空、長沙王叔堅有罪免。戊午夜，天開，自西北至東南，其内有青黄雜色，隆隆若雷聲。

二年春正月丁卯，分遣大使，巡省風俗。癸巳，大赦。

夏五月戊子，以吏部尚書江總爲尚書僕射。

秋七月壬午，皇太子加元服，在位文武賜帛各有差。孝悌力田爲父後者，賜爵一級；鰥寡癃老不能自存者，人穀五斛。

冬十一月丙寅，大赦。是月，盤盤、百濟國並遣使朝貢。

三年春正月戊午朔，日有蝕之。庚午，鎮左將軍長沙王叔堅即本號開府儀同三司。

三月辛酉，前豐州刺史章大寶舉兵反。

夏四月庚戌，豐州義軍主陳景詳斬大寶，傳首建鄴。

冬十月己丑，丹丹國遣使朝貢。

十一月己未，詔脩復仲尼廟。辛巳，幸長干寺，大赦。

十二月癸卯，高麗國遣使朝貢。

是歲，梁明帝殂。

四年春正月甲寅，詔王公以下各薦所知，無隔輿皁。

二月丙申，立皇弟叔謨爲巴東王，叔顯爲臨江王〔一六〕，叔坦爲新會王，叔隆爲新寧王。

夏五月丁巳，立皇子莊爲會稽王。

秋九月甲午，幸玄武湖，肄艫艦閲武。丁未，百濟國遣使朝貢。

冬十月癸亥，以尚書僕射江總爲尚書令，吏部尚書謝伷爲尚書僕射。

十一月己卯，大赦。

禎明元年春正月戊寅，大赦，改元。乙未，地震。

秋九月庚寅，梁太傅安平王蕭巖、荆州刺史蕭瓛，遣其都官尚書沈君公詣荆州刺史陳紀請降〔一七〕。辛卯，巖等帥其文武官男女濟江。甲午，大赦。

冬十一月丙子，以蕭巖爲平東將軍、開府儀同三司、東揚州刺史。丁亥，以驃騎大將軍、開府儀同三司豫章王叔英爲兼司徒。

十二月丙辰，以前鎮衛大將軍、開府儀同三司、東揚州刺史鄱陽王伯山爲鎮衛大將軍、開府儀同三司〔一八〕。

二年春正月辛巳，立皇子恮爲東陽王，恬爲錢唐王。

夏四月戊申，有羣鼠無數，自蔡洲岸入石頭，渡淮至于青塘兩岸〔一九〕，數日自死，隨流出江〔二〇〕。是月，郢州南浦水黑如墨。

五月甲午，東冶鑄鐵，有物赤色，大如數升〔二一〕，自天墜鎔所，有聲隆隆如雷，鐵飛出墻外，燒人家。

六月戊戌，扶南國遣使朝貢。庚子，廢皇太子胤爲吳興王，立揚州刺史始安王深爲皇太子。辛丑，以太子詹事袁憲爲尚書僕射。丁巳，大風自西北激濤水入石頭城，淮渚暴溢，漂没舟乘。

冬十月己亥，立皇子藩爲吳王〔二二〕。己酉，幸莫府山，大校獵。

十一月丁卯，詔剋日於大政殿訊獄。丙子，立皇弟叔榮爲新昌王，叔匡爲太原王。

初隋文帝受周禪，甚敦鄰好，宣帝尚不禁侵掠。太建末，隋兵大舉，聞宣帝崩，乃命班師，遣使赴弔，修敵國之禮，書稱姓名頓首。而後主益驕，書末云：「想彼統内如宜，此宇宙清泰。」隋文帝不説，以示朝臣。清河公楊素以爲主辱，再拜請罪，及襄邑公賀若弼並奮求致討。後副使袁彦聘隋，竊圖隋文帝狀以歸，後主見之，大駭曰：「吾不欲見此人。」每遣間諜，隋文帝皆給衣馬，禮遣以歸。

後主愈驕，不虞外難，荒于酒色，不恤政事，左右嬖佞珥貂者五十人，婦人美貌麗服巧態以從者千餘人。常使張貴妃、孔貴人等八人夾坐，江總、孔範等十人預宴，號曰「狎客」。先令八婦人襞采箋，製五言詩，十客一時繼和，遲則罰酒。君臣酣飲，從夕達旦，以此爲常。而盛脩宮室，無時休止。稅江稅市，徵取百端。刑罰酷濫，牢獄常滿。覆舟山及蔣山柏林，冬月常多采醴，後主以爲甘露之瑞。前後災異甚多。有神自稱老子，游於都下，與人對語而不見形，言吉凶多驗，得酒輒醻之，經三四年乃去。船下有聲云「明年亂」。視之，得嬰兒長三尺而無頭。蔣山衆鳥鼓兩翼以拊膺，曰：「柰何帝！柰何帝！」又建鄴城無故自壞。青龍出建陽門，井涌霧，赤地生黑白毛，大風拔朱雀門，臨平湖草舊塞，忽然自通。後主又夢黃衣圍城，乃盡去繞城橘樹。又見大蛇中分，首尾各走。夜中索飲，忽變爲血。有血霑階至於坐牀頭而火起。有狐入其牀下，捕之不見。以爲祆，乃自賣於佛寺爲奴以禳之。於郭內大皇佛寺起七層塔，未畢，火從中起，飛至石頭，燒死者甚衆。又采木湘州，擬造正寢，栰至牛渚磯，盡没水中，既而漁人見栰浮於海上。起齊雲觀，國人歌曰：「齊雲觀，寇來無際畔。」始北齊末，諸省官人多稱省主，未幾而滅。至是舉朝亦有此稱，識者以爲省主，主將見省之兆。

隋文帝謂僕射高熲曰：「我爲百姓父母，豈可限一衣帶水不拯之乎？」命大作戰船。人請密之，隋文帝曰：「吾將顯行天誅，何密之有！使投柹於江，若彼能改，吾又何求。」及納梁蕭瓛、蕭巖，隋文愈忿，以晉王廣爲元帥，督八十總管致討。乃送璽書，暴後主二十惡。又散寫詔書，書三十萬紙，徧喻江外。

諸軍既下，江濱鎮戍相繼奏聞。新除湘州刺史施文慶、中書舍人沈客卿掌機密，並抑而不言。

初蕭巖、蕭瓛之至也，德教學士沈君道夢殿前長人，朱衣武冠，頭出欄上，攘臂怒曰：「那忽受叛蕭誤人事。」後主聞之，忌二蕭，故遠散其衆，以巖爲東揚州刺史，瓛爲吴州刺史。使領軍任忠出守吴興郡，以襟帶二州。使南平王嶷鎮江州，永嘉王彦鎮南徐州。尋召二王赴期明年元會，命緣江諸防船艦，悉從二王還都爲威勢，以示梁人之來者，由是江中無一鬬船。上流諸州兵，皆阻楊素軍不得至。都下甲士尚十餘萬人。及聞隋軍臨江，後主曰：「王氣在此，齊兵三度來，周兵再度至，無不摧没。虜今來者必自敗。」孔範亦言無度江理〔一三〕。但奏伎縱酒，作詩不輟。

三年春正月乙丑朔，朝會，大霧四塞，入人鼻皆辛酸。後主昏睡，至晡時乃罷。是日，隋將賀若弼自北道廣陵濟，韓擒趨横江濟〔一四〕，分兵晨襲採石，取之。進拔姑熟，次於新林。時弼攻下京口，緣江諸戍望風盡走，弼分兵斷曲阿之衝而入。丙寅，採石戍主徐子建至告變。戊辰，乃下詔曰：「犬羊陵縱，侵竊郊畿，蠭蠆有毒，宜時埽定，朕當親御六師，廓清八表，内外並可戒嚴。」於是以蕭摩訶爲皇畿大都督，樊猛爲上流大都督，樊毅爲下流大都督，司馬消難、施文慶並爲大監軍，重立賞格，分兵鎮守要害，僧尼道士盡皆執役。

庚午，賀若弼攻陷南徐州。辛未，韓擒又陷南豫州。隋軍南北道並進。辛巳，賀若弼進軍鍾山，頓白土岡之東南，衆軍敗績。弼乘勝進軍宮城，燒北掖門。是時，韓擒率衆自新林至石子岡，鎮東大將軍任忠出降擒，仍引擒經朱雀航趣宮城，自南掖門入。城内文武百司皆遁出，唯尚書僕射袁憲、後閤舍人夏侯公韻侍側。憲勸端坐殿上，正色以待之。後主曰：「鋒刃之下，未可交當〔二五〕，吾自有計。」乃逃於井。二人苦諫不從，以身蔽井，後主與爭久之方得入。沈后居處如常。太子深年十五，閉閤而坐，舍人孔伯魚侍焉。戍士叩閤而入〔二六〕，深安坐勞之曰：「戎旅在塗，不至勞也。」既而軍人窺井而呼之，後主不應。欲下石，乃聞叫聲。以繩引之，驚其太重，及出，乃與張貴妃、孔貴人三人同乘而上。隋文帝聞之大驚。開府鮑宏曰：「東井上於天文爲秦，今王都所在，投井其天意邪。」先是江東謡多唱王獻之桃葉辭，云：「桃葉復桃葉，度江不用檝。但度無所苦，我自接迎汝。」及晉王廣軍於六合鎮，其山名桃葉，果乘陳船而度。丙戌，晉王廣入據臺城，送後主于東宮。

三月己巳，後主與王公百司，同發自建鄴，之長安。隋文帝權分京城人宅以俟，内外脩整，遣使迎勞之，陳人謳詠，忘其亡焉。使還奏言：「自後主以下，大小在路，五百里纍纍不絕。」隋文帝嗟歎曰：「一至於此。」及至京師，列陳之輿服器物於庭，引後主於前，及前後二太子、諸父諸弟衆子之爲王者，凡二十八人；司空司馬消難、尚書令江總、僕射袁憲、驃騎蕭摩訶、護軍樊毅、中領軍魯廣達、鎮軍將軍任忠、吏部尚書姚察、侍中中書令蔡徵、左衞將軍樊猛，自尚書郎以上二百餘人，文帝使納言宣詔勞之。次使内史令宣詔讓後主，後主伏地屏息不能對，乃見宥。隋文帝詔陳武、文、宣三帝陵，總給五户分守之〔二七〕。

初，武帝始即位，其夜奉朝請史普直宿省，夢有人自天而下，導從數十，至太極殿前，北面執玉策金字曰：「陳氏五帝三十二年。」及後主在東宫時，有婦人突入，唱曰「畢國主」。有鳥一足，集其殿庭，以觜畫地成文，曰：「獨足上高臺，盛草變爲灰。欲知我家處，朱門當水開。」解者以爲獨足蓋指後主獨行無衆，盛草言荒穢，隋承火運，草得火而灰。及至京師，與其家屬館於都水臺，所謂上高臺當水也。其言皆驗。或言後主名叔寶，反語爲「少福」，亦敗亡之徵云。

既見宥，隋文帝給賜甚厚，數得引見，班同三品。每預宴，恐致傷心，爲不奏吴音。後監守者奏言：「叔寶云，『既無秩位，每預朝集，願得一官號』。」隋文帝曰：「叔寶全無心肝。」監者又言：「叔寶常耽醉，罕有醒時。」隋文帝使節其酒，既而曰：「任其性；不爾，何以過日。」未幾，帝又問監者叔寶所嗜。對曰：「嗜驢肉。」問飲酒多少？對曰：「與其子弟日飲一石。」隋文帝大驚。及從東巡，登芒山，侍飲，賦詩曰：「日月光天德，山川壯帝居。太平無以報，願上東封書。」并表請封禪，隋文帝優詔謙讓不許。後從至仁壽宮，常侍宴，及出，隋文帝目之曰：「此敗豈不由酒；將作詩功夫，何如思安時事。當賀若弼度京口，彼人密啓告急，叔寶爲飲酒，遂不省之。高熲至日，猶見啓在牀下，未開封。此亦是可笑，蓋天亡也。昔苻氏所征得國，皆榮貴其主。苟欲求名，不知違天命，與之官，乃違天也。」

隋文帝以陳氏子弟既多，恐京下爲過，皆分置諸州縣，每歲賜以衣服以安全之。

後主以隋仁壽四年十一月壬子，終於洛陽，時年五十二。贈大將軍，封長城縣公，謚曰煬。葬河南洛陽之芒山。

論曰：陳宣帝器度弘厚，有人君之量。文帝知冢嗣仁弱，早存太伯之心，及乎弗悆，咸已委託矣。至於纘業之後，拓土開疆，蓋德不逮文，智不及武，志大不已，晚致呂梁之敗，江左日蹙，抑此之由也。後主因削弱之餘，鍾滅亡之運，刑政不樹，加以荒淫。夫以三代之隆，歷世數十，及其亡也，皆敗於婦人。況以區區之陳，外鄰明德，覆車之跡，尚且追蹤叔季，其獲支數年，亦爲幸也。雖忠義感慨，致慟井隅，何救麥秀之深悲，適足取笑乎千祀。嗟乎！始梁末童謠云：「可憐巴馬子，一日行千里。不見馬上郎，但見黃塵起。黃塵汙人衣，皁莢相料理。」及僧辯滅，羣臣以謡言奏聞，曰：「僧辯本乘巴馬以擊侯景，馬上郎，王字也，塵謂陳也；而不解皁莢之謂。既而陳滅於隋，説者以爲江東謂羖羊角爲皁莢，隋氏姓楊。楊，羊也，言終滅於隋。然則興亡之兆，蓋有數云。

校勘記

〔一〕梁中大通二年七月辛酉生　「中大通」，陳書卷五宣帝紀作「大通」。按中大通二年七月甲戌朔，無辛酉。大通二年是月丙辰朔，初六日辛酉。

〔二〕是月周人誅冢宰宇文護　按北齊書卷八後主紀、通鑑卷一七一陳紀五太建四年繫此於三月丙辰。

〔三〕夏六月癸卯周人來聘　「癸卯」，陳書卷五宣帝紀同，上文又載「乙卯」事，按是月乙未朔，初九日癸卯，二十一日乙卯。「癸卯」似非。又陳書宣帝紀載周人來聘與黄法𣰰剋合州城在同一日，而通鑑卷一七一陳紀五太建五年繫剋合州於六月「癸亥」二十九日。「癸卯」疑當爲「癸亥」之訛。

〔四〕桃根又上織成羅紋錦被表各二　「羅紋錦被表各二」，陳書卷五宣帝紀百衲本作「羅又錦被各二百首」，陳書南監本、汲本作「羅文錦被裘各二百首」，陳書北監本、殿本作「羅文錦被裘各二」，建康實録卷二〇作「羅文錦被表各二」，御覽卷一三四引陳書作「羅文錦被表各二首」，通鑑卷一七二陳紀六太建七年作「羅文錦被各二百首」。按張元濟陳書校勘記云：「此文不誤。意謂織成羅與錦被兩物各二百端。端或作耑。『首』爲『耑』字之誤。」

〔五〕改作雲龍神獸門　「神獸」，北監本、殿本及建康實録卷二〇、册府卷一九六、通志卷一四作「神虎」。此避唐諱而改。

〔六〕新除晉陵太守王克爲右僕射　「晉陵」，原作「晉陽」，據陳書卷五宣帝紀、通鑑卷一七二陳紀六太建八年改。按晉陽在太原，陳無晉陽。

〔七〕「六月丁酉」至「閏六月丁卯」　「閏六月」，陳書卷五宣帝紀作「六月」。按是年南朝置閏在五月，北朝置閏在六月。此「六月丁酉」，實北朝之六月丁酉，南朝則爲閏五月丁酉。「閏六月丁卯」，亦據北朝曆，在南朝則爲六月丁卯。

〔八〕通直散騎常侍淳于陵剋臨江郡　「通直散騎常侍」，建康實録卷二〇作「散騎侍郎」。

〔九〕立皇弟叔敦爲始興王　「叔敦」，陳書卷六後主紀、卷二八高宗二十九王傳、本書卷六五宣帝諸子傳、通鑑卷一七五陳紀九太建十四年作「叔重」。

〔一〇〕叔熊爲巴山王　「叔熊」，陳書卷二八高宗二十九王傳及本書卷六五宣帝諸子傳作「叔雄」。

〔一一〕鏤金銀薄庶物化生土木人綵華之屬　「庶」，原作「度」，據南監本、汲本、殿本及陳書卷六後主紀改。

〔一二〕以江州刺史豫章王叔英爲驃騎將軍開府儀同三司以司空揚州刺史長沙王叔堅爲江州刺史征

東將軍開府儀同三司　按此處所記與史實不符，乃删削致誤。陳書卷六後主紀：「以征南將軍、江州刺史、新除開府儀同三司豫章王叔英爲中衞大將軍，驃騎將軍、開府儀同三司、揚州刺史長沙王叔堅爲江州刺史，征東大將軍、開府儀同三司、東揚州刺史司馬消難進號車騎將軍。」與陳書卷二八豫章王叔英傳、長沙王叔堅傳及周書卷二一司馬消難傳所載相合。

〔一三〕冬十月丁酉　按是年十月丙寅朔，無丁酉；十一月乙未朔，初三日丁酉。陳書卷六後主紀、通鑑卷一七五陳紀九至德元年十月丁酉後有戊戌、癸丑，分别爲十一月初四和十九日。「十月」疑爲「十一月」之誤。

〔一四〕叔儉爲南安王　陳書卷六後主紀、通鑑卷一七五陳紀九至德元年繫叔儉以下五人爲王事於十月「癸丑」下。

〔一五〕叔韶爲岳山王　「岳山王」，原作「樂山王」，據殿本及陳書卷六後主紀、卷二八高宗二十九王傳及本書卷六五宣帝諸子傳改。

〔一六〕叔顯爲臨江王　「臨江王」，本書卷六五宣帝諸子傳作「臨海王」。

〔一七〕遣其都官尚書沈君公詣荆州刺史陳紀請降　按「陳紀」即「陳慧紀」，傳見陳書卷一五陳慧紀傳、本書卷六五陳宗室諸王傳。

〔一八〕以前鎮衞大將軍開府儀同三司東揚州刺史鄱陽王伯山爲鎮衞大將軍開府儀同三司　「前鎮衞大將軍」，陳書卷六後主紀作「前鎮衞將軍」。按陳書本紀，伯山以至德四年正月甲寅由中權大將軍、開府儀同三司進號鎮衞將軍，同年九月戊戌爲東揚州刺史，不言其進號「鎮衞大將軍」。此句前一「大」字疑衍。

〔一九〕渡淮至于青塘兩岸　「渡」字原脱，據北監本、殿本及陳書卷六後主紀補。

〔二〇〕隨流出江　「出」，南監本、汲本及建康實録卷二〇作「入」。

〔二一〕有物赤色大如數升　「大如數升」，陳書卷六後主紀作「如數斗」。隋書卷二三五行志上作「大如斗」。殿本考證云：「蓋升、斗二字古文相似，易致訛也」。

〔二二〕立皇子藩爲吴王　「藩」，北監本、殿本及陳書卷六後主紀、卷二八後主十一子傳、通鑑卷一七六陳紀一〇禎明二年作「蕃」。

〔二三〕孔範亦言無度江理　「亦言」原闕，據宋乙本壹、南監本、北監本、汲本、殿本補。

〔二四〕韓擒趨横江濟　「韓擒」，南監本、北監本、汲本、殿本及陳書卷六後主紀作「韓擒虎」。按韓擒虎隋書卷五二有傳，此避唐諱而省。

〔二五〕未可交當　「交」，原作「及」，據宋乙本壹、南監本、北監本、汲本、殿本及建康實録卷二〇、通鑑卷一七七隋紀一開皇九年改。

〔二六〕戎士叩閤而入　「戎」，原作「戍」，據宋乙本壹及通志卷一四改。

〔二七〕總給五户分守之　「五户」，通志卷一四作「五百户」。